- 国家级重点学科会计学系列教材
- 四川省精品课程建设教材
- 四川省精品资源共享课程建设教材
- 二十一世纪“双一流”建设系列精品教材

成本会计

（第四版）

CHENGBEN KUAIJI

主 编 张力上 宋浩

西南财经大学出版社
中国·成都

图书在版编目(CIP)数据

成本会计/张力上,宋浩主编 .—4 版.—成都:西南财经大学出版社,
2020.12
ISBN 978-7-5504-4734-9

Ⅰ.①成… Ⅱ.①张…②宋… Ⅲ.①成本会计 Ⅳ.①F234.2

中国版本图书馆 CIP 数据核字(2020)第 256668 号

成本会计(第四版)
主　编:张力上　宋　浩

责任编辑:杨婧颖
封面设计:墨创文化　张姗姗
责任印制:朱曼丽

出版发行	西南财经大学出版社(四川省成都市光华村街 55 号)
网　　址	http://www.bookcj.com
电子邮件	bookcj@foxmail.com
邮政编码	610074
电　　话	028-87353785
照　　排	四川胜翔数码印务设计有限公司
印　　刷	郫县犀浦印刷厂
成品尺寸	185mm×260mm
印　　张	18.25
字　　数	406 千字
版　　次	2021 年 1 月第 4 版
印　　次	2021 年 1 月第 1 次印刷
印　　数	1— 2000 册
书　　号	ISBN 978-7-5504-4734-9
定　　价	49.80 元

第四版说明

本书是按照西南财经大学“211工程”教材建设方案编写的，后来随着高校课程改革要求，编者对其内容体系和编写范例进行了不断调整。本书先后被选为我校“国家级重点学科会计学系列教材”、四川省精品课程建设教材、四川省精品资源共享课程建设教材，除了供本校国家重点学科会计学专业使用外，也被省内外10余所兄弟院校的管理类专业选用。本书目前已是第三次修订，累计印数已逾3万册，具有良好的社会影响。借再版之际，编者向所有使用和关心此书的读者再次表达衷心感谢。

本书第四版在第三版的基础上，进行了以下修订：根据会计准则的变动，对第三章工资费用原始记录和费用处理方法进行了修改；对第八章分项逐步结转法案例进行了修改；对第十二章的导入案例全部进行了替换；对书中各章的文字、数字错误进行了更正。

我们希望兄弟院校和读者继续大力支持这书，并欢迎你们提出各种宝贵建议，并及时反馈给出版社，使本书不断完善提高，以适应我国高校课程建设发展的新要求。

编者

2020年10月10日

第三版说明

本书第二版出版以来经多次重印并荣获诸多师生的好评，被许多兄弟院校选为指定教材或教学参考书，编者在此表示衷心感谢。同时，本书也被评选为四川省精品课程“成本会计”的建设教材，社会影响力渐增。

为了配合四川省精品资源共享课程“成本会计”的建设需要，编者对本书做第三次重大修改，主要变化是：

1. 为适应精品资源共享课教学范式改革的需要，编者对书的编写体例做出了调整，在每一章开始增加了本章导入案例、学习目标和本章知识难点提示；在每一章结束增加了本章小结和本章思考与拓展问题；在书中实务部分增加了许多上市或非上市公司的成本计算与控制的真实案例，力求更真实地反映成本核算与控制的现实操作方法。

2. 将原来第十章成本报表、第十三章成本分析与评价合并为一章，统称为成本报表的编制与分析，并对其理论部分进行了重新阐述，使教师的课程教学更方便，弥补了过去这部分内容分为两章，体例不紧凑的局限。

3. 根据我国企业会计准则的最新变化，编者对书中一些内容进行了修改。主要是对原书中的工资费用及职工福利费用核算、固定资产大修理费用核算、待摊与预提费用、商品流通企业商品进价核算等内容，依照新的会计准则进行分析与讨论。

4. 按照财政部2013年发布的《企业产品成本核算制度（试行）》和2014年发布的《财政部关于全面推进管理会计体系建设的指导意见》，我们对书中第一章、第二章、第九章、第十章、第十一章的相关内容都进行了调整与修改。

这次修订由于工作量大、时间紧，我的助教林智红，以及研究生赵鑫、王卿兆参与了部分章节的修改与案例的收集、整理工作，在此一并表示感谢。

希望本书的第三版能够继续得到兄弟院校和读者的大力支持，欢迎你们及时反馈使用后的感受和修改建议，以便不断完善充实本书内容与体系。

张力上

2015年8月

第二版前言

本书自2004年出版后，经过我校和兄弟院校一年多的教学实践，获得各方的良好评价，读者们也反馈了许多宝贵的建议。在此，我作为本书的主编，谨向所有使用和关心此书的各位读者表示衷心的感谢。

本次再版，主要对原书的部分内容作了局部调整和修订：

1. 在第十二章“成本控制”部分，增加了“目标成本控制”这一节内容；

2. 将第九章“邮电、通信企业成本计算”删除，增加了“公路、铁路、航空企业成本计算”的介绍；

3. 按照新近颁布的《企业会计准则——固定资产》的要求，对固定资产折旧范围进行了重新表述；

4. 对原书个别地方出现的文字、数字错误进行了更正。

任何一本教材只有不断地完善，才可能满足社会发展和教学实践的要求。我们坚信，在读者的支持下，本书一定会得到进一步的充实和完善。

张力上

2005年7月

前　言

本书是按照西南财经大学“211工程”教材建设方案的要求编写的，供会计学等专业使用的教科书。

成本会计作为会计与管理高度结合的产物，特别强调会计对内服务职能的发挥，它已经完全渗透到企业内部管理的各个方面。随着社会生产力的发展，成本会计的内容还在不断拓展。就现代成本会计而言，它可以被视为一个成本管理信息系统，内容可以划分为成本信息生成和成本信息再加工利用两大部分。本书正是按照这一基本观点构建内容体系的。第一章是对现代成本会计系统进行总体描述和介绍，以便为后续内容的分析、讨论奠定基础；第二章至第十章重点讨论成本信息是如何按照会计方式生成的，生成的程序和方法是什么，内容涉及财务会计、企业内部控制制度和企业管理等相关知识；第十一章至第十三章着重讨论成本信息再加工和利用，即成本规划、控制、分析与评价，是对传统成本会计职能的延伸、扩展；第十四章主要介绍现代成本会计最新研究领域，即作业成本法，对其产生、原理和计算进行介绍。总之，本书在内容体系上和各章篇幅分量分布上力图做到内容体系完整性与实用性相结合，内容的逻辑性与教学规律性相结合，尽量反映现代成本会计的主要内容和发展趋势。

本书由张力上担任主编，宋浩、李玉周担任副主编，由主编负责内容结构和写作大纲的起草工作。第一章至第五章，以及第九章、第十四章由张力上执笔；第六章至第八章由宋浩执笔；第十章至第十三章由李玉周执笔。部分章节的资料收集和整理工作由唐艺、陈丽娜负责。初稿完成后，由张力上负责全书的总纂、修改和定稿。

本书的出版，得到了西南财经大学教材建设委员会、西南财经大学教务处和会计学院教材编审委员会的大力支持，在此表示感谢。

由于作者水平有限，书中内容可能存在疏漏之处，恳请读者批评指正。

编　者

2003年10月

目　录

第一章
绪　论

【导入案例】

李博、赵兴等 5 位好友每人以现金出资 60 万元创办了一家生产新型电子秤的有限责任公司，公司注册资金为 300 万元，选举李博为公司总经理，选举赵兴为销售副总。公司产品分不同型号，同一型号分不同量程。

该公司创办当年，公司购买专业设备 100 万元，设备估计可使用 5 年。生产场地采用租赁方式，每年租金 10 万元，已预付两年租金 20 万元。购买原材料、燃料与辅料等支付 100 万元，原材料、燃料与辅料被已完工入库产品耗用 70%，剩余 30%用于在制品。支付生产人员及技术人员工资费用 30 万元，支付行政与销售人员工资费用 10 万元。支付产品广告宣传费用 5 万元。全年电子秤已销售的数量是完工入库产品的 80%，其中现销收入 150 万元，赊销收入 50 万元。

当年年底，李博判断，公司在创办当年现金收入 150 万元，但购买设备、原辅材料、燃料，以及支付租金、工资、广告等费用共计花去现金 265 万元（100+20+100+30+10+5），当年公司会亏损 115 万元，而且已花去出资额 300 万的 88.33%，公司现金非常紧张，他对公司继续经营下去缺乏信心。

但赵兴认为，李博的判断过于悲观，创业当年公司生产的产品有 80%能够销售出去，说明公司产品适销对路，市场反响很好，企业当年不应当出现亏损，他对持续经营下去还是很有信心，建议明年扩大生产规模。

问题：你认为，李博、赵兴谁对公司的判断是基本正确的？为什么？

从本案例看，要想说明谁对公司的判断是基本正确的，就必须知道公司的成本是怎样计算出来的，才能知悉公司盈亏状况，从而制定出科学的经营决策。

学习目标：

成本会计是会计学的一个重要分支，与财务会计相比较，成本会计更强调会计对内服务职能，是会计与企业内部管理相结合的产物。

本章主要从总括角度阐述成本会计的基本概念和基本理论问题，以便读者对成本会计有一个初步的了解，为后续学习奠定基础。在本书开篇的学习中同学们应当注意：

1. 明确成本的内涵和外延及其在微观经济和宏观经济管理中的作用，理解成本会计的历史发展过程及每个阶段的特点，深刻认识企业经营环境改变、管理要求提高对成本会计发展的影响。

2. 掌握费用的不同标准划分结果与作用、成本分类多元化与每种分类结果及目的、成本与费用关系、成本的基本特点。

3. 掌握成本会计基本内容，各内容彼此关系，以及成本会计基础工作内容和每项基础工作的要求，深刻认识这些基础工作对保证成本信息质量的重要性。

4. 了解成本会计组织工作的基本内容，以及它们对成本信息质量的影响。

本章难点提示：

- 成本的内涵与外延，以及成本在微观经济管理中具备的基本特征和作用。
- 费用与成本的关系，以及费用不同标准划分的结果和相互关系。
- 成本不同分类标准下每一种分类的结果，以及各种分类在管理上的相互关系与作用。
- 现代成本会计内容形成，以及各内容彼此之间的关系。
- 在成本会计实践中，成本会计基础工作的重要性，以及每方面基础工作应当包括的基本内容。

第一节　成本、费用及其形态

一、成本概念、特征及作用

（一）成本概念形成与发展

1. 成本概念的形成

从会计发展历史看，成本这一概念是人类社会商品交换的必然产物。在小商品生产阶段，生产者在满足自己需要的同时要将多余的产品在市场上进行交换。要交换就必须对商品进行估价，也就必然要考虑商品在生产过程中的耗费，即成本问题。因此，成本概念的提出，与商品交换密不可分。

小商品生产条件下，手工劳动的生产规模十分有限，人们在交换时主要考虑物质资料的耗费与补偿，而常常忽视活劳动的消耗与补偿。这种现象在今天仍然存在，比如当我们自己动手制作一件东西，在计算它的制作成本时，常常只考虑花费了多少原材料费用和辅助材料费用，而自己的个人劳动往往忽略不计。在小商品生产条件下，成本主要还是局限于生产过程中物质资料的耗费与补偿，是一种不完整的成本概念。

进入工业社会后，由于机器代替人的手工劳动，生产规模迅速扩大，人工费用在整个生产耗费中占很大的比重。对于工厂主来说，生产过程中的一切耗费都应当得到补偿，这样简单再生产才可能顺利进行。在这种生产方式下，人们在计算产品成本时，已经不可能再忽视人工费用的耗费与补偿，因为它已经成为社会化大生产下维持简单生产的必要条件。也就是说，进入工业社会后，工厂制度取代手工作坊，人们对成本的理解有所深化，将其内容从生产资料的耗费与补偿扩大到活劳动的耗费与补偿，使得产品成本概念进一步完善。

今天我们所谈论的成本，如果是说产品或劳务成本，是指为生产一定数量和种类的产品或劳务所花费的各种耗费，这种耗费主要包括人力资源、物质资料的消耗。

从以上分析中可以看出，为了进行商品交换，人们不得不考虑其生产成本。商品生产成本的内容是随着社会生产力的发展而逐步完善的。一般而言，产品或劳务在生产经营过程中发生的各种资源耗费构成其成本。

2. 成本概念的发展

历史上成本的概念最早产生于生产领域，主要是指产品生产成本，以后随着管理的需要又扩展到其他领域和范围，从而形成各种不同的成本概念，使得成本的内涵和外延得到发展。例如：人们为了满足企业预测、决策、分析的需要，将成本分为固定成本、变动成本、混合成本；为了加强企业内部经济责任制，考核各部门工作业绩，提出了可控成本、不可控成本、责任成本的概念；为了有效控制生产成本，提出了目标成本、标准成本、定额成本、计划成本的概念。可以说，成本与任何一项管理问题相结合都会产生适应某一管理要求的成本概念。

成本这一概念在过去一直应用于微观经济领域，现在它也广泛应用于宏观经济领域。比如，我们常说的社会经济改革成本、社会责任成本、产业结构调整成本、环境治理成本、人力资源发展成本等概念。这些成本概念已远远超出某个企业或某个行业的范围，涉及整个国民经济。

随着经济的发展，人们还会提出更多的成本概念，以满足不同的管理需要。就一切形式的成本而言，它是指人们为了实现一定的目的（目标）而付出的代价。这种代价主要表现为社会资源的耗费。这种资源耗费可以是有形资源耗费，也可以是无形资源耗费。

（二）成本的基本特征

如上所述，成本所涉及的范围很广，有微观、中观和宏观之分。本书主要讨论微观成本，即企业成本。

就企业成本来说，它在生产经营过程中具有以下几个基本特征：

1. 可变性

成本是企业在生产经营过程中发生的资源耗费，这种耗费与企业生产经营活动量（产量、销量、劳务量、作业量等）有着密切关系，会随着生产经营活动量的变化而变化，我们把这种现象称为成本的可变性。由于成本存在着可变性，其金额总是处于不断变化之中，从而为我们有的放矢地控制成本提供了可能。

成本的可变性主要表现为两种趋势：成本中的某些组成部分会随着生产经营活动量的变化而变动，它们对生产经营活动量的变化反应比较敏感，如产品直接消耗的原材料、燃料、动力及生产工人的计件工资；另一部分在一定时间内和一定生产经营规模下金额会保持一定的稳定性，生产经营活动量的变化对其影响不大，如固定资产折旧、管理人员的工资等。

实践中，掌握成本的可变性，认识其变动的规律性，有利于我们主动控制成本。

2. 对象性

成本作为生产经营过程中的耗费，不仅与一定的生产经营活动量有关，而且与生产经营活动对象直接相关，它总是表现为一定对象的资源耗费。这里的对象，可以是产品或劳务，也可以是某一个工程项目、某一种作业或某一种行为。人们在考虑成本问题时，总是与某一对象相联系，脱离了一定的对象，就无法衡量成本水平的高低。

在实践中，人们正是利用成本对象性的特点，通过对每一对象成本的规划与控制来降低企业资源的耗费水平，达到充分利用资源的目的。

3. 可控性

企业生产经营过程中的耗费总是发生在特定的单位或范围内，这些单位对其职责范围内的生产经营耗费总是负有一定的经济责任，有义务控制它们发生的规模、频率，影响它们的大小，我们把这一点称为成本的可控性。

从理论上讲，企业的一切成本都是可控的，但对企业内部不同单位、部门、岗位或个人而言，不是一切成本都是可以控制的，只能控制其职责范围内发生的成本，即不同单位、部门、岗位或个人可控成本的范围、内容是不同的。

在成本管理中，成本的可控性表现为成本责任的一种追溯性。成本责任的追溯是十分复杂的。例如，生产过程中所消耗材料成本的追溯会涉及三个部门：技术部门负责材料品质标准的制定；材料采购部门负责材料的价格；生产车间负责材料的使用量。对于生产工人的工资成本，生产车间一般只能控制其生产工时，无力控制小时工资率，小时工资率应当是企业管理部门考虑的问题。因此，在会计实务中，人们只有联系成本的责任归属性，确定其可控性，才能科学地控制成本，做到赏罚分明，提高职工降低成本的积极性。

4. 综合性

成本是企业生产经营管理水平的综合反映。企业劳动生产率的高低、材料物质消耗的多少、设备利用的程度、资金周转的快慢，以及生产组织、物资采购、商品销售是否科学合理，都会通过成本这一经济指标综合地反映出来。

成本的综合性说明，任何企业要想降低成本，都必须从成本发生的各个因素入手，分析出哪些是影响企业生产耗费的有利因素，哪些是不利因素，企业生产耗费控制的薄弱环节是什么，采用系统控制的思维和方法降低成本。

（三）成本在管理中的作用

成本作为生产经营中的耗费，对企业的生存与发展、生产耗费的补偿、产品定价、生产经营决策都具有十分重要的作用。

1. 成本是企业生产经营耗费的补偿尺度

实践中，无论什么企业，无论什么产品，在生产经营过程中必然要发生相应的耗费。为了保证再生产的顺利进行，企业必须在其收入中对生产经营中的耗费予以补偿。一般是以成本为尺度进行补偿。在收入一定的前提下，成本越高，补偿越多，纯收入越少。因此，成本和盈利是此消彼长的关系，企业只有加强对成本的控制，努力降低生产经营耗费，才可能以较低的耗费获得较高的经济效益。

成本的补偿也是社会总产品的一种分配行为，属于社会分配范畴。国家可以根据成本的经济内容，结合不同时期管理的需要，对成本开支范围和开支标准进行调整，影响企业生产耗费的补偿行为，达到调节社会产品分配的目的。

2. 成本是制定产品价格的基础

市场经济下，产品价格是产品价值的货币表现，产品价格应基本上符合产品价值。无论是国家还是企业，在制定产品价格时都应遵守价值规律的基本要求。但是，在实践中，人们还不可能直接计算产品价值，只能计算产品成本。因此，通过成本间接地确定产品价格，是产品定价的一种方法。特别是工业品，常常采用成本加成的定价方法。

当然，产品定价是一项技术性很强的工作。不同行业、不同类型的产品，其定价策略、方法也会有所不同，需要考虑的因素很多。例如，通常需要考虑国家价格政策、各种产品比价关系、市场供求关系、企业竞争力等因素。不过成本始终是产品定价的基础，一般情况下，它是产品定价的底线。

3. 成本是企业生产经营决策的重要依据

为了适应市场竞争的需要，企业必须根据市场变化，结合自身生产经营状况，随时进行科学的经营决策。企业的生产经营决策很多，有投资项目决策、新产品开发决策、生产决策、存货决策、资金筹措决策等。许多决策方案的内容都和成本有着密切的关系，涉及成本因素，在决策方案的选择上常常以成本最小化为标准来确定最佳方案。因此，成本是企业生产经营决策中不可忽视的重要因素，要想减少或避免决策失误，必须充分意识到成本在决策中的重要作用。

成本除了在企业微观经营决策中具有重要作用外，在国家宏观经济管理决策中也是必须重点考虑的因素，诸如基本建设投资方向、生产力的合理布局、产业结构与产品结构调整、技术经济政策的制定等，均要以成本指标为重要依据。通过成本效益分析，权衡利弊得失，统筹安排，做到经济上合理、技术上先进。

4. 成本是企业生存和发展的根基

市场经济下，企业之间的竞争日益激烈，竞争手段多样化，但产品质量和产品价格竞争始终是最基本的手段。产品价格的竞争，也就是产品成本的竞争。一般来说，在质量和性能相同的前提下，只有成本越低，售价才有可能越低。任何企业都不可能做到商品售价长期低于成本。特别是在买方市场下，一定时期内市场容量总是有限的，企业只有生产出适销对路、成本较低的产品，才有可能在收入规模一定的情况下，获得更多的利润，在竞争中处于有利的地位，也才有可能获得生存与发展。

现实生活中，成功的企业无一例外地在市场竞争中具有一定的成本优势，它们的产品既适应市场需求，又价廉物美，低于同行业的平均成本水平。

二、费用概念及其形态

（一）费用概念与确认、计量

按照我国企业会计准则的规定，费用是指企业为销售商品、提供劳务等日常活动所发生的经济利益流出。这种经济利益流出的实质就是企业资源的流出。

费用有广义和狭义两种。狭义的费用主要是指企业在日常生产经营过程中发生的经济利益流出，企业在非经常性活动中发生的经济利益流出不视为费用，而是作为损失，从企业收益中直接扣除。广义的费用则包括企业的各种费用和损失，它将损失也视为一种费用，不区分费用和损失。

在我国企业会计准则中，费用一般是指狭义的费用。费用本质上也是一种资源的流出。

费用应当按照权责发生制记账基础加以确认。凡是属于本期应负担的费用，不管其款项是否支付，都应作为本期费用处理，凡是不应归属于本期的费用，即使款项已经付出并入账，也不能作为本期的费用处理。

费用主要是通过所耗资产的价值来计量的。所耗资产的价值可以从不同的角度来衡量，从而费用也可以采用不同的计量属性。

一般情况下，费用是按照所耗资产的历史成本属性计量的。这是因为资产的历史成本代表实际交易价格，是企业实际的现金流出，比较客观，易于验证。因此，会计实务中多采用历史成本作为费用的计量属性。当然，在持续通货膨胀以及一些特殊情况下，为了更真实地反映企业盈亏状况或财务状况，费用也可以采用变现价值、重置成本等计量属性。

（二）费用与成本的关系

我们在前面介绍成本概念时已指出，成本有广义和狭义两种。广义的成本是指为实现一定的目的（目标）而付出的代价，如为取得固定资产而付出的代价就是固定资产成本，为购买原材料而付出的代价就是原材料的成本，为购买一件商品而付出的代价就是该商品的成本。狭义的成本主要是指生产产品、提供劳务而发生的各种资源耗费。

费用和成本存在着密切的关系，以至于在许多地方将二者混同使用，不加区分。

严格地讲，这是两个不同的概念。费用的发生是成本形成的基础和前提条件，没有费用的发生，也就谈不上任何对象的成本，二者从本质上讲都是企业资源的一种耗费。二者的差别在于：费用是按照内容或用途对企业资源的耗费进行归类，是针对一定期间而言的；成本是按照一定对象对企业资源的耗费进行归集，是一种对象化的费用，这种对象可以是某种产品、某类产品、某一生产步骤、某一产品订单、某一作业、某一劳务等。

（三）费用的形态

企业日常生产经营过程中存在着各种各样的费用，为了反映每一种费用的特征，便于费用管理，可以按不同的标准对其进行划分。

1. 按照经济内容（性质）分类

企业日常生产经营过程中的费用按照经济内容（性质）可以分为劳动对象、劳动资料和劳动力三个方面。为了便于核算与管理，可以进一步细分为以下内容：

（1）外购材料，指企业为进行日常生产经营活动而耗用的一切从外面购入的原料及主要材料、辅助材料、外购半成品、包装物、修理用备件和低值易耗品等。

（2）外购燃料，指企业为进行日常生产经营活动而耗用的各种从外面购入的固体、液体和气体燃料。

（3）外购动力，指企业为进行日常生产经营活动而耗用的各种从外面购入的电力、热力等动力。

（4）工资费用，指企业为了获得职工提供的服务或解除劳动关系而给予职工的各种形式报酬。企业给予职工报酬主要有短期薪酬、离职后福利、辞退福利和其他长期职工福利。

短期薪酬是指企业在职工提供相关服务的年度报告期间结束后需要全部予以支付的职工薪酬。主要包括职工工资、奖金、津贴和补贴，职工福利费，医疗保险费，工伤保险费，生育保险费等社会保险费，住房公积金，工会经费及职工教育经费，短期带薪缺勤，短期利润分享计划，其他短期薪酬。离职后福利是指企业为了获得职工提供的服务而在职工退休或与企业解除劳动合同关系后，提供的报酬和福利。辞退福利是指在职工劳动合同到期之前解除劳动关系或为鼓励职工自愿接受裁减而给予的补偿。其他长期职工福利是指除短期薪酬、离职后福利、辞退福利之外所有的职工薪酬。

工资费用是企业日常生产经营活动必须要付出的代价，也是企业的一项重要成本费用。

（5）折旧费，指企业按照规定的方法计提的固定资产折旧费用。

（6）利息支出，指企业为了借入款项而发生的利息支出冲减利息收入后的差额。

（7）税费支出，指计入企业管理费用的各种税费，如房产税、车船使用税、土地使用税、印花税等。

（8）其他支出，指不属于以上各项内容的费用，如差旅费、通信费、保险费、邮电费等。

以上几方面的费用是企业在日常生产经营活动中发生的基本费用，在会计实务中常常被称为费用要素或要素费用。

费用按照经济内容分类，可以反映企业在一定时期内发生的各种性质的费用及每种费用的数量，便于分析企业费用结构和水平，考核费用预算执行情况，为下一期各种费用预算的编制提供一定的依据，有利于加强对各种费用的控制和管理。

费用按照经济内容分类，虽然有利于分析费用的构成和比重，有利于费用预算的编制和管理，但它不能反映费用的具体用途，不便于分析费用与产品成本的关系，不便于计算与分析产品成本。为此，费用还应当按经济用途对其进行分类。

2. 按照经济用途分类

企业日常生产经营过程中发生的费用按其经济用途，在不同行业有不同划分，就制造企业来说，可以分为生产费用和期间费用。

（1）生产费用。

生产费用是指企业在一定时期内发生于生产过程中的各种费用总和，是企业全部费用的一部分。生产费用通常包括企业在生产过程中消耗的原材料、燃料、动力，支付的工资与职工福利费，计提折旧费，发生的修理费、低值易耗品消耗等。

生产费用按其用途可以进一步区分为工业性生产费用和非工业性生产费用。

工业性生产费用是指从事商品生产而发生的费用，它们或构成产品实体，或有助于产品实体的形成，其耗费最终要计入产品成本。

非工业性生产费用是指企业从事非工业性生产活动而发生的费用，它们不属于产品生产耗费，也不构成产品成本，如生产车间为企业在建工程、职工福利部门提供劳务所发生的耗费。

因此，生产费用按最终用途又可以分为计入产品成本的费用和不计入产品成本的费用。计入产品成本的生产费用，有的直接作用于产品生产，构成产品实体，有的用于生产单位的生产组织管理活动，为生产提供直接的条件，其用途和作用不完全一样。为便于产品成本的计算，人们通常将计入产品成本的生产费用按用途又分为若干项目，每一项目又称为成本项目。

在制造成本法（以产品在生产制造过程中发生的各项费用作为产品成本的一种计算方法）下，企业可以设置以下成本项目：

①直接材料，指生产过程中直接用于产品生产，构成产品实体，或直接有助于产品形成而消耗的原材料、辅助材料、外购半成品、燃料、动力等；

②直接人工，指直接从事产品制造的生产工人的工资费用，包括生产工人的基本工资、奖金、津贴，以及发生的各种职工福利费等；

③制造费用，指企业内部生产单位（分厂、车间）为组织、管理生产所发生的各项费用，包括生产单位管理人员和工程技术人员的工资与职工福利费，以及折旧费、修理费、办公费、机物料消耗、低值易耗品摊销、劳动保护费等。

在实务中，一个企业可以根据内部控制管理的需要，结合产品成本构成的特点，确定成本项目设置方法，而不一定局限于上述三个成本项目。比如：有些企业燃料与动力费用、包装物占成本较高比例，可以设置“燃料与动力”“包装物”成本项目；有些企业为了核算自制半成品占成本比重，也可设置“自制半成品”成本项目；如果管理上需要单独提供废品损失专门资料的，可以考虑增设“废品损失”成本项目；外购半成品占成本比重较大的企业，可以增设“外购半成品”成本项目。

对于成本项目的设置，国家没有统一规定，一般以满足企业内部成本控制需要为准。

（2）期间费用。

期间费用是指企业在日常生产经营过程中发生的，不能归属于特定产品成本的费用，包括管理费用、销售费用和财务费用。

期间费用发生时，不计入产品成本，直接抵减当期损益。这样做既可以简化会计核算工作，又能在一定程度上提高成本计算的准确性。这是因为：期间费用与产品生产没有直接的联系，一般是为企业整个生产经营提供条件，若是采用分摊的办法计入产品成本，很难保证费用分配的合理性；其次，不将期间费用计入产品成本，有助于分析、考核生产单位的成本管理责任，便于进行成本规划和控制。

三、成本的形态

成本的形态是指成本的各种表现形式，即成本的分类。为了适应成本计算、分析、规划、控制、决策的需要，可以按照不同的标准对成本进行分类。

（一）按照与特定产品的关系分类

按照与特定产品的关系，成本可以分为直接成本和间接成本。

1. 直接成本

直接成本是指与某一特定产品具有直接联系的成本，它是为生产某一特定产品而发生的耗费。一项成本是否属于直接成本，取决于它与成本计算对象（如一种产品、一项作业、一张订单等）是否存在直接关系，是否便于直接计入。大部分构成产品实体的原材料消耗、某种产品专用生产线上生产工人的工资费用等都属于直接成本。对于只生产一种产品的企业来说，所有生产耗费都是直接成本。

在成本会计实务中，直接成本一般可以根据生产费用发生的原始凭证记录直接计入该种产品的成本。

2. 间接成本

间接成本是指与某一特定产品没有直接联系，为若干种产品所共同耗用，需要按恰当的标准分配以后计入各种产品成本的生产耗费。例如，生产单位管理人员和工程技术人员的工资费用、车间厂房和机器设备的折旧费等费用，通常是生产单位生产的所有产品共同受益的间接成本，很难直接分清楚哪一种产品受益多少，只能通过分配方式计入各种产品的成本。

由于生产过程中发生的间接成本比较多，如果采用逐一分配的方法，工作量太大。为了简化成本计算工作量，企业一般是先将间接成本按发生的地点进行归集，然后在月末采用一定的分配标准一次性分配后计入各种产品的成本。

区分直接成本和间接成本，对于正确计算产品成本十分重要。凡是直接成本，应根据费用发生的原始凭证直接计入产品成本；凡是间接成本，则要先归集，然后选择一定的分配标准分配后计入。分配标准的选择是否科学、合理、可行，直接影响产品成本计算的准确性，它是成本会计中技术性很强的一项工作。

（二）按照与业务量的关系分类

按照与业务量（产量、作业量、工作量等）的关系，成本可以分为固定成本、变动成本和混合成本。

1. 固定成本

固定成本是指成本总额在一定时期和一定业务量范围内不受业务量增减变动影响的成本，如按直线法计提的固定资产折旧费、建筑物的租金、财产保险费、管理人员的工资等。

固定成本的特点是在一定业务量范围内，其发生额不受业务量变动的影响，总额保持不变。但是，产品单位成本中的固定成本额则与生产量成反比关系。当企业生产量增加时，由于固定成本总额不变，单位产品分摊的固定成本就会减少，从而导致单位产品成本下降；反之，则会导致单位产品成本上升。

固定成本的固定性受一定时期内业务量范围的限制，如果超出一定业务量范围，固定成本可能就不固定了。

2. 变动成本

变动成本是指成本总额会随着业务量的变动而成等比变动的成本，如直接材料、直接工人等。变动成本的主要特点是其发生额直接受业务量变动的影响，业务量增加则变动成本总额增加，业务量减少则变动成本总额减少。但是，单位产品成本中的变动成本是不变的。

必须指出，变动成本与业务量之间的正比关系也是有一定范围的，超出一定的业务量范围，变动成本同业务量之间的关系也有可能发生变化。

3. 混合成本

混合成本是指成本发生额虽然受业务量变动的影响，但与业务量之间不构成严格的正比关系的成本。这种成本既具有固定成本的一些特点，又具有变动成本的一些特点，故称为混合成本。例如，车间设备的维修费用、低值易耗品的消耗、对产品进行分析化验所发生的费用等，虽受生产量的影响，但与生产量之间不成正比关系。

对于混合成本，在成本会计实务中一般采用一定的分解方法，将其分解为固定成本和变动成本。因此，成本按其与业务量的关系，最终分解为固定成本和变动成本两大类别。

将成本区分为固定成本和变动成本，是进行成本规划和控制的前提条件，也有助于寻求降低成本的途径。由于变动成本在实践中受消耗定额执行情况的影响比较大，控制和降低单位产品的消耗量，就可以降低产品的变动成本。单位产品的固定成本既受生产量的影响，又受费用发生绝对额的影响，要想控制和降低单位产品的固定成本，就必须从降低其支出额和提高生产量入手。当然，采用扩大生产规模的方式降低单位产品成本，新增产品必须有市场销路才行。

（三）按照可控制性分类

按照可控制性划分，成本可以分为可控成本和不可控成本。

1. 可控成本

可控成本是指责任单位职权范围内可以计量、调节、约束的成本。例如，生产车间这一责任单位的可控成本主要是车间消耗的材料、燃料、动力、人工费用等。责任单位是指企业内部有明确责任范围，能够自己进行严格控制的单位，又称为责任中心，如企业内部的车间、部门、班组、个人等都可以作为责任单位。

通常，可控成本应符合三个条件：

（1）责任单位有办法知道将发生什么性质的消耗；

（2）责任单位有办法计量它的消耗；

（3）责任单位有办法调节、控制它的消耗。

2. 不可控成本

不可控成本是指超出责任单位职权范围，责任单位无法对其加以约束、调节的成本。例如，就生产车间来说，厂房的折旧费用就是不可控成本，生产车间这一责任主体无法决定厂房购建及其规模，生产车间只有厂房的使用权，厂房折旧费的控制已超出生产车间的职权范围。

将成本区分为可控成本和不可控成本，对于正确评价各责任单位的工作业绩十分重要。对于一个责任单位来说，通过考核、评价其可控成本大小，有助于促使其增强成本意识，采取措施不断地降低可控成本，防止企业内部责任不清现象的发生。

应当指出，成本的可控性是相对的，对某一责任单位而言某项成本是可控的，对另一责任单位而言，它可能是不可控的；在一定时期内它是不可控的，但从长远来看它又是可控的。

（四）按照与决策的关系分类

按照与决策的关系，成本可以分为相关成本和无关成本。

1. 相关成本

相关成本是指与决策有关联的，在进行决策分析时必须加以考虑的各种未来成本。企业在进行决策的过程中，往往要对各种可行方案进行评估，从中选择最优方案，而相关成本是评估各个方案优劣的不可忽视的一种未来成本。例如，每个可行方案涉及的变动成本就是一种相关成本。

2. 无关成本

无关成本是指过去已经发生，或虽然尚未发生，但对决策没有影响的成本，也就是在决策时可以舍弃，无须考虑的成本。

通常在选择最优方案时，凡是多个方案内容相同、金额相等的未来成本，皆属无关成本，不必考虑它们，因为它们不会影响决策的结果。一般来说，过去已发生的成本肯定是无关成本，而未来发生的成本可能是相关成本，也可能是无关成本，这要看未来成本的内容。

将成本划分为相关成本和无关成本，有利于人们对成本进行预测和决策，有利于规划未来成本。

（五）按照计算的时间分类

按照计算的时间，成本可以分为预计成本和历史成本。

1. 预计成本

预计成本是指在企业生产经营活动发生之前根据有关资料计算的成本。它实际上是人们对成本的一种事前估计。例如，计划成本、定额成本、标准成本、目标成本等都属于预计成本，这些预计成本需要人们根据已收集的成本资料，结合管理的要求，经过分析、判断，按一定的程序和方法加以制定。

2. 历史成本

历史成本是指根据过去已发生的生产经营活动的实际耗费而计算的成本，也称实际成本。历史成本反映了企业在一定成本对象上实际发生的资源消耗，比较客观，因而在会计上常常作为资产计价入账的基础。

将成本区分为预计成本和历史成本，有助于人们对成本进行控制、分析、考核。在企业的日常管理中，预计成本可用来调节、限制企业内部各单位实际发生的经营耗费，有助于企业各项目标的实现。在事后，通过预计成本和实际成本的对比、分析，可以用来考核、评价企业内部各单位的工作业绩，促进内部经济责任制的完善。

现代成本管理，不仅应当重视历史成本的计算，更应当重视和利用预计成本在管理中的作用。

在成本管理中，为了满足不同的管理需要，可以从不同的角度采用不同的标准对成本进行分类。除了以上几种基本分类之外，还可以按照成本的对象性、成本的汇总性、成本的可比性、成本的作用性等标准对成本进行分类。

第二节 成本会计产生、发展与内容

一、成本会计的产生与发展

（一）成本会计的产生

成本会计作为会计学的一个重要分支，产生于何时，人们在认识上不是很统一。有一种说法认为，在工业革命之前，工场手工业作坊中就已经存在若干成本会计的理论与方法。例如，1531 年，意大利麦克代斯（Medici）家族在他们的毛纺织业中就开始应用成本明细账，将制造过程分为拣选、清洗、梳刷等步骤，设置七种成本明细账进行记录①。法国人克里斯托弗尔·普拉廷（Christopher Plantin）在 1555 年创办的普拉廷印刷厂中就建立了一套简单的成本核算账户体系，按出版的每本书籍设置总账，并采用相当于现在品种法的计算方法，在这些账户中详细反映生产特定书籍所需耗用的纸张成本、劳务费和其他多种生产费用，待书本印刷出来后，再将这些账户的余额向称为“库存本账户”的产品账户结转。根据该企业 1565 年 4 月 26 日编制的试算表可知，当时该企业还将材料账户、在产品账户和库存本账户作为统制账户来运用，在成本核算过程中同时采用货币和实物作为量度标准，以前者为主，后者为辅，反映多项经济业务和生产过程②。

不过，19 世纪之前已经出现的生产费用记录和成本计算方法只是成本会计的萌芽。大多数人认为，成本会计的产生与确立应当在工业革命以后，是机器代替人的手工劳动的产物。这是因为，16 世纪的资本主义是商业资本占优势的时代，工业资本还处在初期阶段，即工场手工业时期。英国是这样，法国、德国、荷兰等西方资本主义国家也不例外。当时，折旧还不是一个普遍使用的概念，也无直接费用、间接费用的划分，虽然有些家族企业在成本计算技术中引进复式记账法，设置了一些成本明细账，但并没有形成一套较为成熟的成本计算理论和体系。

一般认为，成本会计的产生与确立是在 19 世纪下半叶至 20 世纪初期。在这个创立期内，有许多杰出的代表人物对成本会计的产生与发展做出了贡献，其中以英国的托马斯·巴特斯比（Thomas Batters）、E. 卡克（E. Garcke）和 J. M. 费尔斯（J. M. Fells）等人最具代表性。

托马斯·巴特斯比是英国曼彻斯特的一名会计师，他在 1878 年 3 月 1 日出版了

① 雷瑶芝. 成本会计学［M］. 成都：西南财经大学出版社，1988：12.
② 文硕. 西方会计史（上）［M］. 北京：中国商业出版社，1987：228.

《优秀的复式簿记人员》一书①。该书的主要内容为：

（1）提出了“主要成本”概念。他认为所谓主要成本，“就是直接材料费用和直接劳务费用”。

（2）论述了“直接费用”和“间接费用”的划分方法和原则。

（3）介绍了“正规的折旧制度”。他认为应当将折旧费作为主要成本项目之一。

在巴特斯比的影响下，英国的电力工程师 E. 卡克和 J. M. 费尔斯于 1887 年在伦敦出版了《工厂会计》一书②。该书提出了在总账中设置“生产”“产成品”“营业”等账户，用来计算和结转产品成本，并通过“营业”账户借贷双方余额的结算，计算营业毛利。

该书还讨论“间接费用”“开办费”“一般费用”的账务处理问题，主张按照生产成本对库存产品的价值进行计价。该书对于成本会计的正式建立具有十分重要的影响，它的可贵之处在于它将成本计算与复式记账完全紧密联系在一起，这在成本会计发展史上是一个根本性的转变。该书被后人公认为近代成本会计的杰出文献。

早期成本会计理论与方法探索者们由于受历史条件的限制，在讨论成本计算问题时都无法对成本会计的内容勾画出一个清晰的轮廓，但他们毕竟是成本会计的开拓者，为后人建立完整的成本会计理论与方法体系奠定了基础。

（二）成本会计的发展

成本会计作为一门独立的会计分支学科，从 19 世纪下半叶产生到目前为止，大致经历了以下几个发展阶段。

1. 早期成本会计阶段

早期成本会计阶段是指成本会计创立和确立阶段，时间大约是 1880 年至 1920 年。这一时期，英国、法国、德国等资本主义国家已先后完成了工业革命，机器大生产已取代传统的手工劳动，工厂取代了工场手工作坊，企业的生产规模、生产效率迅速提高，企业之间的市场竞争明显加剧。为了适应竞争的需要，合理确定产品价格，人们普遍重视生产成本管理问题，在前人已有的一些成本计算方法的基础上，开始系统地研究成本计算问题。

最初人们是在会计账簿之外，借用统计方法来计算成本。后来为了提高成本计算的真实性、准确性，适应企业外部审计的需要，开始将成本计算与复式记账法有机结合起来，完成了成本计算从统计方法向会计方法的转变，一切生产积累计算过程完全以会计账簿记录资料为依据，以货币为统一的计量单位来度量产品总成本和单位成本。

这一时期，成本会计取得了长足发展，表现在：

（1）首先，许多企业建立了比较完善的工时记录和生产记录制度，对产品在生产过程中消耗的生产时间和生产数量进行连续、完整地记录，以便为事后生产费用的分配提供依据；其次，将生产工人的工资费用先按照发生地点、部门进行归集，然后采用生产工时、产品产量等标准进行分配，较好地解决了生产人员工资费用的

① 文硕. 西方会计史（上）[M]. 北京：中国商业出版社，1987：285.

② 同①.

分配问题。

（2）许多企业建立了比较完善的材料入库、保管、领用管理制度。对库存材料采用“永续盘存制”进行记录，采取“领料单制度”控制生产过程中材料的消耗量，按先进先出法、加权平均法等方法对发出材料的成本进行计价。

（3）对间接费用的会计处理更为合理。很长一段时期内，人们基本上按照传统的商业会计方法将设备的购置费用作为购置当期的损益来处理，产品成本只包括生产过程中的直接材料和直接人工费用。随着生产规模的迅速扩大，机器设备的购置费用越来越大，间接制造费用增长很快，再按传统的商业会计方法处理间接制造费用显然不利于平衡各期的盈亏，也不利于正确评价经营者的工作业绩。为此，许多工厂改变了传统做法，将间接制造费用采用一定的分摊方法分配之后计入各种产品成本。

（4）许多工厂已经能够根据本企业的生产特点采用分批法或分步法计算产品成本，不仅能够计算出每一种产品的所有生产成本，还能够计算出它们在每个生产步骤、环节的成本，提供的成本资料更全面、完整①。我们今天仍然在使用的大多数实际成本计算方法，就是在这个阶段创立和完成的。

这一时期成本会计最主要的局限性是：生产费用的发生没有计划性，人们缺乏对生产成本的事前控制意识，生产过程中究竟是节约还是浪费只有等生产结束之后才能计算出来，工厂管理者对整个生产费用的管理处于被动状态。成本计算主要是计算出产品生产过程中的实际耗费，为企业产品定价和损益计算提供依据，属于事后成本核算。例如，当时的成本会计学家劳伦斯（W. B. Lawrence）对成本会计学做出如下定义和解释：“成本会计就是运用普通的会计原理、原则，系统地记录某一工厂生产和销售产品时所发生的一切费用，并确定各种产品或服务的单位成本和总成本，以供管理当局决定经济的、有效的和有利的产销政策时参考。”② 这里强调利用会计原理和原则计算成本，主要是针对过去用统计方法计算产品成本而言。

2. 标准成本会计阶段

标准成本会计阶段，又叫近代成本会计阶段，时间大约在 20 世纪 20 年代至 40 年代。这一时期，许多西方国家的经济开始慢慢从卖方市场转向买方市场，来自市场的压力逐渐加大，许多企业意识到只有进一步提高生产效率，降低成本，才可能在市场竞争中处于优势，于是就产生了泰罗的“科学管理”思想。泰罗科学管理思想的核心是企业内部一切工作都应当严格规范化、标准化，尽量减少不必要的浪费，通过标准化提高工作效率。受泰罗标准化管理思想的影响，会计上的“标准成本会计制度”应运而生。

标准成本会计制度就是人们预先制定出产品的标准成本，然后将实际成本与标准成本相比较，记录和分析二者之间的差异，以衡量生产人员的工作业绩，分清成本、费用超支和节约的原因及责任，寻求降低成本的途径。最初，预先制定的标准成本只作为一种备忘录，随时同账簿上的实际成本进行比较，直到 1935 年，标准成

① 王盛祥，欧阳清，韩殿文. 成本会计学［M］. 大连：东北财经大学出版社，1996：13.

② 林万祥. 成本会计学［M］. 成都：西南财经大学出版社，1994：6.

本计算才被纳入会计账簿体系，以加强日常的成本控制。

标准成本会计制度较之于以前的实际成本会计制度，最主要的特点是将成本计算、控制、分析融为一体，有利于在日常会计工作中控制生产费用和成本，及时发现成本差异产生的环节、原因和责任，从而使成本管理者能够主动控制成本，明确责任，降低生产消耗。从成本控制观念看，它已经不再单纯强调成本计算问题，而是强调在计算的同时要对成本进行积极的调节和控制。它将成本会计从事后控制发展到事前、事中控制这一新的历史阶段。

在这一时期，除了工厂广泛采用标准成本会计制度外，成本计算的应用范围已扩大到农业、交通运输业等多个行业，成本计算不再仅仅是工商业的问题。此外，工厂在采用标准成本制度的同时，还广泛采用编制预算的方法对间接费用和期间费用进行控制。最初采用固定预算方式，以后发展到采用固定预算与弹性预算相结合的方式，以便更准确地考核经营管理者的工作业绩。

3. 现代成本会计阶段

现代成本会计阶段，时间大约是 20 世纪 40 年代中期以后。第二次世界大战结束后，许多应用于战时的最新科学技术，如激光、电子计算机技术、系统工程等广泛应用于民用产品生产，使得企业生产规模和生产效率有了惊人的提高，社会物质产品生产逐渐从战时的供不应求发展到普遍的供过于求。市场的这一根本性转折，使得企业之间的竞争更加激烈。这种新的生产经营环境对企业管理者提出了更为严峻的挑战：一方面要求企业加强管理，提高劳动生产效率，降低成本；另一方面企业必须重视对外部经营环境的调查研究和分析，随时掌握市场的变化。为适应新的生产经营环境的要求，企业管理思想开始从科学化管理发展到“现代化管理”阶段。

现代化管理与科学化管理相比较，强调“管理的重心在于经营，经营的重心在于决策”。它认为经营决策比具体的执行行为更重要，如果经营决策失误，具体政策执行得再好也无济于事。受这种管理观念的影响，成本会计也发生了一些根本性变化，从注重日常成本计算、控制、分析发展到重视成本预测、规划、决策，将提供经营决策所需的成本信息作为成本会计的首要任务，强调成本会计参与企业经营决策的重要性。当时有一句名言：“不同的目的，不同的成本。”就是说在实践中，没有一种成本计算方法能够适应一切成本预测、规划、决策的需要。人们逐渐意识到成本的归集和分配除了按产品品种、生产步骤、生产批别进行之外，也可以按照业务量、可控性、相关性等标准进行。为了满足决策分析的需要，人们采用了一种有别于对外财务报告所使用的成本计算法即变动成本法，在变动成本法的基础上，提出了量—本—利分析、生产决策分析、存货决策分析、长短期投资决策等一系列成本会计参与决策分析的模型和理论，将成本会计发展到一个崭新水平。正如美国著名的成本会计学家查尔斯·T.霍恩格伦所说：“成本会计目前涉及收集和提供各种决策所需的信息，从经常反复出现业务的经营管理直至制定非常性战略决策以及制定组织机构重要的方针。重要的是把现代成本会计制度的着眼点放在帮助经理们解决好目前和将来所出现的问题上。它关心过去，这只有在帮助预测未来和满足对外报告需求的情况下才是合适的。”①

这一阶段的成本会计的职能被大大拓展，强调成本会计预测、规划、决策、控制职能的发挥。大量数学方法被引入成本会计领域，运用预测理论和方法，建立起一定的数量模型，对成本未来的发展趋势做出科学测算；运用决策理论和方法，根据成本数据，按照最优化决策的要求，研究各种方案的可行性，选择最优方案。同时，为了加强产品设计阶段的成本控制，提出了价值工程分析法；为了加强企业内部经济责任制，将成本与企业内部激励机制相结合，适应日益扩大的生产规模和分权制的要求，推行责任成本核算和管理，使成本控制更为有效；为了加强产品与服务质量管理，推动质量标准化与认证化，人们提出一整套质量成本核算与管理分析方法等等。

4. 信息化社会下的作业成本与战略成本阶段

进入 20 世纪 80 年代后，人类社会受互联网切入社会生活各方面影响而发生了一次新的更替，信息化社会代替工业化社会，建立在信息生成、分配、使用上的新经济，给人类社会带来巨变，企业所面临的社会、经济、制造环境和客户需求也发生了巨大变化。

为了适应 20 世纪 80 年代以后在信息技术革命基础上发展起来的零库存、多品种、小批量的弹性制造系统，人们提出了“实时生产系统”（JIT）和“全面质量管理”等一些新理念，重新认识传统成本计算方法在间接制造费用分配方面的缺陷，开始研究在互联网信息化社会环境下，生产技术、生产组织管理对成本会计的影响，提出了作业成本法（ABC）这一新的成本计算与管理制度。

在互联网信息化社会环境下，企业采用“实时生产系统”（JIT）和“全面质量管理”后，许多企业人工已被高度自动化的机器人、数控机床代替，直接人工成本不到产品成本 10%，甚至更低，而制造费用日趋增大。面对制造费用迅速增长，产品规格品种多样化，小批量及时生产，如果继续采用传统成本会计中以直接人工总量去分配比重越来越大的制造费用和越来越多与工时不相关的作业费用（如质量检测、物料搬运、设备调试准备、生产组织单位变动等），往往会造成不同批量产品成本之间严重扭曲，成本信息失真，给经营决策带来误导。

作业成本计算与传统成本计算不同之处是分配基础（成本动因）不仅发生了量变，而且发生了质变。它不再局限于传统成本计算所采用的单一数量分配基准，而是采用多种成本动因作为分配基准；它不仅采用多元分配基准，而且集财务变量与非财务变量于一体，并且特别强调非财务变量（产品的零部件数量、调整准备次数、运输距离、质量检测时间等）。这种从量变到质变，财务变量与非财务变量相结合的分配基础，由于提高了与产品实际消耗费用的相关性，能使作业成本会计提供“相对准确”的产品成本信息。

作业成本法以作业为中心，从产品设计到物料供应，从生产工艺流程（各车间）的各个环节、质量检验、总装到发运、销售的全过程都按作业进行划分。通过

① 查尔斯·T. 霍恩格伦. 高级成本管理会计学［M］. 上海财经学院会计系《会计译丛》小组，译. 北京：中国财政经济出版社，1986：3.

对作业及作业成本的确认、计量，最终计算出可靠的产品成本。同时，通过对所有与产品相关联的作业活动的追踪分析，为尽可能消除“不增值作业”，改进“增值作业”，优化“作业链”和“价值链”，增加“顾客价值”提供有用信息，使损失、浪费减少到最低限度，提高决策、计划、控制的科学性和有效性，最终达到提高企业的市场竞争能力和盈利能力、增加企业价值的目的。

从战略角度来研究成本形成与控制的战略成本管理思想，也是20世纪80年代在英美等国管理会计学者的倡导下逐步形成的。20世纪90年代后，对这一思想与相关方法的讨论日趋深入，日本和欧美的企业管理实践也证明了这是获取长期竞争优势的有效方法。

企业战略成本管理是在传统成本管理系统的基础上，按照战略管理的要求而发展起来的新的成本管理系统，通过战略性成本信息的提供、分析和利用，帮助企业管理者形成和评价企业战略，促进企业竞争优势的形成和成本持续降低环境的建立，从而达到有效地适应企业外部持续变化环境的目的。

战略成本管理从目标上看，它主要是通过成本管理战略的制定和实施，形成企业的竞争优势，创造出企业核心竞争力。从对象上看，它将生产前与生产各阶段的管理要素联系起来作动态分析，以战略性的视野对企业生产经营全过程、对产品整个生命周期成本进行控制与管理。从方法体系上看，它以战略决策方法为主，借鉴战略管理等相关学科的分析工具，形成由成本动因分析、价值链管理、作业成本法等构成的战略成本管理方法体系。从提供信息上看，它所形成的系统是财务信息和非财务信息的集合，包括有关成本收益的财务信息、生产率、质量和其他影响企业成功的关键性非财务信息。

可以看出，战略成本管理是成本管理与企业战略管理有机结合的产物，是传统成本管理对竞争环境变化所作出的一种适应性变革。所谓战略成本管理就是以战略的眼光从成本的源头识别成本驱动因素，对价值链进行成本管理，即运用成本数据和信息，为战略管理的每一个关键步骤提供战略性成本信息，以利于企业竞争优势的形成和核心竞争力的创造。

综上所述，成本会计产生于工业革命以后，它的发展始终与人类社会生产力密切相关，每一次生产力和生产方式的变革都会带来管理理念的变革，从而使得成本会计的理论、职能、内容、方法不断地得到丰富与发展，是会计与企业管理的直接结合的产物。一般而言，成本会计就是运用专门的内部控制管理技术和方法，以货币为主要计量单位，对企业生产经营过程中的资源耗费与价值链进行的一种管理，以提高企业核心竞争力，创造企业价值为目的。

二、成本会计的内容

随着企业生产经营环境的变化，成本会计的内容也在发生变化。早期的成本会计主要是将企业生产过程中发生的各种资源消耗按照一定的方法、程序进行归集和汇总，分配给各种产品，最后计算出各种产品的单位成本和总成本，以便为企业存货计价和损益计算提供成本资料。而现代社会经济环境下，成本会计的内容已远远超出原来的范围，扩展到对成本进行全面规划与控制。具体地讲，成本会计应具有以下几方面基本内容：

（一）成本预测

成本预测是指根据成本有关资料和数据，运用一定的预测技术和方法，对成本的未来发展水平和趋势进行科学的推测，以便为成本决策、计划、控制提供及时、有效的信息。通过成本预测，可以减少成本、费用发生的盲目性，有利于提高降低成本的主动性和预见性。

企业在成本管理中，对于新建项目、改扩建项目、技术引进项目、新产品设计、采用新技术和新材料等方面，都需要在参照历史成本资料、同行业同类型企业成本资料的基础上，进行对比分析，预测其未来成本结果。此外，企业还需要对自己的生产成本、目标成本、责任成本、标准成本等进行测算，以便进行成本的事前控制。

企业成本预测涉及的范围与内容比较广泛，但不管是什么内容的成本预测，人们都必须首先明确预测目标，针对预测目标收集相关资料，然后采用一定的定量或定性方法进行预测，并对预测结果进行分析、评价，判断其可行性。

（二）成本决策

成本决策是指在成本预测的基础上，按照既定目标和要求，运用一定的决策理论与方法，对有关成本方案进行计算、分析和评估，从中选出最优方案。成本决策是制定成本计划的前提，直接影响到后续成本管理工作的质量，在现代化成本管理中具有十分重要的作用。

从理论上讲，成本决策按涉及的范围应当分为宏观成本决策和微观成本决策。宏观成本决策主要是根据国家宏观经济发展规划的总体目标，确定国家产业政策、产业组织、产业技术和产业布局，使资源得到最优配置。微观成本决策主要是研究企业在现有技术经济条件下，如何从成本效益出发，在分析多种成本方案的基础上做出最有利的选择。不管是宏观成本决策还是微观成本决策，其目标都是使资源得到最优配置。

成本决策贯穿于企业整个生产经营过程，每个环节都存在着优化价值链管理，选择最优成本方案的问题。实务中成本决策的内容和方法很多，任何决策都应当先收集决策所需要的数据和资料，拟定备选方案，采用一定方法对备选方案进行分析、评价和选择，并考虑到方案实施的措施，保证达到决策目标。

（三）成本计划

成本计划是指以货币形式，根据成本决策已确定的目标，预先规定计划期内生产耗费和产品成本水平，确定成本降低任务，提出为达到规定成本水平而应采取的措施和方案。成本计划是建立成本管理内部责任制的基础，它对于事前控制成本，事后评价、分析成本升降原因具有十分重要的作用。

市场经济下，企业一方面要针对市场变化、消费者消费习惯的改变、国家宏观经济政策导向的变化以及竞争对手的变化，随时调整自己的生产经营策略，保持经营上的灵活性；另一方面需要在企业内部制订严格的生产经营计划，根据市场变化和需要，力求做到供、产、销、人、财、物多方面综合平衡，最大限度地发挥现有资源的潜力。因此，市场经济下，对一个规范化管理的企业来说，成本计划是绝对不可缺少的。实践中，一些企业鉴于国家不再将成本报表纳入企业对外会计报表范围，特别是过去由于企业改革措施不配套，成本观念有所淡化，部分企业的成本计划就形同虚设，或不再编制成本计划。这实际上是一种错误的认识和做法，是对我国会计制度改革的误解，应予以坚决纠正。

企业生产经营综合计划中不仅要有产品品种、产量、服务、质量等计划，还要有销售、成本、利润等计划。其中，产品成本计划是企业生产经营综合计划中的专业计划之一，是编制利润计划的基础。

在实务中，企业的生产经营情况十分复杂，因此在编制成本计划时，不应当将其看成是财会部门或计划部门的工作，而应当发动广大职工和多个部门共同参与，自下而上地提出各个车间、各个部门降低成本的目标，再由企业领导部门加以综合平衡，制定全企业的成本目标，并采取必要的技术措施保证成本计划的实现。

（四）成本控制

成本控制是指根据预先制定的成本标准或目标，对成本形成过程及影响成本的各种因素进行计算、约束、调节、监督，将其严格地限制在规定的范围和标准之内，并随时揭示和反馈实际与标准之间的差异，分析差异产生的原因，采取措施纠正偏差，保证成本目标的实现。成本控制是企业成本管理的重要环节，它的作用在于促使实际成本符合成本目标、成本计划、成本标准以及有关成本制度的一切规定。它不是消极地将成本限制在目标、计划、标准之内，而是要促进和提高成本管理水平。它自始至终以改进成本管理工作、降低成本为目标，去发现企业生产经营中的一切低效率、高消耗之所在，通过不断地提高工作效率、减少损失和浪费来最终提高企业的经济效益。

成本控制是成本会计的核心内容。早在 20 世纪 30 年代，西方国家实行的标准成本制度就是一种以标准成本为依据对成本进行控制的制度，以后推行的目标成本管理、责任成本管理、质量成本管理也是成本控制的有效方法。20 世纪 80 年代后，作业成本会计、战略成本管理兴起，将成本控制与企业价值链管理、企业战略目标管理相结合，使成本控制理念与高度不断深化，更好地使成本控制服从企业价值创造，核心竞争力形成。在实践中，成本控制的方法需要根据成本控制的不同对象、不同要求和不同目的来选择。

（五）成本核算

成本核算是指对生产经营过程中发生的各种费用，按照一定的成本计算对象和标准进行归集和分配，采用恰当的方法计算出各对象的总成本和单位成本，也就是对费用发生和成本形成过程进行核算。它是成本计算与会计相结合的一种处理程序和方法。

成本核算是成本信息的生成过程，是成本会计的最基础内容。成本核算提供的资料在财务上可以为存货的计价和企业损益的计算提供直接资料。人们利用成本核算信息，既可以分析、反映企业成本规划的实施完成情况，也可以为企业后续业绩评价和员工奖惩提供依据。

成本核算的方法很多，管理要求和目的不同，核算方法也不同。企业应当根据生产经营特点和成本管理要求选择成本核算方法。核算方法一经确定，应力求保持前后会计期间一致，不宜经常改变，以使前后期成本资料具有可比性。

（六）成本分析

成本分析是指利用成本核算资料和其他相关资料（如计划资料、历史成本资料、国内外同行业同类产品或服务的成本资料等），采用一系列专门的方法，对成本水平和成本构成状况进行分析，系统地研究成本变化的动因，寻求降低成本途径的过程。

成本是一个综合性经济指标。企业在生产经营过程中，原材料、能源消耗的多少，劳动生产率的高低，产品或服务质量的优劣，生产经营技术状况，设备和资金利用效果，生产经营组织管理水平等，都会直接或间接地反映到成本中来，从而使成本分析所涵盖的内容十分丰富。在实践中，成本分析的具体内容，应根据企业的生产经营特点和成本管理需要选择。

成本分析中，企业应注意成本定性分析和定量分析相互结合，互为补充。此外，成本分析必须与技术经济分析相结合，才能使成本分析深入到生产技术领域，从根本上查明影响成本波动的具体原因；成本分析必须与企业内部控制制度相结合，才可能使成本分析与各部门经济利益和工作质量的考核、评比和奖惩挂钩，从而使成本分析工作深入、持久地开展下去。

（七）成本考核

成本考核是指根据成本核算及其他相关成本资料，检查计划成本或目标成本、责任成本等成本控制标准的完成情况，评价企业成本管理工作绩效的过程。

成本考核是对企业成本控制工作的总结和评价，它是企业成本管理的一个重要环节和内容。通过成本考核，企业可以检查企业成本规划完成情况，正确评价每一个部门或每一个岗位成本控制的业绩，据以进行奖励或处罚；通过成本考核，企业可以检查企业内部各个部门对成本控制制度、企业财务制度的遵守和执行情况，从中了解在企业内部控制制度上还存在哪些薄弱环节或漏洞，总结经验教训，完善内部控制制度，改进成本管理工作。

成本会计的上述内容相互联系，构成了一个完整的内容体系。在这个体系中，成本核算是成本会计最基本的内容，它反映成本的生成过程。没有成本核算提供的资料，其他诸如成本预测、决策、计划、分析、考核等工作便会失去现实依据或基础。成本会计从早期发展到今天，虽然内容和范围在不断扩展，但成本核算始终是成本会计的基本内容。成本控制是成本会计的核心，因为从管理的时序看，成本预测、决策、计划属于事前成本控制，成本核算和日常成本管理属于事中成本控制，成本分析和考核属于事后成本控制。可见，成本控制贯穿于成本会计的整个内容。此外，成本预测是成本决策的前提，成本计划是成本决策目标的具体化，成本分析和考核是对成本计划执行结果和成本控制业绩的事后评价。

成本会计的各项内容是相辅相成的，忽视任何一项内容都不利于成本会计工作的开展。

成本会计的内容和各项内容之间的相互关系可以用图 1-1 表示如下：

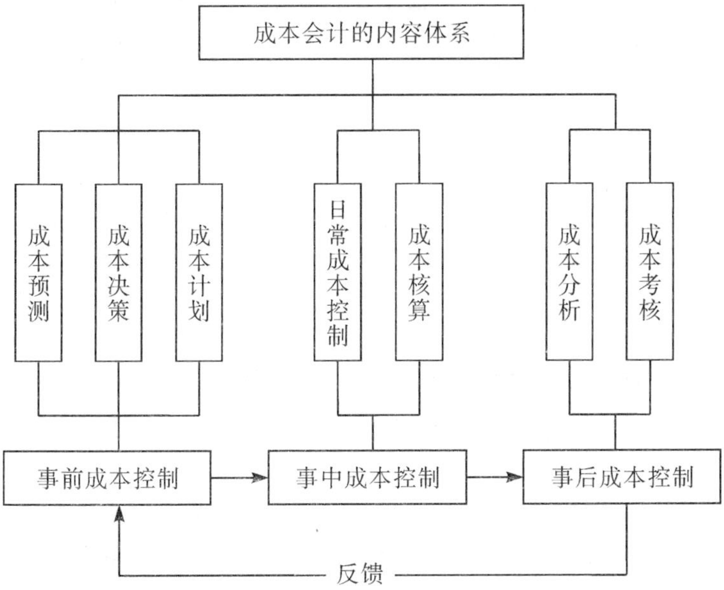

图 1-1 成本会计的内容和各项内容之间的相互关系

三、成本计（核）算制度的类型

成本会计作为一种管理企业经济活动的手段，可以针对管理工作的不同要求提供不同的成本信息。不同的成本信息实际上是由不同的成本计算制度提供的，如实际成本制度、标准成本制度、变动成本制度等。正如美国得克萨斯州大学会计学教授迪肯（Edward B. Deakin）所说："任何人要利用成本会计信息，必须懂得成本制度是怎样提供所需数据的。即使应用数据的人并非成本会计专家，他们也应懂得会计制度是怎样实施的，从而使他们对数据的应用更为明智，并协助设计会计制度，以提供他们所需的数据。"①

（一）实际成本制度

实际成本制度是指以企业实际发生的各项费用为基础进行成本计算的一种会计制度。由于在这种会计制度下，所获得的成本信息、资料都是在企业经济业务发生后按既定的成本计算程序和方法计算出来的，是一种历史成本资料，故这种会计制度又称为历史成本制度。在这种成本制度下，费用发生的数量必须采用实际消耗量，费用的单价可以采用计划价格，但最终必须以价格差异的形式将计划价格调整为实际单价，以适应这种会计制度以"历史成本"为基础的根本要求。采用实际成本制度，财务部门可以为企业存货计价、产品定价、损益计算直接提供成本资料。

实际成本计算是任何一个企业都必须进行的一种成本计算。从成本会计的发展历史看，实际成本计算的程序与方法早在成本会计的早期阶段就已经形成和完善，

---

① DEAKIN E B，MAHER M W. 现代成本会计［M］. 孙庆元，等，译. 上海：立信会计图书用品社，1992：43.

并且一直使用到今天。它也是成本会计向标准成本制度、变动成本制度发展的起始点。因此，实际成本计算是成本计算最基本的形式，是成本会计的基础内容。

实际成本制度强调生产费用的归集和分配，产品成本计算始终以生产经营过程中实际发生的费用作为计算的基础和依据。实际成本制度只注意实际成本的计算，而没有将成本计算与成本计划、控制、分析有效结合起来，因而是一种单一功能的成本计算制度。

实际成本制度以传统的成本观念为基础，它包括直接材料、直接人工、制造费用在内的所有生产制造成本，主要的目的是为企业财务报表的编制提供成本信息，侧重于会计对外服务职能的发挥。

（二）标准成本制度

标准成本制度是指根据预先制定的标准成本，将其与实际成本相比较，以揭示实际成本脱离标准成本的差异，并对差异进行分析，据以加强成本控制的一种会计制度。

标准成本制度并不是一种单纯的成本计算制度，而是一个由标准成本制定、差异分析和差异处理三个部分构成的成本控制系统。它不仅被用来计算产品成本，更重要的是被用来加强成本控制。

在标准成本制度下，企业必须事先经过认真的调查研究、技术测定和分析，制定出产品标准成本，然后对实际成本和标准成本进行比较，确定成本差异。成本差异一般分为直接材料成本差异、直接人工成本差异、变动制造费用差异、固定制造费用差异。成本差异必须分成本项目计算，并将成本差异按产生的原因计入特定的成本差异账户。期末，一般是将成本差异全部计入销售成本或冲减损益账户，也有将成本差异在完工产品、在产品和销售产品成本之间进行分配的。这种成本计算制度在刚开始时只是一种比较简单的统计分析方法，以后才被逐步纳入复式簿记，发展为一种融成本规划、控制、计算、分析于一体的成本控制系统。

（三）变动成本制度

变动成本制度起源于20世纪30年代的美国。变动成本制度不同于全部成本会计制度。全部成本会计制度下，将成本分为生产成本（包括直接材料、直接人工、制造费用）与非生产成本（包括管理费用、经营或销售费用、财务费用），其中生产成本全部计入产品成本（全部成本法由此而得名），而将非生产成本作为期间成本，全部列入当期损益计算表。变动成本制度则将生产成本按其与产量的关系划分为变动生产成本和固定生产成本，只将变动生产成本（直接材料、直接人工、变动制造费用）计入产品成本，而将固定生产成本（固定制造费用）和非生产成本作为期间成本处理。很明显，变动成本制度下计算出的企业损益与全部成本制度下计算出的企业损益有一定的差异。

提倡变动成本制度的人认为，固定制造费用只是与企业的生产能量有关的内容，这些费用是企业在一定期间内进行生产经营活动所必然发生的，它们与时间的关系紧密，而与产品的具体生产数量没有必然联系。因此，这部分费用不应计入产品成本，也没有理由递延到下一个会计期间，而应作为期间成本全部摊销。采用变动成本制度，有利于财务部门向企业管理部门提供进行成本预测、决策、计划所需的成本信息资料，简化成本计算工作，可以正确揭示产品销售量和利润之间的内在联系，有利于企业管理部门加强成本控制与考核。但是，由于变动成本计算法不符合传统成本观念，将成本按习性划分为固定成本和变动成本分别进行计算只是一种粗略的计算，结果并不精确，不符合公认的会计准则的要求，只能应用于企业内部管理，企业向股东、债权人以及税务部门提供的财务报表仍然必须按照全部成本计算制度的要求来编制。

（四）作业成本制度

作业成本制度（activity-based costing system）简称 ABC 制度，是 20 世纪 80 年代由美国会计学家创建的。作业成本制度是对传统成本制度的革新。传统的成本计算制度是以某一总量，如人工总量、材料总量、机器工时总量等为基础，计算统一的间接费用分配率，分配间接费用。这种分配方法可以简化成本计算工作。这种以产品的直接人工、直接材料或生产工时为基础的间接费用分配方法，在间接费用项目较少，间接费用在总成本中所占比重较小，对成本管理要求不高的情况下是可行的。

随着电脑数控机床和机器人、电脑辅助设计、电脑辅助生产以及弹性制造系统等高科技成果在生产经营中的广泛应用，企业的生产组织管理发生了许多变革，总成本中的间接费用比重急剧增长。有资料表明，20 世纪 80 年代间接费用在生产成本中所占的比重，美国为 35%，日本为 26%。如果从美国和日本的高科技企业和高度自动化企业来看，这一比重在日本高达 50%～60%，在美国更是高达 70%～75%。① 在这种高度自动化的生产条件下，以直接人工总量等为基础分配间接费用显然不准确，不能正确揭示产出量与间接费用之间的因果关系，会使成本计算结果失真。同时，由于间接费用分配不准确，也会使成本报告不能满足企业管理部门对产品定价、自制与外购、生产批量等决策的需要。ABC 制度的本质就是要重新确立分配间接费用的合理基础——作业，引导管理人员将注意力集中在发生成本的原因——成本动因上，而不是仅仅关注成本结果本身，通过对作业成本的计算和有效的控制，克服传统成本计算制度存在的一些缺陷，使许多以前不可控的间接费用在 ABC 系统中变成可控的费用。

作业成本计算制度可以为管理人员提供比传统成本制度下更为透明的间接成本信息，它可以使企业管理者利用间接成本率进行正确的生产经营决策，提高成本计算的准确性。这是作业成本制度的长处，但是并非所有的间接成本费用都可以运用作业成本制度进行核算，都能取得对决策有用的数据，其适用范围也有一定的局限性。有关作业成本的计算原理、程序和方法，本书将在第十三章中介绍。

（五）专项成本制度

专项成本制度是指根据企业生产经营管理的需要，以某一成本管理内容为对象进行成本计算和管理的制度。与实际成本制度、标准成本制度、变动成本制度相比

① 中国注册会计师教育教材编审委员会. 成本管理会计［M］. 北京：中国人民大学出版社，1995：470.

较，专项成本制度下成本计算的对象不一定是产品，它可以是企业内部的责任中心、产品质量、人力资源、环境治理项目等。即使仍然以产品为对象，也不再局限于生产过程（生产成本），而是在新产品试制阶段，或者产品的整个寿命周期内进行成本计算和管理，其对象的范围已远远超出生产领域。

建立专项成本制度的目的常常是适应企业内部对某一专项业务管理的需要。如建立责任成本制度，是为了配合企业实施的经济责任制，利用责任成本制度，通过责任成本计算，将内部经济责任制落实到各个部门、工作岗位和个人；建立质量成本制度，可以揭示产品质量与经济效益的关系，为企业编制质量计划，确定质量方针，进行质量决策提供依据；为了加强对新产品试制、开发的管理，也可以建立一套新产品试制成本制度，对新产品开发成本、试制成本进行全面的计算和管理；对于环境污染严重的企业，可以建立一套成本制度，专门用来计算企业污染治理的投入，将治污成本与企业的社会经济效益相比较，反映企业环境治理的成效。

从理论上讲，任何一项专项业务的发生都会产生资源的耗费，为了加强管理，提高投入产出的效益，可以建立相应的专项成本制度。因此，专项成本制度的建立不拘一格，完全不受传统成本观念的约束。企业可以根据一定时期内生产经营的需要和成本管理关注的焦点建立并实施专项成本制度。

第三节 成本会计基础工作

一、成本会计基础工作的作用和要求

成本会计基础工作是开展成本核算、成本规划与成本控制的基本条件，也是企业管理的基础工作。成本会计基础工作主要包括各种消耗的原始记录制度、定额管理制度、内部结算价格制度和物资的计量、验收、保管等制度。

前已述及，成本具有综合性和变动性两个特点。成本的综合性决定了成本会计基础工作必然涉及面广、工作量大，它既涉及企业人、财、物多个方面，又涉及研发、试制与供、产、销多个环节。为了有效地控制成本，明确成本管理的经济责任，企业必须首先对生产经营过程中的各种消耗进行科学、正确的观察、计量、记录，建立合理的计量、验收、领发、保管、盘点等基本制度，这样才可能为具体的成本控制和经济责任的界定提供真实、可靠的依据。

成本具有可变动性，表明企业在一定时期内资源的消耗总是随着生产经营活动量的变化而变化，为了积极、主动地控制生产经营耗费，减少损失与浪费，就必须建立起科学的定额管理制度，对各种费用制定必要的消耗定额，对企业内部各部门、各单位相互之间提供的劳务实行内部结算价格制度，以分清各部门、各单位的成本控制责任，提高企业的资源利用效率。因此，搞好成本会计基础工作，不仅可以为成本核算与管理提供坚实、可靠的数据资料，还可以为企业管理者进行经营决策提供重要的信息支持，是有效组织生产经营活动的基础。

为了搞好成本会计基础工作，企业应做到以下几点：

（1）成本会计基础工作的开展必须与企业生产经营特点和成本管理要求相适应。不同行业、不同企业由于生产经营规模不同，生产工艺流程不同，企业内部经营管理体制不同，职工素质不同，在具体制定各项基础工作的规范和要求时，不宜完全照搬其他企业的做法，应当因地制宜，制定适应本企业特点的各项工作规范和执行标准，逐步走向规范化和标准化。

（2）成本会计基础工作的开展必须与企业内部经济责任制的建立相结合。成本会计基础工作与企业内部经济责任制相结合，可以适应企业内部经济责任制对成本信息的需求，这样既可以为企业内部经济责任制的推行提供基本的信息保障，也使成本会计基础工作的开展有制度上的保证。

（3）成本会计基础工作的开展必须与企业其他基础工作相互协调，保持一致。成本会计基础工作只是企业整个管理基础工作的组成部分之一，必须同企业生产技术管理、设备管理、产品或服务质量管理、劳动工资管理、物资管理等企业内部各项管理工作结合起来，相互协调，互为补充，共同构成整个管理工作的基础。

（4）成本会计基础工作的内容与要求应当与时俱进。成本会计基础工作的内容与要求应当根据企业内部管理体制的变化、生产经营技术的进步、成本管理水平的提高以及企业内外经营环境的改变而不断地完善和提高。要讲求实效，不要搞形式主义。一切基础工作的规范和要求一旦制定，应认真执行，不能随意变动。对于确需修改或重新制定的制度应积极慎重，保持前后期成本管理基础工作的连贯性。

二、成本会计基础工作的内容

成本会计基础工作是进行成本管理的前提条件，没有健全的基础工作，成本核算与管理便无法顺利进行。成本会计基础工作包括以下内容：

（一）建立、健全原始记录制度

原始记录是指按照一定的格式和要求，对企业生产经营活动的具体事实所做的最初的直接书面记录。它是反映企业经济活动的一种基础性资料。例如，在实践中，生产工人每天生产产品的数量、品种、质量、生产时间等情况都需要记录在一定的凭证上，这种直接记载具体生产事实的凭证就是一种原始记录。每一个企业都应当根据本企业生产经营活动的内容与特点和经营管理的需要，建立起一套严格的原始记录制度。这种制度对加强成本管理，正确计算产品成本，具有十分重要的意义。

企业原始记录的种类很多，与成本相关的原始记录主要有以下几个方面：

（1）反映物资消耗情况的原始记录。物资消耗的原始记录主要是反映物资入库、领取、使用、退库等情况的原始记录，如收料单、自制材料入库单、领料单、限额领料单、领料登记表、补料单、切割单、退料单、废料缴库单、代用材料单、材料耗用汇总表、材料盘点报告单等。

（2）反映人工消耗情况的原始记录。人工消耗情况的原始记录主要是反映职工人数、职工调动、考勤情况、工时利用、工资结算等情况的原始记录，如职工录用通知单、职工调动通知单、工资卡、职工考勤记录、产量记录、工时记录、停工记录、加班记录、工资单等。

（3）反映设备使用情况的原始记录。设备使用情况的原始记录主要是反映设备交付使用、设备开动和运转、设备维修、设备事故、安全生产等情况的原始记录，如设备交付使用单、固定资产卡片、固定资产登记簿、设备运转记录、事故登记表、设备报废清理单等。

（4）反映费用支出情况的原始记录。费用支出方面的原始记录主要是反映企业在水、电、气、劳务以及日常零星开支等情况的原始记录，如各种发票、账单等。

（5）反映生产情况的原始记录。生产方面的原始记录主要是反映在产品、自制半成品转移、产品质量检查、产品入库等情况的原始记录，如产成品交库单、半成品入库单、废品通知单、在产品台账、工序进程单、工作通知单等。

不同种类的原始记录，尽管记录的具体内容和格式有较大的差异，但它们一般都必须具备以下几项基本内容：

（1）原始记录的名称；

（2）填制的日期、地点和编号；

（3）经济活动的内容；

（4）经济活动的计量单位和数量；

（5）填制单位和经办人员的签名或盖章。

反映企业经济活动的原始记录应按照规定的方法和要求填制，其内容、时间、金额、签章等都必须完整、准确无误。

实践中，有部分原始记录可能为几个部门所需要。例如，仓库保管部门、材料采购部门和财务部门都需要掌握材料入库单上的有关信息。对于几个部门都需要掌握的原始记录，可以采取一式多份的形式。

为了适应各种内部管理的需要，企业应健全各种原始记录制度，统一规定各种原始记录的内容、格式、填制方法、份数和存档保管制度；应根据成本计算和内部控制制度的要求，规定各种原始记录的传递时间、地点、流程和方式，明确内部各个部门、单位、岗位、职工在原始记录中的经济责任，提高原始记录的利用效率，充分发挥其作用。

总的来说，建立、健全原始记录制度既要满足企业内部控制制度的需要，又要简便易行，应做到数字真实、内容完整、手续齐备、要素齐全、责任明确。

（二）建立、健全计量、验收、盘存制度

原始记录为企业管理工作提供所需的各项数据，这些数据主要是从数量上反映企业生产经营活动中各项资源的消耗和变动情况。计量工作是确定这些数量的依据，如果没有准确的计量，就不能准确确定数量，也就无法据以进行管理。另外，在企业生产经营过程中消耗和库存的各种资源，其质量、品种、规格是否符合生产技术的要求，关系到产品质量及其经济效果，需要经过检验，账实是否相符，也需要进行盘点。因此，在企业中建立健全计量、验收、盘点制度具有十分重要的意义。

计量是指利用一定的器具对各种物资按其特点（长短、大小、轻重等）测量其数量的工作。企业物资的收发不计量，或者计量不准确，或者计量器具不齐备，都不可能为企业管理提供可靠的数据。据此计算的成本就不可能是正确的，据此确定的财产物资的变动和结存数量也是不准确的，必然会给企业的财产物资管理造成极大的混乱，给企业造成大量的损失和浪费。因此，计量工作作为一项企业管理的基础工作要想做好，首先必须提高广大职工对此项工作重要性的认识，其次应设立专门负责质量检验的机构，辅之以群众性的质量管理活动，形成专职机构与群众检查相结合，以专职机构为主的质量检验制度。做到不符合技术质量、规格的物资不入库，不符合质量要求的零部件不交库，不符合质量标准的产品不入库、不发货。企业应针对不同的计量对象，配置必要的计量器具。此外，企业应建立起对计量器具的实物管理和定期校验制度，以保证计量器具始终处于良好的运转状态。

验收是指对各种物资（如材料、在产品、半成品、产成品等）的收发和转移进行数量和质量检查的制度。验收时，要看是否与发票、运单、在产品台账、入库单等所记录的数量相符，是否与协议、合同、派工单等所规定的品种、规格、数量、质量等级要求相符，以防止乱领、乱用现象的发生，明确生产经营各个环节的经济责任。在实践中，验收和计量常常是同时进行的，在验收的同时必然会涉及计量问题。

盘点制度也称“财产清查制度”，是指根据账簿记录对各项财产物资进行实地清点、核对，以查明企业实有财产数字的一种内部管理制度。通过定期或不定期地对财产物资进行清查，可以确定企业各项物资的实有数同账面数是否有差异，发现财产管理制度上的漏洞，以保证会计核算资料的真实性、可靠性，加强对财产物资的管理，挖掘财产物资的使用潜力。

上述三项基础工作，计量制度是保证原始记录正确无误的有效措施，也是确定原始记录数量的依据，没有准确的计量，就不可能提供准确的数量，也就无法据以正确计算成本；验收制度是保证企业生产经营中所需物资的质量、规格合乎既定的标准，是产品或服务质量的有效保证；盘点制度是通过对财产的清查，检查企业是否账实相符，是否存在材料、物资积压、浪费、贪污、盗窃等现象，以保证企业财产物资的安全、完整。

（三）建立、健全定额管理制度

定额是指企业在正常的生产经营条件下，对人力、物力、财力的利用标准。定额管理是指企业利用定额形式，合理地安排使用现有经济资源的一种内部控制制度。建立、健全定额管理制度，可以为企业计划、预算的编制提供科学的基础，也可以为开展成本控制、分析、考核提供客观的依据，对于提高整个企业的成本管理水平具有十分重要的作用。

定额作为一种衡量工作数量和工作质量的客观尺度，有各种各样的形式，有劳动定额、物资消耗定额、设备利用定额、流动资金使用定额、管理费用定额等。定额按所规范的内容可以分为以下几种：

（1）材料、动力、工具消耗定额。这一类定额有原材料消耗定额、材料利用率、材料损耗率等。

（2）劳动定额。这一类定额有工时定额、产量定额、停工率、缺勤率、加班加点率等。

(3) 质量定额。这一类定额有产品合格率、品种抽查合格率、一级品率、废品率、返修率等。

(4) 固定资产利用定额。这一类定额有设备利用率、固定资产利用率、固定资产报废率、固定资产闲置率等。

(5) 费用定额。这一类定额有办公费用定额、制造费用定额、差旅费定额、邮电费用定额、通信费用定额等。

企业定额的内容和形式不尽相同，其定额的制定方法也不完全相同。总的来说，一般常见的制定方法有三种：

(1) 技术计算法，指根据某项工程、产品或劳务的技术设计和工艺要求计算企业定额。如材料消耗定额、工时定额的制定就属技术计算法。这种制定方法的主要优点是比较准确，但比较复杂，或者需要系统的资料积累，或者需要投入大量的人力进行测算，因此比较适合于大量大批生产类型的企业使用。

(2) 统计分析法，指根据过去生产同类产品或提供同类服务的统计资料，结合目前生产、技术、组织条件的变化等因素，经过统计分析研究制定各种定额的方法。这种制定方法的优点是简便易行，但它对构成定额的各种因素缺乏仔细分析、计算，容易受过去平均数的影响。

(3) 经验估计法，指根据人们的生产技术和工作经验，结合设计图纸、工艺规范分析以及使用的设备与工具、生产组织等实际情况确定定额的方法。这种制定方法的主要优点是简便易行，花费的时间较少，但它对构成定额的各种因素没有进行深入的技术经济分析和计算，容易受估计人员主观因素的影响。

以上三种基本方法各有利弊。在一个企业中应采用什么方法，要从该企业实际出发，根据需要和条件来确定，也可以将三种方法结合起来使用。总的原则是定额既要先进，又要切实可行。

定额一旦制定，应注意保持稳定，否则不利于调动大家完成定额的积极性。当然，随着企业生产经营技术条件的变化和管理要求的提高，定期对定额进行修订也是十分必要的，否则定额将无法起到应有的激励作用。

定额是企业在生产经营过程中各种消耗的“标准”。企业应按照定额组织全体职工从事生产经营活动，这是定额管理的核心。为动员全体职工执行定额，首先，企业应切实贯彻执行各项必要的技术组织措施和管理制度，从客观上为完成定额提供必要的条件。其次，为保证定额的完成，为定额制定和修订提供可靠的资料，企业应加强对定额完成情况的核算、检查和分析工作。应有一定的专职机构负责定额管理，并负责对定额执行情况定期进行考评和奖惩。

(四) 建立、健全内部结算制度

内部结算制度是指对企业内部各单位、部门之间的材料、半成品、产成品流转以及相互提供的劳务采用货币形式进行核算和管理的制度。它属于一种内部控制制度。建立、健全内部结算制度，有利于明确各单位、部门之间的经济责任，正确考核各单位的工作业绩，也有利于成本计划和成本控制工作的开展。

建立内部结算制度应着重搞好内部结算价格的制定、内部结算方式和内部结算组织形式的确定三个方面的工作。

（1）内部结算价格及其制定。内部结算价格是指企业内部各单位、部门之间相互提供产品或劳务时采用的一种价格。由于该价格是企业自行制定的，只适用于企业内部往来结算，相对于企业外部市场交易的价格，称为内部结算价格。内部结算价格可以采用计划单位成本、计划成本加成（在计划成本的基础上加一定的内部利润）、协议价格、模拟市场价格（根据产品或劳务的现行市场价格确定内部结算价格）。采用内部结算价格会使企业内部各个单位都感受到市场压力，促使其加强经营管理，适应市场竞争机制的需要。内部结算价格应由财务部门牵头，在计划部门、劳动部门、生产工艺部门、设备管理部门的协作下制定。制定内部结算价格是一项技术性较强的工作，涉及内部各单位之间的经济利益，应力求准确、合理。内部结算价格一经制定，不宜随意变动，因为经常变动不利于内部结算与考核。内部结算价格的调整一般以一年一次为好，遇有特殊情况可针对个别价格进行临时调整。内部结算价格制定后应装订成册，统一颁布实施。

（2）内部结算方式。内部结算方式主要有厂币结算、内部支票结算和内部转账结算三种基本方式。企业应在满足资金管理和内部控制制度要求的前提下，选择简洁、实用的内部结算方式。

（3）内部结算组织形式。企业不管采用哪一种内部结算方式，都需要在一定的内部结算组织机构内进行。我国企业中较为常见的内部结算组织形式是内部结算中心和内部结算银行。内部结算中心是指在财务部门设立一个专门处理内部结算业务的中心，由它负责企业内部各单位、部门之间的往来结算。该中心职能范围较小，一般不具有资金管理的职能。核算工作比较单一，一般运用于规模较小的企业。内部结算银行的职能范围较广，具有内部结算、信贷、控制等职能。核算工作比较复杂，一般运用于规模较大、内部单位较多、管理基础工作较好的企业。

企业要搞好成本会计工作，除了做好以上四个方面的基础工作之外，还必须努力提高全体员工的成本意识和职业素质。不仅成本会计人员要具备成本意识，其他管理人员、工程技术人员也应增强成本意识和素质，注意将成本管理与技术经济管理结合起来。

总之，良好的成本意识、灵活的企业经营机制、优秀的管理团队、先进的工艺技术与设备、严格的内控制度、健全的基础工作都是搞好成本会计工作不可缺少的基本条件。

第四节　成本会计组织工作与组织环境

一、成本会计的组织工作

为了建立正常的成本会计工作秩序，充分发挥其应有的作用，必须科学、合理地组织成本会计工作。成本会计的组织工作包括设置成本会计机构、配备成本会计人员和建立成本会计制度。

（一）设置成本会计机构

成本会计机构是指企业内部负责组织、领导和从事成本会计工作的单位。它的设置应与企业生产经营规模的大小、业务的繁简、内部管理体制和成本管理要求相适应。设立成本会计机构应坚持分责分工与协作相结合、统一领导与分级管理相结合、专业管理与群众管理相结合的原则。

1. 成本管理领导机构

按照经济与技术相结合的原则，企业的成本管理领导机构应由企业的厂长或总经理、财务总监或总会计师、总工程师组成。其中，厂长或总经理是企业成本工作的最高领导者，并对企业的成本负完全责任；财务总监或总会计师和总工程师则从经济和技术方面具体负责组织、领导、实施企业的成本经营战略计划和方针。企业成本管理领导机构主要负责以下工作：

（1）制定企业成本管理工作的基本目标、战略方针和任务，动员各单位、各部门努力完成既定的成本目标和任务；

（2）批准由财务总监或总会计师和总工程师负责拟定的企业成本管理制度（含成本会计制度）；

（3）建立、健全企业成本管理的组织机构，负责协调各单位、各部门成本管理中出现的矛盾和问题；

（4）审定企业的目标利润和目标成本，批准企业的成本计划和费用预算，综合研究和决定企业各项重大的降低成本措施和方案；

（5）组织、领导企业各项重大的成本问题调查与分析工作，决定对有关人员的重大奖励和惩罚；

（6）组织、领导企业成本管理人员学习业务理论和业务技术，不断更新专业知识，并对其进行培训和定期考核，决定中层成本管理人员的任用和调配。

2. 成本会计职能机构

成本会计职能机构是处理成本会计工作的职能单位。企业经营规模不同，经营特点不同，内部管理体制不同，成本会计职能机构的设置也有一定的差异。

大中型企业一般应设置专门的成本会计机构，具体设置方式可以根据内部控制制度和分工的需要来选择。可以在企业厂部或公司一级财务会计部门中单独设置成本会计科、股、组或室，也可以在总会计师或财务副总经理的直接领导下，在厂部或公司一级设置独立的成本会计机构，如成本会计处、科、股或室。前者使成本会计机构隶属于企业财务会计部门，后者强调成本会计机构的独立性，是与财务会计机构平行的职能单位。在实践中，前一种设置方式较为普遍。

小型企业受生产经营规模的限制，一般只在企业厂部或公司一级财务部门内设置成本组或专职、兼职的成本核算员，负责完成整个企业的成本会计工作。

成本会计职能机构内部可以按照成本会计职能，将成本会计科（股）分为成本预测决策组、成本计划组、成本核算组和成本分析考核组，也可以按成本会计对象分工，如分为材料组、工资组、成本计算组、经营管理费用组、专项成本组。为了科学地组织成本会计工作，应按照分工协作的原则建立成本会计岗位责任制，使每一个成本会计机构和人员都有明确的责任和工作内容。

3. 成本会计机构的组织分工方式

企业内部成本会计机构之间的组织分工是与企业内部的管理体制密不可分的。一般有集中工作和非集中工作两种组织方式。

集中工作方式是指企业成本会计中的预测、决策、计划、控制、核算、分析、考核等各方面工作都由厂部或公司一级成本会计机构集中进行，车间、部门一级的成本会计机构或会计人员只负责在业务发生时登记原始记录，填制原始凭证，并对它们进行初步的审核、整理和汇总，为厂部或公司一级成本管理工作提供资料。采用集中工作方式，厂部或公司一级成本会计机构可以比较及时地掌握企业有关成本方面的全部信息，便于其使用电子计算机进行成本数据处理，可以减少成本会计机构的层次和成本会计人员的数量。

非集中工作方式也称为分散工作方式，是指将成本会计工作中的一部分计划、控制、核算、分析工作分给车间或部门一级成本会计机构或人员分别进行，成本考核工作由上一级成本会计机构对下一级成本会计机构逐级进行。厂部或公司一级成本会计机构主要负责对各下级成本会计机构或人员进行业务指导和监督，对整个企业成本进行综合预测、决策、计划、控制、分析、考核以及汇总核算，编制公司或全厂的成本报表。

企业应当根据生产经营规模的大小、业务的繁简、内部各单位经营管理的要求以及成本会计人员的素质和会计电算化程度，从有利于充分发挥成本会计工作的作用出发，确定采用哪一种组织工作方式。企业也可以将两种方式结合起来，对某些内部单位采用集中工作方式，对另一些单位采用非集中工作方式。一般来说，大型企业由于组织机构庞大，生产经营管理实行分权制，比较适合采用非集中工作方式；中小型企业由于生产经营规模较小，为减少管理层次，比较适合采用集中工作方式。

由于成本内容丰富、涉及面广、业务性强，除了专门的成本会计机构之外，其他职能部门也应对成本的控制和管理承担一定的责任，如生产计划部门应负责制定生产定额，编制生产进度计划，组织均衡生产，提高工时利用率，力求科学、合理地缩短生产周期，减少在产品、半成品的资金占用；技术部门应负责制定各种材料消耗定额，从产品设计到工艺技术流程上保证产品质量，提高材料利用率；劳动部门应负责人力资源的合理组织和安排，制定劳动定额，控制工资费用、福利和奖金支出；质量管理部门应负责企业全面质量管理工作，提高优质品率，减少不合格品和废品率；物资供应和储备部门应负责制定物资储备定额，合理组织物资采购、运输和仓储，节约采购费用、保管费用；设备管理部门应制定设备使用定额，提高设备完好率和利用率，努力降低设备维修、保养成本。

以上这些职能部门虽不是企业成本管理的专职机构，但它们的工作质量好坏与企业整个成本水平高低有着直接或间接的关系，成本会计机构必须与这些职能部门相互协调，通力合作，才能做好成本管理工作，全面提高企业的经济效益。

（二）配备成本会计人员

成本会计人员是指企业内部专门从事成本会计工作的专业技术人员。在企业中配备必要的成本会计人员，是顺利开展成本管理工作，充分发挥成本会计作用的关键。

企业应根据生产经营规模大小、业务内容繁简、内部管理对成本信息的需要以及会计工作分工的要求，配备成本会计人员，专门从事成本会计管理工作。通常在公司、厂部、车间设专职的成本会计人员，在班组一级设兼职的成本核算员，以开展班组经济核算。班组经济核算是我国多年来行之有效的一种基层核算，它提供的材料消耗定额和工作定额完成情况的成本资料，是工人直接参与企业成本管理的重要形式，也是推行成本岗位责任制的基础。

为了对成本会计人员实行行业管理，提高其执业水平和社会地位，许多国家成立了专门的行业协会。例如，在英国，为了适应第一次世界大战后工业发展的需要，其在1919年成立了“成本会计师协会”，负责全国成本会计人员的教育和管理工作。以后，由于成本会计的职能从单一核算发展到规划、控制、分析等，该协会在1972年更名为“成本和管理会计师协会”。1986年，协会再次更名为“特许管理会计师协会”。在我国，没有专门的成本会计人员行业管理组织。成本会计人员和财务会计人员不加区分，统称会计人员，由各级财政部门进行行业管理，并按照国家规定参加统一的会计人员任职资格考试，取得初级、中级、高级会计技术职称。

（三）建立成本会计法规和制度

成本会计法规和制度是组织和从事成本会计工作的规则，是会计法规和制度的一个重要组成部分。制定和执行成本会计法规和制度，对于规范企业成本管理行为，保证成本信息质量，具有十分重要的作用。

1. 制定成本会计法规和制度的原则

成本会计法规和制度应按照统一领导和分级管理相结合的原则来制定。凡全国性成本会计法规、制度，由国务院和财政部门统一制定；每一个企业的成本会计制度和管理办法，由企业根据国家有关规定，结合企业生产经营特点和内部管理的需要，在符合简便易行、实用有效的原则下制定。

成本会计法规和制度的制定，既要满足企业成本管理和生产经营管理的要求，又要满足国家宏观经济管理的要求。同时，应适当简化手续，力求做到简明、实用、有效，以便在实践中具有可操作性。此外，成本会计法规和制度应随着我国经济的发展，企业经营机制的转变，以及会计法规、制度的改革进行相应的改革。成本会计法规和制度改革，应注意吸收国外的先进经验，与国际惯例接轨，同时要考虑到我国国情，从企业实际情况出发。

2. 成本会计法规和制度的种类

与成本会计工作有关的法规和制度，可以分为以下几个层次：

（1）《中华人民共和国会计法》（以下简称《会计法》）。

《会计法》是我国会计工作的根本大法，有关会计，包括成本会计的一切法规、制度都要按照它的要求制定。它确定了会计工作的地位和作用，可以提高整个社会对会计工作的认识，端正人们对待会计工作的态度。它明确了会计人员的职责、权限，并保证会计人员的职权不受侵犯，是保证会计工作按正常秩序进行的基本法律依据。

（2）财政部发布的《企业财务通则》《企业会计准则》《企业产品成本核算制

度（试行）》。

《企业财务通则》《企业会计准则》（以下简称“两则”）是在《会计法》的基础上经国务院批准，由财政部发布的。“两则”的制定和实施，可以使企业的财务、成本、会计工作规范化、标准化，并与国际惯例接轨。财政部在“两则”的基础上还陆续颁布了一系列具体会计准则，以进一步规范各类经济业务的会计处理程序和方法。其中与成本有关的具体准则，也是规范成本会计工作的重要法规。

除此之外，为了推动企业管理会计在实务中发展，财政部发布《财政部关于全面推进管理会计体系建设的指导意见》，对企业管理会计工作建设提出设想与要求；财政部发布的《企业产品成本核算制度（试行）》，则是企业在产品成本核算实务中必须遵守基本准则。这两个制度都是建立企业内部成本会计管理制度需要遵守的行政法规。

（3）本企业的会计制度和成本管理制度。

本企业的会计制度是指各个企业根据“两则”和国家统一的具体会计准则要求，结合本企业生产规模、生产经营特点和管理需要自行制定的会计制度。企业的成本核算工作是企业整个会计工作的重要组成部分。因此，成本管理工作也应符合本企业会计制度的有关规定和要求。

企业成本管理制度是组织和从事成本控制工作的具体规范，是企业整个管理制度的一个组成部分。各个企业为了详细规范本企业的成本控制行为，应当根据上述各种法律、行政法规要求，结合本企业的生产经营特点和内部控制需要，具体制定本企业的成本管理制度，以此作为本企业开展成本控制的直接依据。

企业成本管理制度应涵盖对成本预测、决策、计划、控制、核算、分析、考核等做出的规定，它应当包括以下几方面的规定或方法：

①关于成本预测、决策的制度；

②关于成本定额、成本计划编制的制度；

③关于成本控制的制度；

④关于成本核算的制度；

⑤关于成本报表编制的制度；

⑥关于成本分析、评价的制度；

⑦关于内部结算价格制定和结算的制度；

⑧其他有关成本管理的规定和制度。

制定本企业的成本管理制度是一项工作量大、技术性强的工作，在制定之前应深入实际，进行广泛的调查研究，反复试点，总结经验教训。成本管理制度一经制定，应认真、严格执行，保持相对的稳定性。只有在企业的生产经营环境和工艺技术条件发生明显变化的情况下，才能进行补充、修订和调整，使之不断完善，适应新的管理要求。

二、成本会计的组织环境

成本会计机构、成本会计人员和成本会计法规、制度都是在一定的经营环境下产生和运行的，它们与企业的生产经营组织结构有着密切的关系，了解它们所处的组织环境，有利于深入认识它们的作用和职能。

就现代企业制度而言，其组织结构如图 1-2 所示：

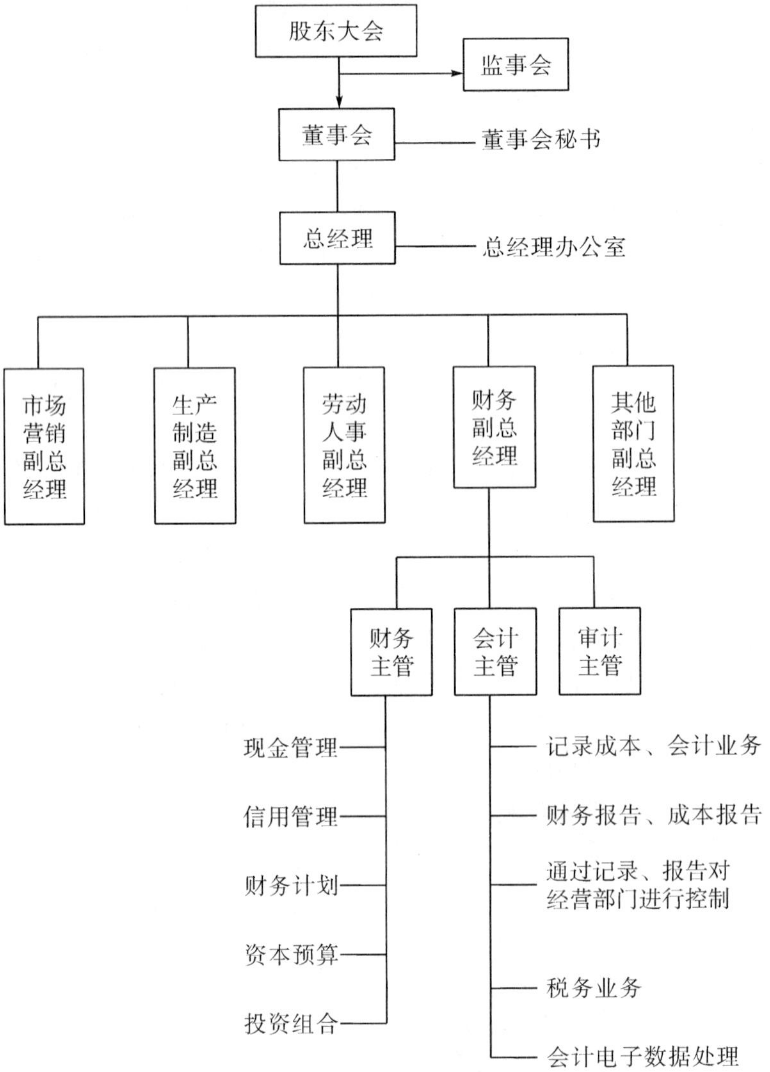

图 1-2　企业组织结构

董事会提出公司的基本发展战略和经营方针，经股东大会表决通过后形成公司的正式发展规划，并授权公司的执行机构具体筹划和执行。公司的执行机构由高层执行官员总经理、副总经理等组成，这些执行官员受聘于董事会，在董事会的授权范围内拥有公司的管理权和代理权，负责公司日常经营事务。执行机构的负责人有时称为首席执行官（CEO），通常由总经理担任，有时也由董事长担任。首席执行官的主要职责是：执行董事会决议；主持公司日常业务活动；经董事会授权，对外签订合同或处理业务；任免经理人员；定期向董事会报告业务情况，并提交年度工作报告。

财务副总经理，许多企业又叫财务总监、首席财务官（CFO），在我国企业中，特别是国有控股公司中由总会计师直接担任。财务副总经理直接向总经理负责。他的主要工作是负责公司内部控制活动，公司财务、成本计划的编制与控制，公司资金筹集和使用调度，公司税务活动，公司内部审计活动等。财务副总经理应协助总经理做好企业的规划、决策、控制，实现董事会确定的目标和任务。按照分工协作的原则，在规模比较大的企业集团中，为便于进行专业化管理，财务副总经理可以在自己所辖范围内设立财务主管、会计主管和审计主管，分别负责专职管理工作。在规模不大的企业，可以将财务工作和会计工作合二为一，只设财务主管。具体形式应视企业经营规模和内部管理要求而定。

在实行财务与会计分设的企业中，财务主管主要负责公司的现金管理、信用管理、应收款项管理、财务计划制定、资金筹集、对外投资、外币交易管理等工作；会计主管主要负责成本、会计业务记录，财务报告和成本报告编制，通过记录、报告对生产经营部门进行控制，税务及政府关系协调，会计电子数据处理等工作。日常的成本会计工作主要划归会计主管负责，有关的成本计划、控制、业绩评价和分析等工作则直接受财务副总经理的领导。

审计主管主要负责企业内部的审计业务和咨询服务，包括审查内部控制制度，审查供内部使用的财务成本和会计数据，协助外部审计师即注册会计师审查本企业的对外财务会计报告等工作。审计部门的负责人有时向财务副总经理汇报，当他们与财务副总经理在会计数据和财务报告上发生争议或矛盾时，也可以直接向财务副总经理的上一级主管部门报告，他们通常有权直接向董事会报告。

本章小结：

本书的首章主要是回答读者最关注的问题，比如：什么是成本，什么是费用，成本与费用是什么关系，什么是成本会计，成本会计有哪些内容，成本会计与财务会计是什么关系等。

成本是商品经济的产物，人们为了交换，就需要定价，而对商品定价，就必须知道商品或劳务的成本。成本的内涵和外延是随着社会经济发展而变化的，广义的成本是指人们为了实现一定的目的（目标）而付出的代价，这种代价常常表现为社会资源的耗费，它可以是有形资源耗费，也可以是无形资源耗费。狭义的成本，常常是指产品或劳务的生产成本，也就是成本核算上计算的成本。在微观经济管理中，根据管理的目的不同，人们可以将企业发生的成本作不同的划分，从而适应不同管理要求。

费用有广义和狭义理解，狭义的费用根据我国企业会计准则规定，是指企业为销售商品、提供劳务等日常生产经营活动所发生的经济利益的总流出，这种经济利益流出实质上也就是企业资源的流出和耗费。广义的费用包括损失在内，将损失也视为一种费用。费用根据人们管理和核算的目的不同，可以按照经济内容进行分类，也可以按照经济用途对其进行分类。前者有利于费用总量和费用结构分析和编制费用预算，后者有利于成本计算和管理。

相对于成本概念的产生，成本会计作为一门管理科学产生得较晚，是工业革命的产物。从19世纪下半期到目前为止，随着社会生产力的变化，成本会计职能在不断地拓展和延伸，一般在理论上将成本会计发展粗略地分为早期成本会计、标准成本会计制度、现代成本会计、作业会计与战略成本管理四个阶段。成本会计一般应当包括：成本的预测、决策、计划、控制、核算、分析、考核与评价等方面的内容。这其中，成本核算是最基础内容，成本控制是核心。可以将成本预测、决策、计划视为事前控制，成本核算与日常管理视为事中控制，成本分析、考核与评价视为事后控制。实践中，这个事前、事中、事后过程往复循环。

成本属于企业的商业秘密，这决定了成本会计与财务会计不同，其主要是对内提供服务，为管理层的重大决策提供相关的成本信息。

成本会计工作涉及内容多、工作量大、环节多，为了及时正确提供成本信息给有关部门和人员，企业必须高度重视成本会计基础工作。成本会计基础工作包括：建立健全原始记录制度，建立健全计量、验收、盘存制度，建立健全定额管理制度，建立健全企业内部结算制度。这四项基础工作彼此相互联系，相互影响，并直接决定一个企业成本信息的客观性、准确性、及时性，从而影响企业的整体经营管理水平高低。

总之，良好的成本意识，灵活的经营机制，优秀的管理团队，先进的工艺技术，加上健全的成本会计基础工作和严格的成本内控制度，决定了一个企业市场竞争力和可持续经营的能力。

本章思考与拓展问题：

1. 什么是成本？联系自己亲身经历和体会说明成本在日常生活中的重要性。
2. 什么是费用？费用有哪些分类方法，各种分类方法用途是什么？
3. 成本有哪些分类方法？各种分类方法有什么作用？
4. 成本与费用是什么关系，举例加以说明。
5. 什么是费用要素？什么是成本项目？二者是什么关系？
6. 怎样理解成本会计的职能随着社会经济发展而不断拓展和延伸？
7. 成本会计包括哪些基本内容？各内容彼此是什么关系？
8. 你认为成本会计基础工作与成本管理是什么关系？联系某一案例说明成本会计基础工作重要性。
9. 成本会计基础工作包括哪些方面的内容？举例说明某项基础工作的制定方法和过程。

第二章
成本核算原则、要求与程序

【导入案例】

吉祥农机公司是一家农机配件生产制造企业，有铸造、金工、装配等生产车间。年终财务决算会议上，公司经理提出以下2项调整事项建议：

1. 公司总部为办公室购买3台合计2.56万元的电脑已调入铸造车间使用，应将已计入公司总部的固定资产调整成铸造车间的制造费用计入成本。

2. 现在三个生产车间期末在产品成本计算的方法太复杂，建议期末在产品成本只计算消耗原材料费用，其他费用均计入完工入库产品成本，可以大量减少成本计算工作量，提高工作效率。

问题：你认为公司总经理提出的调整方法是否正确？

学习目标：

前已述及，成本会计的基础内容是成本核算，从本章开始我们将进入成本核算内容。在具体讨论成本核算方法之前，我们需要对成本核算的基本要求与程序进行阐述，以便为后面要素费用和综合费用归集分配的学习打下理论基础。

本章主要以制造业为背景，分析成本核算应当遵守的基本要求。为了保证成本信息质量，企业现代成本管理上对成本核算的要求是：企业应当遵守成本开支范围规定，正确划分各种费用界限，正确选择成本计算方法等要求。

成本会计核算的程序是指生产经营过程中费用计入产品成本的基本顺序和步骤，也就是从生产费用发生开始，经过一定顺序的费用归集分配，最终计算出产品总成本和单位成本的过程。

在学习本章的过程同学们应当注意：

1. 掌握管理上对成本核算的基本要求，以及每方面要求的具体内容与特点。

2. 掌握成本核算的基本程序，以及各程序流程相互之间的关系。

本章难点提示：

- 为了保证成本计算结果的正确性，我们需要弄清在成本核算过程中需要划分的费用界限问题。
- 在成本核算过程中，需要设置哪些成本核算账户，这些账户彼此该如何联系起来，完成整个成本核算过程。

第一节　成本核算基本原则与要求

成本核算是指对生产费用发生和产品成本形成进行的核算，也就是以一定的产品或劳务为对象，对生产费用进行归集和分配，以确定产品或劳务的实际总成本和单位成本的程序和方法。成本核算是成本会计的基础内容。

一、成本核算的基本原则

成本核算原则是指企业在成本核算过程中应当遵循的准则，它是保证成本信息质量的基本会计技术要求。不同企业，虽然所处行业、生产性质、生产规模不同，产品成本或服务的核算各有特点，但在进行成本核算时，都应遵守一些基本原则。这些基本原则是：分期核算原则、一贯性原则、重要性原则、历史成本原则、受益原则、适应性原则等。

（一）分期核算原则

企业的生产经营活动是连续不断进行的，为了取得一定时期内的成本信息，掌握产品或劳务的成本状况，就必须将连续不断的生产经营活动划分为若干个相等的核算期，分期计算产品或劳务的成本。通常成本核算期应当与会计报告期（月、季、年）相一致，以利于各项成本核算工作的开展，便于为财务报表编制提供成本数据，但它不一定与成本计算期相一致。

成本计算期是指计算完工产品成本的周期，即间隔多少时间计算一次完工产品成本。可以是定期计算，如每个月、每个季度或每个年度，也可以是不定期计算。不同行业，成本计算期差异很大。例如，修建一条铁路或一座电站，可能要等几年或十几年才能计算完工产品成本，而一般性的工业产品，可能每隔一个月或一个季度就可以计算一次完工产品成本。

成本核算期主要是指生产费用归集和分配的周期，它与生产类型和生产周期没有直接关系，不管生产什么产品，一般在管理上都需要定期进行费用的归集、汇总和分配，它同会计报告期相一致。

（二）一贯性原则

一贯性原则是指企业各项生产费用归集和分配的程序和步骤，以及成本计算的具体方法前后期应尽量保持连贯，从而保证成本资料的可比性。

每一个企业在进行成本核算时，都应当根据本企业的生产经营特点和成本管理要求，选择相应的成本计算方法和程序。成本计算方法和程序一经确定，如果没有特殊情况发生，一般不宜经常变动。在成本核算中采用一贯性原则，其目的是保证多个时期的成本数据和资料在内容和口径上相一致，具有可比性，并在一定程度上避免人们利用成本计算方法的不断改变人为地调节各期成本水平，达到操纵各期利润的目的。

成本核算的一贯性原则，并不排斥企业在必要时对所采用的成本计算方法和程序进行适当的调整和改变。当企业生产经营类型发生较大变动，生产的产品种类发生较大改变，如企业转产、新产品试制投产，以及内部管理要求改变或国家有关成本核算政策发生较大变化时，其核算程序和方法也可以进行调整和改变。但是，这种调整和改变对企业成本水平的影响数，以及对企业财务状况、经营损益的影响数都必须在会计报告中予以明确披露和说明。

（三）重要性原则

重要性原则是指进行成本核算时，应视其内容和对象的重要程度，采用不同的成本计算程序和方法。在成本核算中采用重要性原则，能够使企业在全面、完整反映企业生产经营状况和成本水平的基础上，加强对经济活动和经营决策有重大影响的关键性成本内容和对象的核算，达到事半功倍的效果。同时，有助于简化某些内容的核算，节约人力、物力、财力，提高核算工作效率。

重要性原则要求：凡是企业的主要产品或劳务，应重点进行成本核算，计算出每一种主要产品或劳务的单位成本和总成本，以及多个成本项目的数字；凡是对成本影响比较大的费用，如产品在生产过程中直接消耗的原材料、燃料、动力、工资等费用，应作为主要费用，单独设置成本项目或费用项目进行核算和列示；凡是次要产品或非主要费用，在不影响成本真实性的前提下，可以适当简化核算程序和方法。

重要性原则的运用，涉及对重要性的判断问题。对于不同行业和不同企业来说，重要还是不重要是相对的。某一成本内容或事项的重要性在很大程度上取决于成本会计人员的职业判断。从质的方面讲，只要该成本内容或事项的发生对企业成本水平、成本结构有重大影响，就属于重要事项和内容；从量的方面讲，当某一成本内容或事项的发生达到一定数量界限时，就可以被视为重要事项或内容。如：某一产品是企业经常生产的产品，在全部产品中所占比重比较大，达到10%（含10%）以上，则应将其视为企业的主要产品，重点进行成本核算；某一项费用占总成本的比重达到10%（含10%）以上，则应将其视为主要费用，设置单独的成本项目或费用项目进行核算。总之，成本会计人员在判断某一成本内容或事项的重要性时，应联系企业生产经营规模、产品或服务结构、管理上对成本信息的要求等因素进行综合判断。

（四）历史成本原则

历史成本原则又称实际成本原则，是指对生产经营中发生的资源耗费都应当按照它们取得时的历史成本计价核算。按照历史成本核算，一方面是由于历史成本是实际发生的消耗，具有客观性，另一方面是由于历史成本的数据比较容易取得。

历史成本原则要求对企业生产耗费的原材料、燃料、动力、工资、折旧费用、修理费用等，都应当按历史成本计算。具体来说，对于生产过程中耗用的原材料、燃料、动力，在数量上应按照实际消耗量计算；在价格方面可以采用实际价格，也可以采用计划价格，但在计算产品成本时，必须对计划价格与实际价格的差异造成的成本差异数进行调整，产品成本中的原材料、燃料、动力费用最终必须是实际成本。对于固定资产折旧费，必须根据固定资产历史成本和预计使用年限等因素计算。

对于生产单位发生的办公费、保险费、修理费、劳动保护费、邮电费等，都应当按照费用实际支出计价核算。对于完工产品、自制半成品、在产品的计价，最终也必须反映它们的实际成本。

按照历史成本原则核算，能够客观地反映企业的生产经营消耗，但也有局限性。在物价变动幅度比较大的情况下，它不能确切地反映资产的现值，会带来会计信息失真、盈亏计算不实等弊病。为了反映物价变动的影响，人们可以根据“物价变动会计”方法对企业资产价值和损益情况进行账外调整和披露。

（五）受益原则

受益原则是指在成本核算过程中，应当按照谁受益谁承担、谁多受益谁多承担的基本原则分配生产费用，计算产品成本，以真实地反映企业各种产品或劳务的成本水平。

企业在生产过程中发生的一些费用，常常与若干种产品发生联系，这种费用在发生时不便于直接归集到每一种产品上，需要经过一定的分配之后才能计入各种产品成本。在分配时，分配对象的确定应根据谁受益谁承担的原则来确定，在分配标准的选择上应体现谁受益多谁多承担、谁受益少谁少承担的原则。

企业在选择若干种产品共同受益的费用分配标准时，应注意分配标准的共性，应以各受益对象共有的因素作为分配标准；其次，应注意分配标准的科学性与合理性，所选分配标准必须与费用的发生存在一定的因果关系或直接联系。只有这样，分配结果才能做到公平、合理。此外，分配标准的选择，还应注意所选分配标准的资料是否容易收集，分配计算过程是否容易操作。总之，分配标准的选择既要保证分配结果的正确性和合理性，又要使操作简便易行。这是一项技术性很强的工作，直接影响到成本信息的质量。

（六）适应性原则

适应性原则是指企业的成本计算必须与企业的生产经营特点和管理要求相适应。

会计上可供企业选择的成本计算制度很多，有实际成本计算制度、标准成本计算制度、变动成本计算制度和作业成本计算制度。就实际成本计算制度而言，又有品种法、分批法、分步法、分类法等方法。企业究竟选择哪一种或哪几种计算方法，必须根据实际情况做出选择。即使是同一行业的企业，由于生产规模不同，内部管理体制不同，管理水平和要求不同，其实际成本计算方法也存在许多差异。会计人员不应完全照搬其他企业的成本计算方法，而应在分析本企业生产经营类型、工艺技术流程特点的前提下，设计出适应本企业管理需要的成本计算程序和方法。

在实践中，不仅是基本财务报表编制要求企业计算产品或劳务的实际成本，企业为了适应管理上的需要，也要计算固定成本、变动成本、可控成本、相关成本、机会成本、责任成本、质量成本等，以满足企业经营决策或规划与控制的要求。

以上是成本核算的一些基本原则，也是衡量成本核算信息质量高低的重要标准。从理论上讲，成本核算是会计核算的组成内容之一，凡是涉及评价会计核算信息质量的一般性原则和涉及资产确认、计量的一些原则，都应当遵守。分期核算原则、受益原则、适应性原则是针对成本核算内容的特殊性提出的特定原则。成本核算原则究竟列出几条最为恰当，见仁见智，目前在成本会计学界还有争议，没有形成统一的认识。

二、成本核算的基本要求

成本核算正确与否，不仅直接影响企业损益，对企业的生产经营决策也有重大影响。成本核算过程既是对企业生产经营过程中发生的各种生产耗费进行如实反映的过程，也是为满足企业管理要求进行成本信息反馈的过程，是对企业成本计划的执行情况进行检查和控制的过程。为了充分发挥成本核算的作用，不断改进企业生产经营管理水平，成本核算应做到：

（一）严格执行规定的成本开支范围

成本开支范围是明确成本构成内容，划清成本支出界限，统一成本补偿标准的规定。从理论上讲，成本开支范围应以成本的经济内容为依据。但在实践中，成本经济内容包括的范围广泛，情况复杂，为了统一成本所包含的内容，规范企业成本补偿标准，保持成本指标的可比性，防止乱挤乱摊成本现象，保证企业损益计算的正确性，除金融保险业的企业外，制造业、农业、批发零售业、建筑业、房地产业、采矿业、交通运输业、信息传输业、软件及信息技术服务业、文化业以及其他行业的企业均应按照财政部发布的《企业产品核算制度（试行）》执行。

在制造业中，按照国家规定列入产品成本开支范围的应有以下内容：

（1）企业生产单位为生产产品所实际消耗的原材料、辅助材料、备品备件、外购半成品、燃料、动力、包装物、低值易耗品等费用；

（2）企业生产单位为生产产品所发生的固定资产折旧费、修理费和租赁费用；

（3）企业生产单位支付给职工的工资、津贴、奖金、补贴、福利费等；

（4）企业生产单位因生产原因引起的废品修复费用或报废损失，季节性停工、修理期间停工所支付的工资与福利费；

（5）企业生产单位为组织和管理生产所支付的办公费、差旅费、运输费、保险费、水电费、设计制图费、试验检验费、劳动保护费、邮电费用等。

在实践中，企业有的时候基于降低经营风险和保全资本的需要，从谨慎性原则出发，在具体确定本企业成本开支范围和标准时，可能与国家的统一规定有一些出入。比如，生产单位使用的某类机器设备，假设国家统一规定要求按直线法分 10 年计提折旧，而企业自行规定按加速折旧法分 5 年计提折旧。一旦出现本企业规定与国家统一规定不一致的情况，应在计算应纳所得税和编制纳税申报表时进行调整，并在会计报表附注中说明其对企业财务状况和损益计算的影响。一般情况下，企业成本开支范围和标准应当尽量与国家统一规定相一致，以便使同类企业的成本具有可比性，企业不同时期的成本具有可比性。

（二）正确划分成本、费用的界限

成本核算涉及的内容广泛，技术性很强。为了正确核算产品成本，保证成本真实、可靠，在确定成本开支范围的同时，还必须注意正确划分以下几个界限：

1. 分清计入产品成本和不计入产品成本的费用界限

企业在生产经营过程中发生的费用很多，并非全部能计入产品成本。企业在生产经营中发生的资本性支出，如购置或建造固定资产、无形资产支出，不应列入产品成本，而应先资本化，作为资产价值处理。企业在生产经营中发生的营业外支出是一种与生产活动无直接关系的支出，也不能计入产品成本。对于收益性支出，只有与产品生产活动有直接联系，要么构成产品实体，要么有助于产品实体的形成，才能计入产品成本，否则应根据发生的地点和用途作为期间费用等处理。

2. 分清计入本报告期成本和计入若干报告期成本的费用界限

企业在生产过程中发生的一些费用，有时候虽然可以计入产品成本，但按照权责发生制记账基础，需要计入若干会计报告期产品成本。比如：企业生产车间使用的固定资产发生的大修理费用其受益期限应当是固定资产大修理周期，许多大型机械设备大修理周期有可能超过一个会计年度，企业需在几个会计年度分期摊销大修理费，将其分期计入产品成本，以便合理地反映生产车间修理资源消耗，避免各会计报告期产品成本较大的波动。

当然，如果企业使用的固定资产大修理周期均在一个会计年度内，可以在发生大修理费用时直接将其费用数计入当期的成本和期间费用，以便简化大修理费用会计处理。

3. 分清计入各种产品成本的费用界限

企业通常生产若干种产品，对于计入本期产品成本的费用，在进行成本核算时还需要分清计入每一种产品成本的费用界限。产品在生产中直接消耗的材料和人工，应在费用发生原始凭证上明确填写清楚是哪一种或哪一批产品消耗的，是哪一个生产环节或步骤消耗的，然后直接计入每一种产品成本。对于生产中发生的间接性费用，如固定资产折旧费、大修理费、办公费、邮电费、机物料消耗等，在发生时一般不易分清是哪一种产品耗用的，为简化核算工作，应先归集在一起，然后在期末按照受益性原则，选择一定的分配标准，分配之后计入各种产品成本。

从实践来看，只有分清不同产品的成本界限，才能将它们的实际成本与计划成本、标准成本相互比较，发现生产中的超支或节约情况，加强对生产耗费的控制。

4. 分清在产品成本和完工产品成本的界限

一定时期结束之后，各种产品所归集的费用还需要在完工产品和期末在产品之间进行分配，才可能计算出完工产品成本。对于需要计算在产品成本的某些产品，会计上根据在产品数量的多少，各月在产品数量的波动，各项费用占成本比重的大小，以及定额管理水平，选择恰当的方法，将生产费用在完工产品和期末在产品之间进行合理分配，不得人为地任意压低或提高在产品成本，以保证成本计算的可靠性和真实性。

应当指出，以上四个界限的划分过程实际上就是生产费用不断归集和分配的过程，也就是产品成本计算过程。为了保证成本计算的完整性，上述四个界限划分有严格的顺序，不能随意颠倒，否则就无法正确计算产品成本。

（三）搞好成本核算的基础工作

成本核算是成本会计的基础内容，涉及面广，内容多，工作量大，在划清以上四个成本、费用界限的前提下，还必须十分重视成本核算的基础工作。

按照成本管理的要求，企业应建立、健全有关成本核算的原始记录和凭证制度，制定必要的材料消耗定额，建立、健全材料计量、验收、领发、盘存制度，制定内部结算价格和结算方法。这些基础工作中，原始记录和计量、验收、领发实际上是为费用界限的划分提供原始依据，为费用分配提供标准；定额消耗制度和内部结算价格制度可以为控制生产费用的发生提供控制手段和制度保证。因此，成本核算的基础工作实际上同费用的界限划分紧密相关，直接影响到成本计算的正确性。没有健全的基础工作，成本核算就不能顺利进行，也就无法达到核算的目的。

（四）选择恰当的成本计算方法

成本计算方法是指生产费用计入产品或劳务成本，并在各种产品或劳务之间、完工产品与在产品之间进行分配，计算出每一种产品或劳务的总成本和单位成本的方法。

在不同的成本计算制度下，产品或劳务成本的计算内容和方法是不同的。就实际成本计算制度即全部成本计算模式而言，有品种法、分批法、分步法、分类法等方法。这些方法各有特点，适用的企业各不相同。企业在进行成本核算时，应根据具体情况，选择适合本企业特点的方法。

一般来说，成本计算方法的选择，首先应考虑本企业行业类型和工艺技术流程特点，考虑生产组织方式和方法，其次还应考虑管理上对成本计算资料的需求。在同一个企业中，可以采用一种成本计算方法，也可以采用多种成本计算方法；在同一产品的不同生产环节可以采用不同的成本计算方法；对同一产品的不同成本项目，基于管理要求，也可以采用不同的成本计算方法。成本计算方法的选择是一项技术性很强的工作，它同成本核算的基础工作一样也会影响成本核算的正确性和合理性。企业必须根据生产经营特点和管理要求做出恰当的选择。一旦选定，不宜经常改变，应保持一定的稳定性。

第二节　成本核算基本程序

成本核算的基本程序是指生产经营过程中费用计入产品成本的基本顺序和步骤，也就是从生产费用发生开始，经过一定的归集和分配，最终计算出产品总成本和单位成本的过程。成本核算过程总是通过一定的账户进行的，为此，我们首先介绍产品成本核算需要设置的账户。

一、产品成本核算账户的设置

进行产品成本总分类核算，应设置“生产成本”总账。同时，为了分别核算基本生产成本和辅助生产成本，还应在该总账下分别设置“基本生产成本”和“辅助生产成本”两个二级账户。为了减少二级账户，简化会计分录，也可以将“基本生产成本”（简称“基本生产”）和“辅助生产成本”（简称“辅助生产”）两个二级账户直接设置为成本总账。

（一）“基本生产”账户

基本生产是指为实现企业主要生产目的而进行的商品生产。“基本生产”总账是为了归集进行基本生产活动所发生的各种生产费用和计算基本生产产品成本而设置的。基本生产所发生的各项费用记入该账户的借方，完工入库的产品成本记入该账户的贷方，该账户的余额就是基本生产在产品成本，也就是基本生产在产品占用的资金。在该总账下，应按照产品品种、产品生产批别等成本计算对象设置基本生产明细账。基本生产明细账也叫产品成本计算单，该明细账中应按成本项目分设专栏或专行，登记各产品每个成本项目的月初在产品成本、本月发生的生产费用、本月完工产品成本和月末在产品成本。其基本格式和内容参见表 2-1 和表 2-2。

表 2-1　基本生产明细账

201×年 7 月

车间：第一车间

产品：A 产品　　　　　　　　　　　　　　　　　　　　　单位：元

月	日	凭证	摘　要	成本项目			成　本 合　计
				直接材料	直接人工	制造费用	
7	31	略	本月生产费用	125 000	11 300	78 900	215 200
7	31		本月完工产品成本	125 000	11 300	78 900	215 200
7	31		完工产品单位成本	1 250	113	789	2 152

表 2-2　基本生产明细账

201×年 7 月

车间：第一车间

产品：B 产品　　　　　　　　　　　　　　　　　　　　　单位：元

月	日	凭证	摘　要	成本项目			成　本 合　计
				直接材料	直接人工	制造费用	
6	30	略	在产品成本	45 700	4 140	37 200	87 040
7	31		本月生产费用	381 000	32 100	269 000	682 100
7	31		生产费用累计	426 700	36 240	306 200	769 140
7	31		本月完工产品成本	343 500	28 300	240 900	612 700
7	31		完工产品单位成本	1 717. 50	141. 50	1 204. 50	3 063. 50
7	31		在产品成本	83 200	7 940	65 300	156 440

表 2-1 和表 2-2 的基本生产明细账中虽然没有直接标明借方、贷方和余额，但其基本结构不外乎这三部分。其中，月初（上月末）在产品成本为月初借方余额，系上月末所记；本月发生的直接材料、直接人工、制造费用是根据本月各种生产费用分配表登记的，为本月借方发生额；本月完工产品成本为贷方发生额；月末在产品成本为月末借方余额。本月完工产品成本和月末在产品成本是将生产费用累计数

按照一定的分配方法分配之后得出的。如果产品的计划成本或定额单位成本和单位成本差异也在明细账中进行登记，还可以为成本计划或定额的分析和考核提供一定的数据。

产品种类较多的企业，为了按照成本项目（或者既按车间又按成本项目）汇总反映全部产品总成本，以便于核对账目，还可以在“基本生产”总账下设“基本生产二级账”。该二级账的基本格式和内容参见表 2-3。

在设有基本生产二级账的情况下，对于基本生产总账、基本生产二级账和基本生产明细账，企业都要按照会计上的平行登记原则进行登记。这样基本生产二级账就可以作为基本生产总账和基本生产明细账之间核对账目的中介。在按车间和成本项目设置基本生产二级账的情况下，该二级账还可以配合车间成本核算与管理，为分析和考核各车间成本状况提供资料。

表 2-3　基本生产成本二级账

201×年 7 月

车间：第一车间　　　　单位：元

月	日	凭证	摘　要	成本项目			合　计
				直接材料	直接人工	制造费用	
6	30	略	在产品成本	45 700	4 140	37 200	87 040
7	31		本月生产费用	506 000	43 400	347 900	897 300
7	31		生产费用累计	551 700	47 540	385 100	984 340
7	31		本月完工产品成本	468 500	39 600	319 800	827 900
7	31		在产品成本	83 200	7 940	65 300	156 440

（二）“辅助生产”账户

辅助生产是指为基本生产服务的产品生产和劳务提供，如工具、模具、修理用备件等产品的生产和修理，运输、供水、供电等劳务的提供。辅助生产提供的产品或劳务，有时也对外服务，但这不是它的主要目的。辅助生产发生的各种费用，应记入“辅助生产”总账借方；完工入库产品成本或分配转出的劳务费用，应记入该账户贷方；该账户余额一般在借方，即辅助生产在产品成本，亦即辅助生产占用的资金。

“辅助生产”总账下，应按辅助生产车间和生产的产品、劳务分设明细账，明细账中再按辅助生产成本项目或费用项目分设专栏或专行进行登记。辅助生产明细账的基本格式和内容可参见表 2-4。

表 2-4　辅助生产明细账

车间名称：××辅助车间　　　　　201×年 7 月　　　　　单位：元

月	日	凭证号数	摘　要	工资	职工福利费	折旧费	水电费	修理费	机物料消耗	其他	合计	转出	余额
7	31	略	归集工资和福利费	9 600	1 344						10 944		
			归集折旧费			19 200					19 200		
			归集水电费				1 120				1 120		
			归集修理费					7 680			7 680		
			归集机物料消耗						3 200		3 200		
			归集低值易耗品摊销						4 800		4 800		
			归集保险费							2 000	2 000		
			归集其他制造费用							3 000	3 000		
			合计	9 600	1 344	19 200	1 120	7 680	8 000	5 000	51 944		
			本月转出									51 944	—

（三）“制造费用”账户

“制造费用”总账用来核算企业各生产单位（车间、分厂）为组织和管理生产活动而发生的各项费用，包括生产单位发生的管理人员工资、福利费、折旧费、修理费、办公费、水电费、机物料消耗、劳动保护费、设计制图费、试验检验费、季度性和大修理期间的停工损失等。生产单位发生的各项制造费用，记入该账户借方；分配结转产品成本的制造费用，记入该账户贷方；除季节性生产企业外，该账户一般月末无余额。

“制造费用”总账应按照各具体生产单位设置明细账，账内按制造费用项目设专栏进行明细核算。制造费用明细账的基本格式和内容与辅助生产明细账相似，此处不再举例。

（四）“废品损失”账户

凡是内部成本管理上要求单独反映和控制废品损失的企业，会计上可以设置专门的“废品损失”账户。该账户用于核算生产单位发生的各种废品带来的经济损失，包括可修复废品损失和不可修复废品的净损失。该账户的借方归集不可修复废品成本和可修复废品的修复费用，贷方反映废品残值、赔偿款以及计入合格品成本的净损失，期末一般无余额。

“废品损失”明细账户应按生产车间分产品设置，按废品损失构成进行反映。为了简化核算工作，通常辅助生产车间不单独核算废品损失。

如果企业的废品率较低，内部成本管理上不要求提供废品损失专门数据和资料，则会计上可以不单独设置“废品损失”账户，发生废品所带来的经济损失即废品已消耗的材料费用、人工费用等与正品消耗的生产费用混在一起，最终计入正品成本，提高正品的单位生产成本。

（五）“停工损失”账户

凡是需要单独核算“停工损失”的企业，可以设置“停工损失”账户。该账户用于核算企业生产车间由于计划减产或者由于停电、待料、机器设备发生故障等而停止生产所造成的损失。该账户借方记录停工期间工资与福利费、维护保养设备消耗的材料费用、应负担的制造费用等，贷方反映分配结转的停工损失，期末一般无余额。如果跨月停工，则可能出现借方余额。

“停工损失”明细账户应按车间设置，账内最好分别按计划内停工和计划外停工进行记录，以便明确责任，正确计算产品成本。

同废品损失一样，如果企业不单独核算生产车间停工期间发生的经济损失，则停工期间的各种消耗就会同正常生产期间的耗费混在一起，计入成本。

以上成本核算账户之间的关系可以参见成本核算账务处理程序图（图 2-1）。

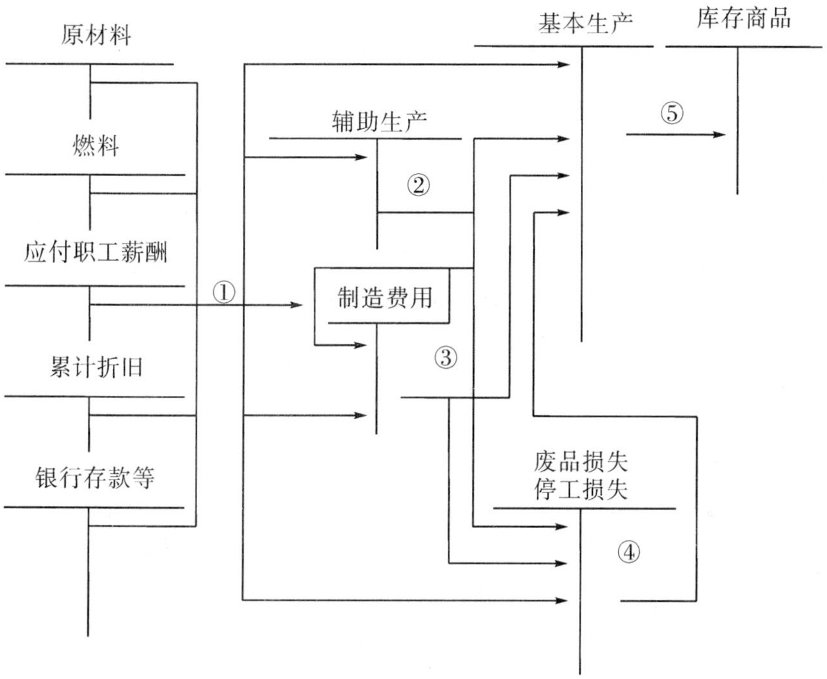

图 2-1 成本核算账务处理程序图

关于成本核算账务处理程序图（图 2-1）的说明：

（1）分配材料、人工、折旧等要素费用；

（2）分配辅助生产费用；

（3）分配制造费用；

（4）分配废品损失、停工损失等生产损失费用[①]；

（5）将生产费用在完工产品和在产品之间进行分配，结转完工入库产品成本。

二、产品成本核算的一般程序

产品成本核算包括生产费用核算和产品成本计算两个方面。企业在具体进行生

① 生产损失账务处理比较烦琐，图 2-1 中只是简单列出，以免图过于复杂。生产损失的详细账务处理过程参见本书第四章第三节相关内容。

产费用归集、分配和产品成本计算之前，除了要考虑设置哪些成本核算账户之外，还必须做好其他一些前期准备工作。

（一）产品成本核算的前期准备工作

企业要想保证产品成本核算质量，提高核算工作效率，实现正确计算成本的目的，必须做好以下几项前期准备工作：

1. 正确划分成本核算环节

所谓正确划分成本核算环节，就是首先应当在会计上将企业生产单位根据生产目的、职能划分为两种类型：一种是直接从事产品生产的基本生产单位；另一种是服务于产品生产的辅助生产单位。前者是产品成本核算的基本环节，后者则具有过渡性质，最终需要将辅助生产单位的费用分配给基本生产环节。

不同企业，成本核算环节的划分是有差别的，主要根据其生产目的进行划分。

2. 确定成本计算对象，选择成本计算方法

企业应当根据自身的生产特点，结合成本管理要求，确定具体的成本计算对象。

所谓成本计算对象，就是归集生产费用，积聚成本的对象，也就是生产费用的最终承担者。在实务中，成本计算对象的确定是开设基本生产明细账的前提条件。

成本计算对象的确定，有赖于成本计算方法的选择。不同成本计算方法下，其成本计算对象是不同的。因此，企业必须根据生产类型及管理上对成本核算数据的要求选择成本计算方法。基本的成本计算方法有品种法、分批法、分步法，辅助成本计算方法有分类法、标准成本计算法等。

3. 确定各种产品的成本项目

各种成本计算对象所消耗的生产费用很多，对它们必须按照一定的成本项目进行归集和计算，以便反映产品成本的基本构成情况。企业应当根据会计制度的规定，根据生产特点和管理上的要求考虑本企业产品的成本项目设置问题。

成本项目设置与会计核算工作量有着直接联系，不宜设置得太细、太多，应以满足成本管理为限。在后面章节的举例中，我们一般设置“直接材料”“直接人工”“制造费用”三个成本项目，但这并不等于说只能设置这三个项目，应根据产品成本构成，按照重要性原则设置。

（二）产品成本核算的一般程序

在具体进行产品成本核算时，首先应对生产过程中发生的各项费用进行严格的审核和控制。审核时可以企业制定的成本计划、费用消耗定额、费用预算等为依据，以防止生产过程中不必要的超支和浪费，对于损失和浪费严重的行为应当追究有关责任者的经济责任。在加强费用审核控制的同时，应分清计入产品成本的费用界限和不计入产品成本的费用界限。凡不能计入产品成本的费用，应根据费用性质和用途、地点计入相关账户。其次应依据有关费用凭证，将应计入产品成本的费用按照费用用途进行归集和分配，在分清本期、非本期成本及各种产品成本界限的基础上，将费用计入各种产品成本中的成本项目。期末如果既有完工产品又有在产品，还需将该产品各成本项目生产费用合计数在完工产品与在产品之间进行分配，计算出完工入库产品总成本和单位成本。

综上所述，产品成本核算的一般程序可以归纳为以下几个步骤：

1. 对发生的各项生产要素费用进行审核和控制，编制各种要素费用分配表

企业在对各项生产费用进行审核和控制时，首先是确定这些费用是否符合本企业成本管理制度规定的成本开支范围和标准，哪些费用可以计入产品成本，哪些费用不应计入产品成本；其次，为明确费用发生责任，应加强对生产费用的事前约束和监督。

企业在生产过程中发生的要素费用有材料、燃料、动力、工资、折旧等费用。在加强费用审核和控制的前提下，应按照成本计算对象和费用发生的用途、地点、部门，填制实际发生的各项费用的原始凭证，如领料单、工资结算单、折旧计算表等，然后根据费用发生的原始凭证或原始凭证汇总表，采用一定的分配标准编制各种要素费用分配表，如原材料费用分配表、动力费用分配表、工资费用分配表、折旧费用分配表等，据以记入“基本生产”“辅助生产”“制造费用”等账户。

通过要素费用的归集和分配，企业可以将本期发生的各项生产费用中属于产品受益的部分记入成本核算账户，非产品受益的部分记入“管理费用”“销售费用”“在建工程”等账户，从而分清计入产品成本和不计入产品成本的费用界限。

2. 分配辅助生产费用

由于辅助生产是为基本生产提供产品或服务的，为了计算基本生产车间各种产品的成本，企业必须先对辅助生产车间、单位发生的费用进行分配。

对归集于各辅助生产明细账的费用，企业除了应将本月完工入库自制材料、自制工具的生产成本转为存货成本之外，在月末还应根据提供产品或劳务的数量编制“辅助生产费用分配表”，将所发生的辅助生产费用分配给受益的产品、车间或部门，记入“基本生产”“制造费用”等总账及其明细账户。

在分配辅助生产费用时，如果各辅助生产车间之间彼此提供的产品或劳务可以相互抵消，则企业通常不进行交互分配，只分配给除辅助生产车间之外的受益对象。如果辅助生产车间相互提供的产品或劳务悬殊较大，为准确起见，应进行交互分配。

3. 分配制造费用

各基本生产车间的制造费用归集完毕之后，应分别按不同车间在应负担的产品之间进行分配，记入产品成本中的“制造费用”成本项目。

若某基本生产车间只生产一种产品，可以将该车间归集的制造费用直接结转计入该种产品成本；若该车间生产多种产品，则需要采用一定的分配方法，编制“制造费用分配表”之后计入各种产品制造费用成本项目。

4. 分配生产损失

生产损失是指企业在产品生产过程中或由于生产方面的原因发生的各种损失，主要包括废品损失和停工损失。

凡是不单独核算生产损失的企业，一旦出现废品和停工现象，其发生的消耗就与正品和非停工期间的生产耗费混在一起，包括在“直接材料”“直接人工”“制造费用”成本项目中，增加正品的单位成本，当然也就不会形成一个单独的产品成本核算环节和步骤。

凡是需要单独核算生产损失的企业，可以设置“废品损失”“停工损失”账户归集生产过程中废品发生的消耗、停工期间发生的消耗，提供这方面的专门数据，以加强对生产损失的控制。在单独核算生产损失的情况下，就存在一个生产损失的归集和分配问题，形成一个独立的产品成本核算步骤。关于废品损失和停工损失的具体会计处理将在后面介绍，此处不再详述。

5. 在完工产品和在产品之间分配生产费用

通过上述生产费用的一系列归集和分配，本月发生应计入产品成本的各种生产费用均已记入各个基本生产明细账（又叫产品成本计算单）。在没有月末在产品或在产品较少的企业，基本生产明细账上所归集的生产费用就是完工产品的实际总成本。实际总成本除以产量，即为完工产品单位成本。但在大批量生产企业，月末一般都有一定数量的在产品，还需要将产品本月发生的生产费用和月初在产品成本之和在完工产品与月末在产品之间进行分配，计算出本月完工产品实际总成本和单位成本，并将完工入库产品成本从“基本生产”账户转入“库存商品”账户。

从以上讨论中可以看出，产品成本核算的一般程序实际上就是生产费用不断归集、分配、再归集、再分配的过程，也就是不断划清几个费用界限的过程，对应的账务处理程序参见图 2-1。

本章小结：

成本核算是成本会计的基础内容，本章主要是对成本核算中应满足的基本要求和成本核算标准流程做分析讨论，以便初学者能够对本书第三章、第四章各部分内容的安排予以理解。

成本核算是指对生产费用发生和成本形成进行的计算，也就是以一定的产品或劳务为对象，对生产费用进行归集和分配，以确定产品或劳务的实际总成本与单位成本的程序和方法。

为了保证成本核算信息的可靠性、相关性、可比性，我们在本章提出成本核算应当达到的基本要求是：严格执行《企业财务通则》《中华人民共和国企业所得税法》规定的成本开支范围规定，正确划分成本费用界限，搞好成本核算的基础工作，选择恰当的成本计算方法。

成本核算的基本流程是长期成本计算实践工作的总结，它已经是成本计算的基本规律。教材中我们将成本核算标准流程归纳为以下五个步骤：对产品或劳务生产过程中发生的各种要素费用（原材料、燃料、动力、人工费用等）进行归集与分配，对辅助生产费用进行归集与分配，对制造费用进行归集与分配，对生产损失进行归集与分配，在完工产品与期末在产品之间分配生产费用。实务中，在一些企业中如果内部控制上不要求财务部门提供生产损失成本数据，也可以省掉这一步骤（但不等于这些企业没有生产损失，只是将生产损失与正常生产消耗都混在一起核算），其他步骤是所有制造企业都必需的步骤，否则无法正确计算出产品总成本和单位成本。

本章思考与拓展问题：

1. 企业是否必须按照《产品成本核算制度（试行）》规定的成本开支范围计算产品或劳务的实际成本？

2. 判断是否计入产品或劳务成本的标准是什么？

3. 你认为成本核算基础工作对成本核算信息的影响是什么？请举一案例予以说明。

4. 在成本核算的基本流程中是否可以调整其中各环节的顺序？为什么？

5. 什么是成本计算对象？什么是成本计算项目？

第三章
要素费用归集与分配

【导入案例】

长城汽车配件厂主要生产与长城、启亚轿车配套的Ⅰ型前驱轴和Ⅱ型前驱轴两种产品。该企业生产过程有以下几个阶段：下料与清洗阶段、初加工与热处理阶段、打磨与精加工阶段、组装阶段、检验阶段，每个阶段由一个基本生产车间完成，企业还设有机修车间和配电车间，对全厂提供设备修理维护和生产电力配送服务。

长城汽车配件厂自动化程度较高，各生产步骤机器工时有完整记录；原料领取以产品消耗定额为依据；生产时间以定额工时为依据；生产工人工资采用基本工资与计件工资相结合，计件工资与加工轴承数量挂钩；其他管理人员工资是基本工资加企业绩效工资。

问题：该企业原材料费用应当采用什么方法分配是符合成本核算原则的？
该企业工人和管理人员的工资费用应当采取什么方法分配？
该企业辅助生产车间费用怎样分配？
该企业的制造费用怎么分配？

解决长城汽车配件厂上述各种费用的分配问题，正是本章讨论的内容。

学习目标：

任何企业在做成本核算时首先应当对生产经营过程中发生的各项费用进行审核与控制，在保证费用符合企业内部控制规范的前提下，按照费用发生时间、地点、用途进行归集，编制各种要素费用的分配表，将其计入产品或劳务成本。按照这一思路，本章主要是讨论各种要素费用归集分配的方法即材料、燃料、动力、职工薪酬、折旧费用等费用在发生时如何作具体归集，然后怎样计入产品或劳务成本。

本章同时又是下一章综合费用归集与分配的基础，在学习过程中同学们应当注意：

1. 了解材料收发凭证种类与填制要求，明确企业材料分类方法和材料收发计价方法，掌握原材料费用分配方法和原材料费用分配表的编制及其账务处理。

2. 了解动力费用构成，以及动力费用分配表的编制方法与账务处理。

3. 了解企业职工薪酬构成及其原始记录凭证的种类；掌握工资费用计算方法；掌握工资费用分配表的编制方法和账务处理。

4. 明确企业折旧费用的计算方法；掌握折旧费用分配表的编制方法和账务处理。

5. 了解利息费用、税费支出、其他支出发生后会计处理方法。

本章难点提示：

● 原材料按计划成本计价时，发出材料费用分配表的编制和账务处理该如何进行？

● 工资费用计时制和计件制下，具体应付工资和实发工资计算的问题该如何处理？

第一节　材料费用归集与分配

在讨论产品成本核算的一般程序时，我们将其归纳为五个步骤，起点是要素费用归集与分配，其中材料费用是任何制造企业费用要素中最主要的费用要素，在许多制造企业中材料费用占产品成本比例一般都在50%以上。

一、材料的内容与分类

材料是制造企业生产过程中的劳动对象，是生产过程中不可缺少的物资要素。凡在生产过程中直接取之于自然界的劳动对象（如各种矿石、原棉等），一般叫原料；以经过工业加工的产品作为劳动对象（如各种钢材等）的，一般叫材料。在实际工作中有时把两者合并起来，叫原材料。

材料在产品生产过程中所起的作用是不同的，有的经过加工后构成产品的主要实体，这种材料叫主要材料；其余各种材料只在生产过程中起辅助作用，称之为辅助材料。

在实践中企业使用的材料名目繁多，如果简单地将其归为上述两种，既不利于材料管理，也不利于加强材料核算。为此，一般将材料按其用途分为以下几大类：

（一）原料及主要材料

原料及主要材料是指经过加工后构成产品主要实体的各种原料和材料。如机械制造业中的金属材料、炼铁企业使用的矿石以及纺织企业使用的原棉和棉纱等。外购半成品对于购入企业来说，同原材料一样都是劳动对象，在继续加工过程中构成产品的主要实体，从理论上讲也应列入此类别。但是，有些企业为了加强外购半成品专项管理和核算，将外购半成品作为材料的一个独立类别。

（二）辅助材料

辅助材料是指在生产中不构成产品主要实体，只起一定辅助作用的各种材料。辅助材料在生产中的具体作用不同，有的与产品的主要材料相结合有助于产品形成，如染料、漂白粉和油漆等；有的供劳动资料消耗，如起润滑、防护作用的润滑油和防锈剂等；有的为正常劳动提供条件，如各种清洁用具和照明灯具等。

（三）燃料

燃料是指生产过程中用来燃烧发热的各种材料，包括固体燃料、液体燃料和气体燃料，如煤、油、天然气等。燃料在生产过程中的作用也不同，有的直接用于工艺技术过程，如铸造车间用的燃料；有的用于生产动力，如发电车间用的燃料；有的用于一般用途，如取暖用的燃料等。

（四）修理用备件

修理用备件是指为修理本企业机器设备和运输工具所专用的各种备品备件，如齿轮、轴承、阀门、轮胎等。修理用的一般零件属于辅助材料一类。

（五）包装物

包装物是指为包装本企业产品，随同产品一起出售或者在销售产品时租给、借给购货单位使用的各种包装物品，如桶、瓶、坛、袋、盒等包装容器。各种包装用材料，如纸张、绳子、铁丝、塑料袋等，不属于包装物，而应列入辅助材料一类。

（六）低值易耗品

低值易耗品是指单项价值在规定限额以下，或使用期限不满一年，不能作为固定资产管理的各种物品，如工具、管理用具、劳动保护用品等。

上述各类材料还可以按其性质、技术特征和规格等标准进一步分类，以满足实物管理的需要和会计核算的要求。

企业材料的品种、规格、数量很多，为了保证材料名称在使用时的一致性，避免相互混淆，出现差错，简化核算，可以编制材料目录。

材料目录应列明各种材料的类别、编号、名称、规格、性能、计量单位和计划单价等项目。材料目录应根据技术管理要求，由材料供应部门和财务部门共同制定。

二、材料的计价

为了正确反映产品成本中的材料费用，原则上最终必须按实际成本对材料进行计价。但就每一个企业来说，在日常材料核算中，可以采用实际成本计价方式，也可以采用计划成本计价方式。

（一）按实际成本计价

按实际成本计价是指材料的收发结存金额都按照材料在采购（或委托加工、自制）过程中发生的实际成本进行计算。采用这一计价方式，可以比较准确地核算产品成本中的材料费用和材料资金实际占用数。

材料来源不同，其实际成本构成略有差异。

1. 外购材料的实际成本

外购材料的实际成本一般包括：

（1）材料买价。外购材料应根据发票金额确定买价。如果材料购入时发生现金折扣，可能出现发票金额与实际付款数不一致的情况。在这种情况下，应按发票金额确定外购材料买价，由于提前付款而享受的现金折扣作为企业理财收益，冲减当期财务费用。

（2）运杂费。运杂费包括运输费、装卸费、保险费、包装费等费用。按照规定，一般纳税人外购材料所支付的运输费可以按照运输费结算单据所列金额的一定比例计算进项税额。因此，外购材料支付的运输费中准予扣除的进项税额，不应再计入外购材料的实际成本。

（3）运输途中的合理损耗。运输途中发生的合理损耗，计入外购材料实际成本；非合理损耗则应要求有关责任者赔偿，正式赔偿之前先转为“其他应收款”处理。

（4）入库前的整理、挑选费用。

（5）税费。税费应区别不同情况进行处理：凡是进口原材料支付的关税，计入材料实际成本；小规模纳税人外购材料支付的增值税，计入材料实际成本；一般纳税人外购材料支付的增值税，凡取得专用发票的，不计入材料实际成本，否则应计入材料实际成本。

2. 委托加工材料的实际成本

委托加工材料的实际成本包括所耗原材料或半成品成本、往返运输费、装卸费、保险费以及加工费和税费。

委托加工材料中应支付的增值税，凡委托方是一般纳税人的，计入“进项税额”，不计入委托加工材料成本；凡委托方是小规模纳税人的，则应计入材料成本。委托加工材料应负担的消费税，凡委托加工材料收回后不再继续加工而直接用于销售的，应计入材料成本；凡收回后用于继续生产应税消费品的，则应作为当期应交消费税抵减处理，待继续生产完毕再销售时，重新确定应交消费税。

3. 自制材料的实际成本

自制材料的实际成本应按照自制过程中各项实际支出计价，包括自制过程中发生的材料费用、工资费用和其他费用。

（二）按计划成本计价

企业在计算产品成本时，材料成本是按实际成本计算的。但是，由于各种原因（如买价不同、购买地点不同等），往往每一批别材料实际成本相差较大，如果按实际成本进行材料明细核算，则日常计价工作量比较大。为了简化日常核算工作，在材料品种、规格较多的企业，可以按计划单位成本进行计价核算，即材料收、发、结存都按预先确定的计划单价计价。

制定材料计划单价时，其成本计算口径应与材料实际单位成本相一致。可以参照以往实际成本资料，结合材料市场供求情况加以制定。材料计划单价的制定一般应在上一年的第四季度进行，一旦确定，在一个会计年度中如无特殊原因不再做修改。

在材料计价问题上，企业可以根据管理与核算的需要灵活运用。可以将上述两种计价方式结合起来，如对采购成本经常发生较大变动的少数主要材料可以按照实际成本计价，而对其余多数材料则按计划成本计价。这样既能正确地计算材料成本，又能简化日常材料计价、核算工作。

三、材料领用凭证及其控制

（一）材料领用凭证

企业在生产过程中领用的材料品种、规格、数量很多，为明确各单位的经济责任，便于分配材料费用，在领用材料时，应办理必要的领料手续。

生产单位或其他部门领用材料时，应由专人负责审核，只有经过有关人员签字审核之后，才能办理领料手续。在实践中，领料凭证一般有以下几种：

1. 领料单

领料单是一种一次性使用的领料凭证，通常用于未制定有消耗定额或不经常使用的材料。领料单可以一单一料，也可以一单多料。领料单的主要内容有领用部门、领用日期、用途及材料名称、规格、计量单位、数量、实发数量、单价、金额等。领料单的一般格式参见表3-1：

表3-1　领料单

201×年7月3日

领料部门：第一车间　　　　编号：72056

用途：生产甲产品　　　　发料仓库：钢材仓库

材料类别	材料编号	材料名称	规格/cm	计量单位	数量	实发数量	单价	金额/元
型 钢	10021	圆 钢	8	千克	1 000	1 000	2.40	2 400

生产部门负责人：王庆　　　　领料人：陈兵　　　　发料人：李敏

领料单由领料单位根据用料计划填制，填明所需材料的名称、数量、用途并由负责人签字后交仓库发料。仓库发料后，要把实发数填入领料单。领料后，领发双方都要签字。领料单一般一式三联，一联留领料单位备查，一联由仓库据以记录材料明细账，另一联交财会部门用来进行材料发出总分类核算。

2. 领料登记表

对于一些经常领用的消耗性材料，领料人可以不必每次都填制领料单，每次都经过审批，只要每次领用时在领料登记表中登记即可。领料登记表是一种多次使用的领料凭证，通常在一个月内连续使用，月末汇总记账。

领料登记表的一般格式参见表3-2：

表3-2　领料登记表

201×年7月1日

领料部门：第一车间　　　　发料仓库：油库

材料类别	材料编号	材料名称	规 格	计量单位
油 料	40260	润滑油	5号	千克
日 期	领用数量	累计领用数量	领料人	发料人
7月1日	30	30	胡平	王明
7月8日	20	50	周飞	王明
7月18日	20	70	吴健	王明
7月27日	30	100	刘琦	王明
材料单价	2.50		合计金额	250

领料登记表一般一式两联，平时由仓库保管，领料时由领料人在该表上签收，月末汇总金额后，一联仓库自留，另一联交财会部门作为材料发出总分类核算的依据。

3. 限额领料单

限额领料单是一种多次使用的累计领料凭证，在有效期内只要领用数不超过限额，就可以连续领料。限额领料单适用于经常使用且有领用限额的材料发出业务。限额领料单的一般格式参见表3-3：

表3-3　限额领料单

201×年7月　　编号：75498

产品名称：乙产品

领料部门：第一车间　　计划产量：1 000只

发料仓库：钢材仓库　　单位消耗定额：9千克

材料类别	材料编号	材料名称	规格/cm	计量单位	全月领用限额	全月实领数量	单价/元	金额/元	备注
型钢	10026	圆钢	10	千克	9 000	8 880	2.50	22 200	

领料日期	请领数量	实发数量	限额结余数量	领料人签章	发料人签章
7月1日	4 002	4 002	4 998	陈兵	李敏
7月12日	3 196	3 196	1 802	陈兵	李敏
7月22日	1 682	1 682	120	陈兵	李敏

供应部门负责人：陈红　　生产部门负责人：王庆

限额领料单应由企业生产计划部门或供应部门根据产品生产计划和材料消耗定额等资料填制。限额领料单一般一式三联，一联由供应部门或生产计划部门签发后留存备查，一联交给材料领用单位据以领料，另一联则由材料仓库保管并据以发料。每次领用时，应在限额内填写实发数量并结出限额余额。月末应计算出全月实领数量和结余额，并计算出金额，将其转交给财务部门，作为发出材料核算的依据。

采用限额领料单时，若发生超限额领料或变更规定材料的情况，企业应区别对待。若超限额领料是由于企业增加产品产量或发生废品而补领的材料，领料人应按规定办理手续，经有关部门批准后，另行填制领料单，采用领料单领料。若限额领料单中规定的材料没有，而领用其他代用材料时，领料人应经有关部门批准后，另外填写领料单，据以领料，在材料仓库发出代用材料后，还应在限额领料单内填写代用材料的数量，并相应地扣除限额数量，结出限额余额。

企业部分材料有时需送往外单位加工，制成另一种材料，以满足生产需要，此时应填制“委托加工材料出库单”。该出库单在发出材料时，由企业供应部门根据加工合同填制，经审核后据以发料。委托加工材料出库单一般一式两联，一联由供应部门留存备查，一联由仓库用来发料记账，记账后送转财务部门记账。

采用上述各种领料凭证领到车间或部门的材料，月末如果未用完，应办理退料手续。对于下一月份不再使用的材料，应填写“退料单”，将材料退回仓库；对于下一月份还要继续使用的材料，可办理假退料手续，即填制本月份的“退料单”与下一月份的“领料单”，并在仓库办理退料和领料手续，但材料仍在原车间、部门，并不退回仓库。

（二）材料领用控制

材料领用涉及材料的使用单位和材料仓库，为了明确经济责任，加强对材料发出的管理和核算，应做好以下控制工作：

1. 健全发出材料计量制度和领用凭证制度

会计实务中，库存材料数量计量，可以采用两种方法：一种是永续盘存制；另一种是实地盘存制。

永续盘存制是指根据材料日常收入、发出的有关凭证，按其数量在材料明细账中逐笔登记，以实际发出数量作为消耗量的一种方法。采用永续盘存制，可以随时根据账面记录算出每一种材料的收入、发出、结存数量。永续盘存制是制造企业材料消耗量计量的基本方法。

实地盘存制是指在收入材料时在材料明细账上登记，发出材料时不在材料明细账上登记，期末根据实际盘存数，倒算出本期发出材料数量的一种方法。

材料发出数量的控制是通过签发各种领料凭证进行的，在健全材料收发计量制度的同时，还必须建立各种领料凭证制度与之相配套。前已述及，材料领用凭证主要有领料单、限额领料单、领料登记表等，它们适应不同材料管理的要求。企业在建立领料凭证制度时应注意：

（1）一切领料凭证都要经过专人审批、签字。

（2）应根据材料领用数量、次数和材料管理要求正确选择领料凭证的种类。

（3）领料凭证设计应能体现不相容职务分工负责原则。凭证上应设置填制人、用途、审核人、批准人及凭证份数等内容，以利于监督和控制领料业务，体现内部控制制度的要求。

（4）仓库保管和材料记账应由不同部门或人员进行。

（5）财会部门应定期对领料凭证进行复核，同时应定期进行材料账账、账卡、账实核对，以保证领料记录的真实性和正确性。

2. 健全材料退库和盘点制度

许多企业虽然建立了领料凭证制度，但对月终已领未用材料的核查和材料盘点工作不够重视，影响了核算的正确性。

月终凡是车间部门已领未用材料，应办理退料手续，以便正确计算本期材料消耗。

仓库保管的各种材料经过一段时间后，由于自然损耗、收发时的清点差错、登记差错以及发生贪污、盗窃等，可能会产生账面数与实存数不符的情况。为了保证核算资料的正确性，需要对库存材料结存数量进行盘点。材料盘点有定期全面盘点和不定期轮流盘点两种。盘点时若发现账实不符确属于发料差错造成的，经过批准，可以按规定更改；如果是其他原因造成的，应按规定程序报经批准后进行会计处理。

3. 制定材料消耗定额，加强发料控制

材料消耗定额是指在一定的生产技术、组织管理条件下生产单位产品消耗的材料数量标准。制定材料消耗定额是加强材料费用控制的主要方法。

材料消耗定额制定的原则是先进可行。

材料消耗定额是有效控制材料使用的一种手段。利用材料消耗定额，可以查明生产过程中材料实际消耗量与定额之间差异的产生原因，明确责任。同时，材料消耗定额的制定，有利于实行例外管理原则，将管理重点放在差异较大的材料上，从而加强对材料费用的控制，降低产品成本。

企业做好以上三个环节的工作，一方面可以强化对材料费用的管理，另一方面可以为材料费用的归集和分配创造良好的条件。

四、发出材料成本的确定

企业对材料的计价方法不同，发出材料成本的具体确定方法也不同。

（一）实际成本计价下发出材料成本的确定

当材料按照实际成本计价时，由于每一次取得的材料单价（单位成本）可能不一样，企业需要采用不同的方法确定发出材料的单价，进而计算发出材料的实际成本。发出材料实际成本的确定可以采用以下几种方法：

（1）先进先出法；

（2）移动加权平均法；

（3）全月一次加权平均法；

（4）分别计价法或分批计价法。

以上发出材料计价方法由于在“基础会计”或“财务会计”课程中已有所介绍，此处不再逐一举例说明具体操作方法。这里需要指出的是，选择适当的发出材料计价方法，对于真实地反映材料价值，正确计算产品成本及企业损益是十分重要的。在成本会计实务中，选择以上计价方法时应注意：

（1）适用性。企业应在会计制度允许的范围内，根据材料数量、种类、收发批次等因素，结合材料管理的需要，选择适合本企业的计价方法。一般而言，只要所选择的计价方法计算出来的结果是真实、可靠的，该方法就是适用可行的方法。

（2）一致性。计价方法一旦确定，不能随意变动。若需变动，应在会计报表附注中予以说明，并揭示其影响数。

（3）简便性。发出材料的计价方法很多，各有利弊，在满足材料管理要求的前提下，应当选择简便易行的方法，以提高工作效率。例如，许多企业为了减少计价工作量，常常会选择全月一次加权平均法。

（二）计划成本计价下发出材料成本的确定

当材料按计划成本计价时，发出材料是按计划价计算的，需要将发出材料的计划成本调整为实际成本，以便于产品实际成本的计算。为此，需要首先确定入库材料成本差异额和本月材料成本差异率，计算公式为

$$\text{入库材料成本差异额}=\text{入库材料实际成本}-\text{入库材料计划成本}$$

$$\text{本月材料成本差异率}=\frac{\text{月初结存材料成本差异额}+\text{本月入库材料成本差异额}}{\text{月初结存材料计划成本}+\text{本月入库材料计划成本}}$$

$$上月材料成本差异率=\frac{月初结存材料成本差异额}{月初结存材料计划成本}\times 100\%$$

材料成本差异率一般应按材料类别分别计算确定。如果企业当月消耗的材料主要是期初库存材料，也可以采用上月材料成本差异率，以适应成本计算的要求。企业应根据材料的具体情况，选择本月或上月材料成本差异率进行计算。一旦确定，不应随意变动。

根据发出材料计划成本和材料成本差异率，可以将本月发出材料计划成本调整为实际成本，计算公式为

发出材料计划成本=发出材料数量×材料计划价

发出材料应负担的材料成本差异额=发出材料计划成本×材料成本差异率

发出材料实际成本=发出材料计划成本+发出材料应负担的材料成本差异额

【例 3-1】友利机械厂月初结存原材料计划成本 100 000 元，本月入库原材料计划成本 200 000 元，本月发出原材料计划成本 147 500 元。月初结存原材料成本差异 2 000 元（节约额），本月入库原材料成本差异 5 000 元（超支额）。则：

$$本月原材料成本差异率=\frac{-2\ 000+5\ 000}{100\ 000+200\ 000}\times 100\%=1\%$$

发出原材料应负担的材料成本差异额=147 500×1%=1 475（元）

发出原材料实际成本=147 500+1 475=148 975（元）

不管材料是按照实际成本计价核算，还是按照计划成本计价核算，企业对于发出材料成本一般都是根据各种领料凭证进行归类汇总，然后编制“材料费用分配表”，据以进行发出材料的分配核算。

五、材料费用的分配

企业耗用的材料，不管是外购材料，还是自制材料，其费用分配都应当以审核合格的领料凭证为原始依据，按照材料的具体用途进行汇总：将其中直接用于产品生产的材料费用，记入各种产品成本的有关项目；将用于产品销售以及组织和管理生产的材料费用，记入企业“销售费用”和“管理费用”的有关费用项目；将用于建造固定资产的材料费用，记入“在建工程”支出等。

（一）原材料费用的分配方法

凡直接用于产品生产、构成产品实体的原料和主要材料，如冶炼用矿石、纺织用原棉和机械制造用钢材等，一般分产品领用，属于直接费用，应根据领料凭证直接记入该种产品基本生产明细账的“直接材料”成本项目。原料和主要材料如果是由几种产品共同耗用的，不能分清某一种产品消耗多少，如化工生产中为几种产品共同耗用的原料，则应采用适当的分配方法，分配之后记入有关产品成本中的“直接材料”成本项目。

凡直接用于产品生产且有助于实体形成的辅助材料，如果能分清是哪一种产品耗用的，应直接记入该种产品成本中的“直接材料”成本项目；如果难以分清，则应采用一定的分配方法分配之后记入有关产品成本中的“直接材料”成本项目。当

然，如果辅助材料用量较少、金额较小，也可以简化核算方法，将其全部记入“制造费用”账户，期末随“制造费用”一次性分配后计入产品成本。

多种产品共同耗用的原材料的分配标准很多。其可以按产品重量、体积和产量进行分配，也可以按材料定额消耗量比例或材料定额成本比例进行分配。企业应根据具体情况选择与原材料发生有密切关系的因素作为分配标准。几种产品共同耗用的原材料费用的分配公式为

$$原材料费用分配率=\frac{产品共同耗用原材料费用总额}{各种产品分配标准数额之和}\times 100\%$$

某种产品应分配的原材料费用=该种产品分配标准数额×原材料费用分配率

一般情况下，生产企业对各种产品都要制定材料消耗定额，因此采用定额耗用量比例法进行分配较为普遍。下面我们举例说明采用这一方法的具体分配过程。

【例 3-2】友利机械厂 201×年 7 月份生产甲、乙两种产品，共同耗用原材料 24 875 千克，每千克计划价为 4 元，共计 99 500 元。甲、乙产品的产量分别是 1 450 件和 900 件，甲、乙产品的单位定额耗用量分别是 10 千克和 6 千克。

（1）产品定额消耗量

甲产品定额消耗量＝1 450×10＝14 500（千克）

乙产品定额消耗量＝900×6＝5 400（千克）

合计　　　　　　　　　　19 900（千克）

（2）原材料消耗量分配率

$$分配率=\frac{24\ 875}{19\ 900}=1.25$$

（3）产品应分配共同耗用原材料数量

甲产品耗用量＝14 500×1. 25＝18 125（千克）

乙产品耗用量＝5 400×1. 25＝6 750（千克）

（4）产品应分配共同原材料费用

甲产品原材料费用＝18 125×4＝72 500（元）

乙产品原材料费用＝6 750×4＝27 000（元）

上述计算方法有利于考核产品原材料消耗定额的执行情况，便于加强材料成本管理。为了简化计算程序，也可以按材料定额费用比例分配计算。仍以上例资料为例，计算过程如下：

$$原材料费用分配率=\frac{99\ 500}{19\ 900}=5$$

产品应分配共同耗用的原材料费用：

甲产品应分配原材料费用＝14 500×5＝72 500（元）

乙产品应分配原材料费用＝5 400×5＝27 000（元）

（二）原材料费用分配表的编制及账务处理

在实际工作中，上述原材料费用的分配是通过编制“原材料费用分配表”进行的。该表应分车间、部门，按材料类别，根据审核、归类后的领退料凭证和有关资

料编制。其中，退料凭证的数额应当从相应的领料凭证的数额中扣除。

原材料费用分配表的内容和格式参见表 3-4：

表 3-4　原材料费用分配表

企业名称：友利机械厂　　201×年 7 月　　单位：元

应借账户		成本（费用）项目	直接计入（计划成本）	分配计入（计划成本）			合计（计划成本）	差异额（差异率为 1%）	实际成本
				分配标准	分配率	金额			
基本生产	甲产品	直接材料	24 000	14 500	5	72 500	96 500	965	97 465
	乙产品	直接材料	13 000	5 400	5	27 000	40 000	400	40 400
	小计		37 000	19 900	5	99 500	136 500	1 365	137 865
辅助生产	机修车间	直接材料费	8 200				8 200	82	8 282
	运输车间	材料费	1 600				1 600	16	1 616
	小计		9 800				9 800	98	9 898
制造费用		机物料消耗	2 500				2 500	25	2 525
管理费用		其他	2 700				2 700	27	2 727
销售费用		包装费	3 000				3 000	30	3 030
合计			55 000			99 500	154 500	1 545	156 045

在表 3-4 中，直接计入的费用应根据领料凭证，按照材料费用的用途归类后填列，分配计入的费用应根据用于产品生产的领料凭证和上述分配公式计算之后填列。

根据原材料费用分配表（表 3-4）编制原材料费用分配会计分录如下：

（1）按计划成本结转发出原材料成本

借：基本生产——甲产品　　96 500
　　　　　　——乙产品　　40 000
　　辅助生产——机修车间　　8 200
　　　　　　——运输车间　　1 600
　　制造费用　　2 500
　　管理费用　　2 700
　　销售费用　　3 000
　贷：原材料　　154 500

（2）调整发出原材料的计划成本

借：基本生产——甲产品　　965
　　　　　　——乙产品　　400
　　辅助生产——机修车间　　82
　　　　　　——运输车间　　16
　　制造费用　　25
　　管理费用　　27

销售费用　　30

贷：材料成本差异——原材料　　1 545

（三）燃料费用的分配

燃料也是材料，因而燃料费用分配程序和方法与上述原材料费用分配程序和方法应当是相同的。

凡是直接用于产品生产的燃料，如果是分产品领用的，应根据领料凭证进行归类汇总，直接记入该种产品成本中的“直接材料”成本项目；如果不分产品领用，则应采用适当分配方法分配后记入各有关产品的“直接材料”成本项目。燃料分配标准一般有产品产量、重量、体积以及产品的燃料定额消耗量或定额费用等。

在有些企业中，燃料费用占产品成本比重可能较大，按照重要性原则，为加强对燃料费用的管理和核算，单独反映其消耗情况，会计上可以专门设置“燃料”总账，不将燃料并入“原材料”账户进行核算。同时，也可以设置“燃料与动力”这一成本项目，单独反映产品成本中燃料与动力的消耗情况，便于分析产品成本结构。

车间管理部门、厂部行政管理部门和产品销售部门使用的燃料按其用途分别记入“制造费用”“管理费用”“销售费用”等账户，一般不需要采用数学方法分配之后再记入。

（四）低值易耗品的分配

低值易耗品是指不作为固定资产核算的各种劳动手段，包括工具、管理用具、玻璃器皿以及在生产经营过程中周转使用的包装容器等各种用具、物品。

为了进行低值易耗品收入、发出、结存的总分类核算，企业应设置“低值易耗品”总账，并比照材料的明细核算方法，按照低值易耗品的类别、品种、规格进行数量金额明细核算。

低值易耗品相对于固定资产价值比较小，易损坏，更换频繁，根据这一特征，在领用时其价值一次性计入成本、费用。用于生产车间的低值易耗品应记入“制造费用”账户，用于企业组织、管理生产经营活动的低值易耗品则应记入“管理费用”账户。

低值易耗品采用计划价计价时，结转领用低值易耗品材料成本差异，借记“制造费用”“管理费用”“销售费用”等账户，贷记“材料成本差异——低值易耗品成本差异”账户。在低值易耗品报废时，应将报废的残值作为当月成本、费用的减少，借记“原材料”等账户，贷记“制造费用”“管理费用”“销售费用”等账户。凡本月领用低值易耗品次数较多的企业，可以根据领用凭证归类汇总，先编制“低值易耗品分配表”，然后据以进行账务处理。

（五）包装物和修理用备件费用的分配

包装物是指为了包装本企业产品而储备的各种包装容器，如桶、箱、瓶、坛、袋等。包装物属于材料范畴，它的领发手续和实物管理与其他材料相同，但是它在核算上有一定的特殊性。

企业发出的包装物，应根据领料凭证上列明的领用部门和用途进行归类汇总，编制“包装物费用分配表”进行核算，其格式可参照“原材料费用分配表”。对于基本生产车间在生产过程中领用的包装物，应作为产品成本组成部分，若能分清是哪一种产品的包装物，则直接记入该产品的“直接材料”或者“包装物”成本项目；若干种产品共同使用的包装物，应采用一定的分配方法分配之后记入各种产品的“直接材料”或者“包装物”成本项目。对于销售部门领用的随同产品出售而不单独计价的包装物，应记入“销售费用”账户；对于销售部门领用随同产品销售需单独计价的包装物，应记入“其他业务支出”账户；对于出租、出借的包装物，应记入“其他业务支出”“销售费用”账户。

材料中的修理用备件，一般不是生产产品的直接耗用，而是供维修设备使用的，属于生产过程中的间接费用。生产车间领用的修理用备件，记入“制造费用”“辅助生产”账户；维修厂部管理部门、销售部门的设备使用的部分，记入“管理费用”“销售费用”账户。如果耗用的修理用备件较多，应根据领用凭证编制“修理用备件分配表”，据以进行账务处理。

第二节　动力费用归集与分配

动力费用是指企业耗用的电力、蒸汽等费用。动力费用可以分为自制和外购两种情况，自制动力费用分配属于辅助生产费用分配的内容，这一节只涉及外购动力费用的归集与分配。

一、外购动力费用的归集

外购动力一般是由动力供应单位（如供电局）根据动力计量表上反映的耗用量和计价标准开列账单向企业收取的。动力费用不管是采取先用后支付还是预存电费方式，都要等到下个月才支付，而企业进行成本计算的会计期间是以月份为基础的，因此，企业一般是根据各计量表上反映的动力耗用数量，来确定本月发生的动力费用，并作为当期分配的基准数。

二、外购动力费用的分配

外购动力，有的直接用于产品生产，如生产工艺用电力；有的间接用于产品生产，如生产车间照明和办公用电；有的用于经营管理，如行政管理部门照明和办公用电。这些动力费用的分配，在有仪表记录的情况下，应根据仪表所显示的耗用量以及动力的单价计算；在没有仪表记录的情况下，可以按照生产工时比例、机器工时比例或定额耗用量等标准进行分配。在实务中，各车间、部门的动力用电和照明用电一般都分别装有电表，因此，外购电力费用在各车间、部门分配时，一般应按用电度数进行分配。车间的动力用电，一般不会按产品分别安装电表记录，因而车间动力用电费应在各种产品之间，以产品生产工时、机器工时、定额耗电量或其他标准为依据进行分配，分配公式为

$$动力费用分配率=\frac{生产车间动力费用总额}{各种产品动力费用分配标准之和}\times 100\%$$

某种产品应分配的动力费用=该产品动力分配标准数×分配率

【例 3-3】友利机械厂生产车间直接用于甲、乙两种产品生产的外购动力（电力）费用为 10 380 元。该企业规定以生产工时比例为标准进行分配。其中，甲、乙两种产品的生产工时分别为 20 600 小时、14 000 小时。则其动力费用分配计算如下：

$$动力费用分配率=\frac{10\ 380}{20\ 600+14\ 000}=0.30$$

甲产品应分配的动力费用=20 600×0. 30=6 180（元）

乙产品应分配的动力费用=14 000×0. 30=4 200（元）

凡是基本生产车间直接用于产品生产的外购动力费用，在按照一定标准分配后，记入基本生产明细账中的“直接材料”成本项目，或记入单独设置的“燃料与动力”成本项目；基本生产车间照明和办公等耗用的动力费用，应记入“制造费用”明细账；辅助生产车间耗用的动力费用记入“辅助生产”明细账；其他单位或部门耗用的动力费用记入“管理费用”“销售费用”等账户。

外购动力费用的分配，在期末应按照上述规则编制“外购动力费用分配表”。该分配表的内容和格式参见表 3-5：

表 3-5　外购动力费用分配表

企业名称：友利机械厂　　　　201×年 7 月　　　　金额单位：元

应借账户		成本（费用）项目	直接计入	分配计入			合计
				生产工时/小时	分配率	分配金额	
基本生产	甲产品	直接材料		20 600	0. 30	6 180	6 180
	乙产品	直接材料		14 000	0. 30	4 200	4 200
	小计			34 600	0. 30	10 380	10 380
辅助生产	机修车间	电费	3 000				3 000
	运输车间	电费	1 800				1 800
	小计		4 800				4 800
制造费用		电费	1 200				1 200
管理费用		电费	2 400				2 400
销售费用		电费	1 000				1 000
合计			9 400			10 380	19 780

根据表 3-5 编制动力费用分配的会计分录如下：

借：基本生产——甲产品　　　　6 180

　　　　　　——乙产品　　　　4 200

　　辅助生产——机修车间　　　　3 000

　　　　　　——运输车间　　　　1 800

　　制造费用　　　　1 200

管理费用　　2 400
销售费用　　1 000
贷：应付账款　　19 780

外购动力需要变压后才能使用的企业，应通过“辅助生产”账户进行核算，将外购动力费用与变压过程中发生的各项费用之和作为所供动力成本进行上述分配。

第三节　工资费用归集与分配

一、企业工资费用的构成与控制

（一）工资费用构成

工资费用，也就是企业支付的职工薪酬，是指企业为获得职工提供的服务或解除劳动关系而给予的各种形式的报酬。按照《企业会计准则》第9号规定，职工薪酬主要包括短期薪酬、离职后福利、辞退福利和其他长期职工福利。企业提供给职工配偶、子女、受赡养人、已故员工遗属及其他受益人等的福利，也属于职工薪酬。

《企业会计准则》所指的职工主要有以下三类：一是指与企业订立劳动合同的所有人员，含全职、兼职和临时职工；二是指未与企业订立劳动合同，但由企业任命的企业治理层和管理层人员，如董事会成员、监事会成员等；三是在企业的计划和控制下，未与企业订立劳动合同或未由其正式任命，但向企业所提供服务与职工提供服务类似的人员，也属于职工的范畴，包括企业与劳务中介公司签订用工合同而向企业提供服务的人员。

企业职工薪酬即工资费用由以下内容具体组成：

1. 短期薪酬

短期薪酬是指企业在职工提供相关服务的年度报告期间结束后需要全部予以支付的职工薪酬。包括：职工工资、奖金、津贴和补贴，职工福利费，医疗保险费，工伤保险费，生育保险费等社会保险费，住房公积金，工会经费与职工教育经费，短期带薪缺勤，短期利润分享计划，其他短期薪酬。

2. 离职后福利

离职后福利是指企业为获得职工提供的服务而在职工退休或与企业解除劳动关系后，提供的各种形式的报酬和福利，短期薪酬和辞退福利除外。离职后福利计划是指企业与职工就离职后福利达成的协议，或者企业为向职工提供离职后福利制定的规章或办法。企业应当将离职后福利计划分类为设定提存计划和设定收益计划。

3. 辞退福利

辞退福利是指企业在职工劳动合同到期之前解除与职工的劳动关系，或者为鼓励职工自愿接受裁减而给予职工的补偿。

4. 其他长期职工福利

其他长期职工福利是指除短期薪酬、离职后福利、辞退福利之外所有的职工薪酬，包括长期带薪缺勤、长期残疾福利、长期利润分享计划等。

企业在进行工资费用核算时，应当注意企业支付给职工的劳动保护费、出差伙食补助、独生子女补助等虽然随同工资发放给了职工，但它们不属于工资费用的范畴。

（二）工资费用的控制

工资是企业产品成本的重要组成部分，为了有效控制产品成本和期间费用，应对工资费用进行多方面的控制。对工资费用的控制主要包括以下几方面的内容：

（1）根据生产经营规模和国家有关企业工资及福利费构成的规定，选择适合本企业经营特点的工资制度，编制企业会计报告期的工资费用计划。

（2）控制工资费用的增长幅度。企业工资费用的增长幅度应低于经济效益的增长幅度，职工平均实际收入的增长幅度应低于劳动生产率的增长幅度。

（3）实行定员、定岗责任制，合理安排劳动力，尽量减少非生产人员，实行劳动岗位的优化组合。

（4）接受当地劳动行政部门的监督，支付给职工的工资不得低于当地劳动部门规定的最低生活标准。

（5）按照国家税法的规定，代职工缴纳个人所得税。

二、工资费用的原始记录

为了正确计算职工工资，进行工资费用的核算，企业必须做好工资费用核算的原始记录。企业应根据管理需要和生产工艺特点，科学、合理地确定工资费用核算所需的原始记录种类、格式及记录方式。工资费用核算的原始记录主要有考勤记录、产量和工时记录。

（一）考勤记录

考勤记录是指登记职工出勤和缺勤时间及具体情况的原始记录，考勤记录的基本内容可参见表3-6。考勤记录既为企业计算计时工资、加班加点工资、中夜班津贴等提供了依据，又为企业加强劳动管理和劳动纪律，提高出勤率和工时利用率发挥了重要的作用。实务中考勤记录主要通过考勤机来完成其记录。

考勤机分两大类：一类是简单打印类，打卡时，原始记录数据通过考勤机直接打印在卡片上，卡片上的记录时间即为原始的考勤信息；另一类是存储类，打卡时，原始记录数据直接存储在考勤机内，然后通过计算机采集汇总，再通过软件处理，最后形成所需的考勤信息或查询或打印，其考勤信息更灵活丰富，是目前主流形式。

考勤机通过了插卡式、条形码式、磁卡型，现在比较流行是生物身份识考勤机、摄像考勤机、拍照考勤机。生物身份识考勤机就是利用人的生物特征来识别的，这种考勤机只要人的一个手指、手掌、人脸放在或面向读头就可以识别，非常方便而且可以防止代打卡现象，提高人力资源管理制度。摄像考勤机、拍照考勤机则有效解决了生物识别对环境和使用人群的限制，智能卡管理和人工管理相结合，可有效适应于工厂、企业等环境，也是如今使用最多的种类。随着互联网技术发展，出现了智能云考勤机，将考勤机与微信等移动互联网应用无缝连接，可以通过手机等移动端设备进行考勤管理，考勤打卡、考勤记录查询、考勤统计报告以及通过考勤机进行请假、加班等相关操作。考勤记录表参见表3-6：

表3-6　考勤记录表

车间或部门：行政管理　　　　201×年7月　　　　考勤员：宋敏

编号	姓名	职务或工种	工资等级	出勤和缺勤情况						出勤分类					缺勤分类				备注
				1	2	30	31	合计											
								出勤	缺勤	计时工作	计件工作	夜班	加班加点	迟到早退	公假	工伤	病假	事假	
1	王玲	办事员	3	√	病	√	√	20	2								2		
2	刘江	办事员	4	√	√	√	√	22	0										
3	陈平	办事员	5	事	√	事	√	19	3									3	

（二）产量和工时记录

产量和工时记录是指登记工人或生产班组在出勤时间内完成的产品数量、质量和生产这些产品所耗费的工时数量的原始记录。产量和工时记录不仅是计算职工计件工资的依据，也是分配直接工资费用和其他与工时有关费用的重要依据。此外，企业还可以凭借产量和工时记录，检查生产作业计划和工时定额的完成情况，考核企业劳动生产率水平的高低。生产车间工艺过程和生产组织的特点不同，产量和工时记录的内容、格式和登记程序也各不相同。企业采用的产量和工时记录通常有工作通知单、工序进程单和工作班产量记录等。

1. 工作通知单

工作通知单又称工票，是指以每个工人或生产班组所从事的每项工作或每道工序为对象所签发的，用以分派生产任务，记录产量和工时的原始记录。工作通知单由生产调度部门根据生产作业计划的安排，在工作开始之前签发给工人或生产班组，工人或生产班组按照单内规定的生产任务领取材料，进行加工。加工完成后，将加工产品数量和实用工时填入单内，连同产品一并送交质量检验员验收，由其将验收结果填入单内，并签章后才能据以计算计件工资。工作通知单的格式参见表3-7。

由于工作通知单只能反映加工产品在个别工序上的加工过程，而不能反映加工产品连续的、整个加工过程，因此它只适用于单件、小批生产的企业或车间，以及个别的、一次性的作业。

表 3-7　工作通知单

编号：703

生产车间：金工生产班组　　　　工人姓名：王山

设备名称：车床

设备编号：185　　　　201×年 7 月 5 日　　　　工号：50

产品型号或订单号	零件名称	零件编号	工序名称	工序编号	工作等级	计量单位	单位定额工时/分	生产任务	
								数量	定额工时
7211	齿轮	75	车	25	4	只	30	15	7:30

任务完成情况								交验结果									
开工时间				完工时间				实用工时	交验数量	合格品数量	定额工时	返修数量	工废数量	料废数量	短缺数量	检验员	废品通知单号
月	日	时	分	月	日	时	分										
7	5	7	30	7	5	15	10	7:10	15	13	6:30	1		1		赵名	56

计件工资				备注：
计件单价/元	合格品工资/元	废品工资/元	工资合计/元	
1.60	20.80	1.60	22.40	

2. 工序进程单

工序进程单又称加工路线单，是指以每一批加工产品的整个工艺流程为对象签发的，用以分派生产任务，并记录每道工序产量和工时的原始记录。工序进程单由生产调度部门根据车间生产计划、工艺技术规程、生产批别和定额消耗等资料填制签发，用以分派生产任务。工序进程单的格式参见表 3-8：

表 3-8　工序进程单

生产车间：金工

工段：2　　　　201×年 7 月 5 日　　　　编号：666

产品型号或订单号	产品或零件			投入材料或半成品			
	编号	名称	计量单位	编号	名称	计量单位	数量
998	75	底盘	件	1 018	毛坯	件	30

机床编号	生产任务					任务完成情况				交验结果							
	工序	单位定额工时/分	工作等级	工人姓名	加工数量	加工日期	完工日期	实用工时	交验数量	合格数量	定额工时	返修数量	工废数量	料废数量	短缺数量	验收日期	检验员
01	1	6	4	陈江	30	7/5	7/5	2:40	30	30	3:00					7/5	2
02	2	8	5	毛红	30	7/5	7/5	3:45	30	29	3:52		1			7/5	2
03	3	5	5	李山	29	7/5	7/5	2:30	29	28	2:20			1		7/5	2

工序进程单根据产品或零件的整个加工过程，按顺序登记各道工序的实际产量和工时以及各零件的交接手续。设置工序进程单，有利于监督产品生产过程，正确执行规定的工艺流程，控制各道工序加工产品的数量，保证成批、均衡地组织生产。它适用于成批生产的企业或车间。

在实践中，一批产品在加工过程中往往要经过几个生产班组及车间。这样，一张工序进程单内就要记录几个生产班组或车间工人的产量和所耗用的工时，并且一个生产班组往往会同时加工几种零件，一个生产班组的产量和耗用的工时又分别记录在几张工序进程单内，从而显得散乱。为了集中反映一个生产班组的产量和所耗用的工时，便于计算计件工资，还必须编制工作班产量记录。

3. 工作班产量记录

工作班产量记录又称工作班报告，是指按生产班组设置的，反映一个班组的工人在一个工作班内所生产的产品数量和所耗用工时的原始记录。工作班产量记录应按班组的工人分行登记。工作班开始工作前，由有关人员将工序进程单连同领用的材料、零件、半成品等一并交给操作工人，操作工人据以进行生产，工作班产量记录则由检验人员保存。操作工人完成工作任务后，将完工产品和工序进程单交班组长查点，然后转由检验员验收，并将检验结果登记在工序进程单和工作班产量记录中。在工作班结束后，由班组长注明实际工时，经工段长和检验员签名后，作为统计产量、工时和计算计件工资的依据。工作班产量记录的格式参见表3-9：

表3-9　工作班产量记录

编号：120

生产车间：金工　　　　　　　　　　　　　　　　　　　　　　　　班组：2

工段：4　　　　　　　　　201×年7月5日　　　　　　　　　　　　检验员：张山

姓名	进程单号数	产品型号或订单号	零件编号	零件名称	工序名称	交验数量	交验结果					单位定额工时	完成定额工时	实际工时	计件工资			
							合格数量	返修数量	工废数量	料废数量	短缺数量				计件单价/元	合格品工资/元	废品工资/元	合计/元
陈江	666	998	75	底盘	1	30	30					0:06	3:00	2:40	0.42	12.60		12.60
毛红	666	998	75	底盘	2	30	29		1			0:08	3:52	3:45	0.60	17.40		17.40
李山	666	998	75	底盘	3	29	28			1		0:05	2:20	2:30	0.35	9.80	0.35	10.15
…																		

三、工资费用的计算

工资费用的计算是企业进行工资费用归集和分配的基础，也是企业与职工之间进行工资结算的依据。工资费用的计算与企业实行的工资制度密切相关，不同工资制度下，工资费用的计算方法有一定的差别。实务中，企业的基本工资制度有计时和计件两种形式。

（一）计时工资的计算

计时工资是根据每位职工规定的工资标准和考勤记录计算的。它又分为月薪制与日薪制两种。

1. 月薪制

月薪制是根据每位职工的月标准工资和出勤情况计算计时工资的方法。采用月薪制时，不论各月节假日是多少，职工只要是全勤，都可以取得全月的标准工资。如果职工缺勤，就应按月标准工资扣除缺勤的工资。

应付职工计时工资=月标准工资-缺勤应扣工资

缺勤应扣工资=缺勤天数×日标准工资×扣款比例

计算缺勤应扣工资，缺勤天数是通过考勤记录获得，缺勤扣款比例是按照每家企业内部劳动工资管理制度中对旷工、事假、病假等的规定比例操作，关键是计算日标准工资。

日标准工资=月标准工资÷平均每月工作日数。每个月工作日数有两种计算方法：一种是按法定工作日计算：（360-104-10）/12=20.92 天；另一种按日历天数计算：360/12=30 天。按日历天数即 30 天计算，由于休假日、节假日也含有工资，当连续缺勤期间含有休假日、节假日时，也应按缺勤日数计算，予以扣发工资。两种计算方法，按法定工作日计算更为合理、简便，在实务中采用得比较普遍。

【例 3-4】友利机械厂行政管理部门职工陈红的月标准工资为 450 元，王江的月标准工资为 540 元。7 月份的考勤记录反映陈红病假 2 天，王江事假 3 天。陈红的病假应扣工资折扣率为 20%。该企业按法定工作日计算日标准工资。计算应付职工计时工资。

陈红的日标准工资=450/20.92≈21.51（元）

应付陈红计时工资=450-21.51×2×20%≈441.40（元）

王江的日标准工资=540/20.92≈25.81（元）

应付王江计时工资=540-25.81×3=462.57（元）

日标准工资除了用于计算职工缺勤应扣工资外，还用于计算职工的加班加点工资。

按月薪制计算应付职工计时工资时，是采用缺勤扣款的方法计算的，由于多数职工为全勤，因此计算起来较为简捷。

2. 日薪制

日薪制是根据每位职工的日标准工资和出勤情况计算计时工资的方法。计算公式如下：

应付职工计时工资=日标准工资×出勤天数+缺勤应得工资

按日薪制计算应付职工计时工资时，由于各个月份的实际天数不同，职工的出勤天数也不同，因此各个月份都要计算，工作量较大，我国企业较少采用日薪制。

（二）计件工资的计算

计件工资是根据工作班产量记录或工作通知单登记的产量，乘以规定的计件单价计算的工资。由于产量中既有合格品又有废品，因此企业需要对废品进行分析。

废品按照产生原因有料废和工废两种。料废是指因原材料质量不合格所产生的废品。很显然料废是客观原因造成的，因此对于加工完毕后在检验时发现的料废可以同合格品一样计算计件工资；对于加工过程中发现的料废，则应根据生产工人完成的定额工时计算其计件工资。

工废是指因工人操作不当等过失原因而产生的废品。很显然工废是主观原因造成的，不但不能计算计件工资，还应当根据具体情况对当事人处以罚款。

计件单价是根据加工单位产品的定额工时乘以该加工产品的加工等级计算的小时标准工资得出的。

【例 3-5】友利机械厂甲产品规定车工的加工等级为 3 级，3 级车工小时标准工资为 2.76 元。甲产品单位定额工时为 10 分钟。工人陈林 7 月份加工甲产品 1 100 件，其中合格品 1 086 件，料废 8 件，工废 6 件。料废中有 5 件是加工完成后检验时发现的，3 件是加工过程中发现的。3 件料废共完成定额工时 15 分钟。则计算甲产品的计件单价和应付陈林 7 月份计件工资如下：

甲产品计件单价 = 2.76×10/60 = 0.46（元）

应付陈林 7 月份计件工资 = (1 086+5)×0.46+15/60×2.76

= 502.55（元）

四、工资费用的归集与分配

（一）工资费用的归集

1. 工资费用的结算

企业在分别计算应付每位职工计时工资或计件工资后，应根据已确定的每个职工工资性津贴和补贴、奖金等，计算每位职工的应发工资。计算公式如下：

应发工资 = 应付计时工资 + 应付计件工资 + 工资性津贴和补贴等 + 奖金 + 其他工资

企业在向职工支付工资薪酬时，还要随同工资支付给职工非工资性的津贴，如房贴、车贴等，并扣除职工应交的住房公积金、养老保险金等代扣款项。因此，工资费用的结算就是企业与职工之间以工资为主的有关费用与代扣款项的结算。在结算时应根据有关资料，计算职工的实发工资金额。计算公式如下：

实发工资 = 应发工资 + 非工资性津贴 - 各种代扣款项

在实际工作中，企业是通过编制“工资结算表”来结算工资费用的。工资结算表是分车间或部门编制的，一式三联。一联裁成“工资条”，连同实发金额一并发给职工，便于其进行核对；一联经职工签收后作为工资费用结算和发放的原始凭证，由财会部门入账；一联由劳动工资部门留存，作为统计劳动工资的依据。“工资结算表”的格式参见表 3-10。

2. 工资费用的归集

工资结算表是按车间或部门编制的。为了全面反映企业工资结算情况，便于进行工资费用分配，需要将各车间或部门编制的工资结算单进一步汇总后编制“工资结算汇总表”。该表的格式参见表 3-11。

表 3-10　工资结算表

车间或部门：行政管理部门　　　　201×年 7 月 31 日　　　　单位：元

姓名	计时工资							计件工资	工资性津贴和补贴		奖金	应发工资	非工资性津贴		代扣款项		实发金额	签章
	标准工资	病假			事假		应发计时工资		中夜班津贴	食品补贴			车贴	房贴	住房公积金	养老保险金		
		天数	扣款率	应扣金额	天数	应扣金额												
丁红	450	2	20%	6			444			50	120	614	40	3.60	43	30.70	583.90	略
王兰	500						500			50	110	660		4	46.20	33	584.80	
王芳	540				3	54	486			50	105	641	40	4.40	44.90	32.10	608.40	
黄浩	600						600			50	125	775		4.70	54.30	38.70	686.70	
李新	660						660			50	150	860	60	5	60.20	43	821.80	
…	…	…	…	…	…	…	…	…	…	…	…	…	…	…	…	…	…	…
合计	4 950	5	—	16	3	54	4 880			400	920	6 200	240	32	434	310	5 728	

表 3-11　工资结算汇总表

企业名称：×××企业　　　　201×年 7 月 31 日　　　　单位：元

车间或部门	职工类别	应发计时工资	计件工资	工资性津贴和补贴		奖金	应发工资	非工资性津贴		代扣款项		实发金额
				中夜班津贴	食品补贴			车贴	房贴	住房公积金	养老保险金	
基本生产车间	生产工人	18 000	29 840	1 360	4 500	9 500	63 200	3 000	360	4 410	3 150	59 000
	管理人员	2 150			200	450	2 800	120	16	196	140	2 600
修理车间	全部人员	2 530			250	520	3 300	160	20	231	165	3 084
运输车间	全部人员	2 000			200	400	2 600	100	18	150	110	2 458
销售部门	销售人员	1 620			150	330	2 100	80	12	147	105	1 940
行政管理部门	管理人员	5 430			450	1 020	6 900	280	36	483	345	6 388
合计		31 730	29 840	1 360	5 750	12 220	80 900	3 740	462	5 617	4 015	75 470

（二）工资费用的分配

企业归集的工资费用应按工资费用发生的车间、部门及人员进行分配。

基本生产车间工人工资中，计件工资属于直接计入费用，应直接记入“基本生产”账户所属明细账户；计时工资、工资性津贴和补贴、奖金以及特殊情况下支付的工资等属于间接计入费用，需要按生产工时比例等分配标准分配后再记入“基本生产”账户所属各明细账户；归集的基本生产车间管理人员的工资应记入“制造费用”账户；归集的辅助生产车间人员的工资应记入“辅助生产”账户；归集的销售部门人员的工资应记入“销售费用”账户；归集的行政管理部门人员的工资应记入“管理费用”账户。工资费用的分配一般是在“工资结算汇总表”的基础上，通过编制“工资费用分配表”进行的。

企业在对基本生产车间工人工资中间接计入产品成本的工资费用进行分配时，可以采用实际生产工时比例分配法，也可以采用定额工时比例分配法。企业可以根据具体情况选用。间接计入产品成本的工资费用分配的计算公式如下：

$$生产工人工资费用分配率=\frac{各种产品应负担的生产工人工资费用总额}{各种产品实际生产（定额）工时之和}\times 100\%$$

$$\begin{matrix}某种产品应分配的\\生产工人工资\end{matrix}=\begin{matrix}该种产品实际生产\\（定额）工时\end{matrix}\times\begin{matrix}生产工人工资\\费用分配率\end{matrix}$$

【例 3-6】友利机械厂 7 月份的工资结算汇总表如表 3-11 所示。该表中基本生产车间生产甲、乙两种产品，其计件工资为 29 840 元，其中用于甲产品 19 560 元，用于乙产品 10 280 元。应发计时工资、工资性津贴和补贴、奖金等属于间接工资费用，按产品的实际生产工时分配。甲产品耗用 8 000 工时，乙产品耗用 4 000 工时。

（1）计算间接工资费用分配率：

间接工资费用=18 000+1 360+4 500+9 500=33 360（元）

$$间接工资费用分配率=\frac{33\ 360}{8\ 000+4\ 000}=2.78$$

（2）编制工资费用与职工福利费分配表如表 3-12 所示：

表 3-12　工资费用与职工福利费分配表

企业名称：友利机械厂　　　　201×年 7 月 31 日　　　　单位：元

应借账户		成本或费用项目	直接计入工资费用	间接计入工资费用			工资费用合计	职工福利费分配数
				生产工时	分配率	分配金额		
基本生产	甲产品	直接人工	19 560	8 000	2. 78	22 240	41 800	5 852
	乙产品	直接人工	10 280	4 000	2. 78	11 120	21 400	2 996
	小计		29 840	12 000		33 360	63 200	8 848
辅助生产	机修车间	直接人工	3 300				3 300	462
	运输车间	直接人工	2 600				2 600	364
	小计		5 900				5 900	826
制造费用		工资	2 800				2 800	392
销售费用		销售机构经费	2 100				2 100	350
管理费用		公司经费	6 900				6 900	1 250
合计			47 540			33 360	80 900	111 666

（3）根据表 3-12 工资费用合计栏数字作如下会计分录：

借：基本生产——甲产品　　　　41 800

　　　　　——乙产品　　　　21 400

　　辅助生产——机修车间　　　　3 300

——运输车间　　2 600
制造费用　　2 800
销售费用　　2 100
管理费用　　6 900
贷：应付职工薪酬——工资　　80 900

五、职工福利费的分配

职工福利费是指企业用于职工医疗、卫生、生活困难补助和集体福利设施等方面的费用。职工福利费是企业根据国家规定除了支付给职工个人工资以外，还必须承担的职工福利方面的义务，是对职工劳动补偿的辅助形式。

企业发生职工福利费时，同工资费用一样应按照职工所在工作岗位分配计入产品成本和期间费用。凡生产车间工人的，可以参照生产车间工资费用大小分配给各种产品，记入"基本生产"账户；凡生产车间管理人员的，应记入"制造费用"账户；凡辅助生产车间人员的，应记入"辅助生产"账户；凡行政管理人员的，应记入"管理费用"账户。

由于发生的职工福利费同工资费用一样，最终都要计入企业的成本、费用，而且都是在会计报告期末分配计入，为了简化费用分配表编制，也可以将工资费用分配表和职工福利费用分配表合二为一编在一张分配表，其格式参见表3-12。

根据表3-12中"职工福利费分配数"这一栏目的数字，可作职工福利费分配的会计分录如下：

借：基本生产——甲产品　　5 852
——乙产品　　2 996
辅助生产——机修车间　　462
——运输车间　　364
制造费用　　392
销售费用　　350
管理费用　　1 250
贷：应付职工薪酬——福利费　　11 666

第四节　折旧费用归集与分配

折旧费用是指固定资产由于使用、磨损而转移到产品成本和期间费用中的价值，在自动化程度比较高的制造企业中，机器设备、房屋建筑物的折旧都比较多，需要正确、合理选择折旧方法，计算折旧费用。

一、折旧费用的计算

（一）计提折旧的范围

我国《企业会计准则第4号——固定资产》规定，除以下情况外，企业应对所有固定资产计提折旧：

(1) 已提足折旧但仍继续使用的固定资产；

(2) 按照规定单独估价作为固定资产入账的土地。

(二) 折旧计算方法

折旧的计算方法很多，由于折旧方法的选择会直接影响企业成本、费用的计算，也会影响企业的利润和纳税，因此企业应选择适当的折旧方法。折旧方法一经确定，不得随意变更。

常用的折旧方法有以下四种：

1. 平均年限法

平均年限法又称直线法，是将固定资产的应计折旧额均衡地分摊到预计使用年限各期的一种折旧方法。计算公式如下：

$$月折旧额=\frac{固定资产原值\times(1-预计净残值率)}{预计使用年限\times 12}$$

在实践中，为了简化计算，企业可采用分类折旧率计算法，将物理特征相似、使用年限大致相同的固定资产归为一类，计算其分类折旧额。计算公式如下：

$$年分类折旧率=\frac{全年应提该类固定资产折旧额}{该类固定资产原值总额}\times 100\%$$

$$分类固定资产月折旧额=该类固定资产原值总额\times 年分类折旧率\times\frac{1}{12}$$

采用平均年限法，各年（月）的折旧费用是相等的。该方法一般适用于经常使用、使用程度较均衡的固定资产。

2. 工作量法

工作量法是根据实际工作量计提折旧额的一种折旧方法。计算公式如下：

$$单位工作量折旧额=\frac{固定资产原值\times(1-预计净残值率)}{预计工作总量}$$

$$某项固定资产月折旧额=该项固定资产当月实际工作量\times 单位工作量折旧额$$

采用该方法，各期的折旧费用是不相等的。该方法一般适用于各期使用程度不均衡的固定资产。

3. 双倍余额递减法

双倍余额递减法是根据各年期初固定资产账面净值和双倍的直线法折旧率（不考虑残值）计提各年折旧额的一种折旧方法。计算公式如下：

$$年折旧率=\frac{2}{预计使用年限}\times 100\%$$

$$年折旧额=固定资产期初账面净值\times 年折旧率$$

$$月折旧额=年折旧额\div 12$$

企业采用这种方法计提折旧，应在固定资产预计使用年限最后两年内平均分摊应计折旧额与累计已提折旧额的差额。

采用双倍余额递减法，在固定资产使用的早期多提折旧，后期少提折旧，折旧费用逐年递减，这种方法属于加速折旧法。在我国，加速折旧法一般在电子工业、汽车工业、生产“母机”的机器制造业等行业内使用得较多。

4. 年数总和法

年数总和法是将固定资产的原值减去预计净残值后的净额乘以一个逐年递减的分数（折旧率）来计算各年折旧额的一种折旧方法。这个分数的分子代表固定资产尚可使用年数，分母代表使用年数的各年数字总和。计算公式如下：

$$年折旧率=\frac{尚可使用年数}{预计使用年限的年数总和}\times 100\%$$

或
$$=\frac{折旧年限-已使用年限}{折旧年限\times(折旧年限+1)\div 2}\times 100\%$$

年折旧额=（固定资产原值-预计净残值）×年折旧率

这种方法与双倍余额递减法相似，也属于加速折旧法。

（三）本月应提折旧额的具体计算

企业在具体计提固定资产折旧时，应以月初应提折旧的固定资产账面原值为依据，即当月增加的固定资产，当月不提折旧，从下月起计提折旧；当月减少的固定资产，当月仍提折旧，从下月起停止计提折旧。因此，企业各月计提折旧时，可以在上月计提折旧的基础上对上月固定资产的增减变动情况进行调整后计算本月应计提的折旧额。本月应提折旧额的计算用公式表示如下：

$$\begin{matrix}本月应提\\折旧额\end{matrix}=\begin{matrix}上月计提\\折旧额\end{matrix}+\begin{matrix}上月增加固定资产\\应计提的折旧额\end{matrix}-\begin{matrix}上月减少固定资产\\应计提的折旧额\end{matrix}$$

二、折旧费用的分配

折旧费用应按固定资产使用的车间、部门分别记入“辅助生产”“制造费用”“管理费用”“销售费用”等明细账的“折旧费”费用项目。

企业折旧费用的分配一般通过编制“折旧费用分配表”进行，其格式参见表 3-13。

表 3-13　折旧费用分配表

企业名称：友利机械厂　　　　201×年 7 月　　　　单位：元

应借账户	车间部门	6 月份固定资产折旧额	6 月份增加固定资产折旧额	6 月份减少固定资产折旧额	7 月份固定资产折旧额
辅助生产	机修车间	12 100	1 500	800	12 800
	运输车间	9 300	1 200		10 500
	小计	21 400	2 700	800	23 300
制造费用	基本生产车间	29 700	6 600	2 400	33 900
管理费用	行政管理部门	11 400	2 300	1 100	12 600
销售费用	销售部门	7 500	1 000	700	7 800
合计		70 000	12 600	5 000	77 600

根据“折旧费用分配表”（表 3-13）中 7 月份的折旧额，可以作折旧费用分配的会计分录如下：

借：辅助生产——机修车间	12 800	
——运输车间	10 500	
制造费用	33 900	
管理费用	12 600	
销售费用	7 800	
贷：累计折旧		77 600

第五节　其他要素费用归集与分配

在制造企业中，除材料、燃料、动力、工资与福利费、折旧费用之外，其他要素费用还应包括利息费用、税费支出和其他费用。

一、利息费用归集与分配

制造企业要素费用中的利息费用，不是产品成本的组成部分，而是企业财务费用的一个费用项目。

按照我国企业会计准则规定，企业在生产经营期间发生的各种借款利息，除了为购建固定资产的借款所发生的借款利息外，其他借款利息均应在发生当期确认为费用，直接计入当期损益。企业为购建固定资产而借入的借款所发生的借款利息，应在满足资本化条件后，在所购建的固定资产达到可使用状态前发生的，应予以资本化计入所购建固定资产成本，在达到可使用状态后发生的，应当于发生时直接计入财务费用。

实务中，短期借款的利息一般按季度结算支付，在实际支付时，借记“财务费用”“在建工程”等账户，贷记“银行存款”账户。长期借款利息一般是到期连同本金一起支付，按照权责发生制，应当分期计提应付利息，计提利息时，借记“财务费用”“在建工程”等账户，贷记“长期借款”账户。

二、税费支出的归集与分配

制造企业要素费用中的税费支出，是指计入管理费用的各种税费，包括房产税、车船使用税、土地使用税和印花税等。这部分税费支出也不是产品成本的组成部分。

在这些税费中，有的税费，如印花税可以用银行存款等货币资金直接交纳。交纳时，借记“管理费用”总账和所属明细账（在明细账中记入“印花税”等费用项目），贷记“银行存款”等账户。

有的税费，如房产税、车船使用税和土地使用税需要预先计算应纳金额，然后交纳。这些税费应该通过“应交税费”账户核算。算出应交税费时，应借记“管理费用”总账和所属明细账（在明细账中记入“房产税”“车船使用税”和“土地使用税”费用项目），贷记“应交税费”账户；在交纳税费时，借记“应交税费”账户，贷记“银行存款”账户。

三、其他费用的归集与分配

要素费用中的其他费用，是指除了前面所述各要素费用以外的费用，包括邮电费，租赁费，印刷费，图书、资料、报刊、办公用品订购费，试验检验费，排污费，差旅费，误餐补助费，交通费补贴，保险费，职工技术培训费等。

这些费用都没有专门设立成本项目，应该在费用发生以后，根据有关付款凭证等，按照费用发生的车间、部门和用途进行归类、汇总，编制“其他费用汇总表”，据以登记有关账户。

【例 3-7】友利机械厂 201×年 7 月支付差旅费、办公费、外部运输费、广告费、租赁费等费用，根据有关支出凭证归类、汇总后编制的“其他费用汇总表”见表 3-14。

根据表 3-14，编制如下会计分录：

借：辅助生产——机修车间　　4 246
　　　　　——运输车间　　2 920
　　制造费用　　9 205
　　管理费用　　11 200
　　销售费用　　9 340
　贷：银行存款　　36 911

表 3-14 其他费用汇总表

企业名称：友利机械厂　　201×年 7 月　　单位：元

应借账户	车间或部门	其他费用项目						合计
		办公费	差旅费	外部运输费	广告费	租赁费	其他	
辅助生产	机修车间	245	1 000	300		1 901	800	4 246
	运输车间	320	1 100			800	700	2 920
	小计	565	2 100	300		2 701	1 500	7 166
制造费用	基本生产车间	5 050	1 200	400		600	2 000	9 205
管理费用	行政管理部门	1 000	5 800	600		1 000	2 800	11 200
销售费用	产品销售部门	340	2 900	2 100	2 800		1 200	9 340
合计		6 955	12 000	3 400	2 800	4 301	7 500	36 911

制造企业各种要素费用经过以上分配，已经按照费用的用途分别记入“基本生产”“辅助生产”“制造费用”“管理费用”“销售费用”等账户的借方。其中记入“基本生产”账户借方的费用，已经分别记入各有关产品成本明细账的“直接材料”

"直接人工"成本项目。这就是说，通过上述要素费用的归集和分配，已经将计入产品成本的费用和不计入产品成本的费用界限划分清楚。下一章将继续讨论其他几个费用界限的划分。

本章小结：

在制造企业中，材料费用占成本的比例一般在40%~70%，加强对材料费用的核算与控制对成本升降有直接作用。原材料在出库时，应填制领用凭证，履行有关审核签字手续，做好会计计价工作，登记相关材料明细账。期末，应根据领料单据编制材料费用分配表，将本期发生的原材料费用计入产品成本和期间费用等。燃料、动力费用会计处理与原材料费用分配方法基本一致。

工资及福利费的归集与分配，应当注意：日常核算要做好工资费用核算原始记录工作；期末按企业内部劳动工资管理制度，以各车间、部门为单位编制"工资结算单"，以整个企业为对象编制"工资结算汇总表"，然后再以"工资结算汇总表"为依据编制整个企业"工资费用分配表"，将生产工人、车间管理人员、企业管理人员、销售人员等职能部门人员工资记入"基本生产""辅助生产""制造费用""管理费用""销售费用"等账户。发生的职工福利费可与工资费用一起处理。

企业依据内部折旧制度，编制"折旧费用分配表"，将报告期发生的固定资产折旧费用计入产品成本和期间费用。

本章思考与拓展问题：

1. 原材料出库时为什么要采用不同凭证形式？
2. 企业原材料的计价方法有哪些？不同方法是否会影响成本计算的正确性？
3. 如果几种产品共同耗用原材料，在成本核算上如何处理？
4. 实务中企业工资制度很多，除了计时、计件两种基本制度外，还有哪些制度？不同工资制度对成本核算的影响是什么？
5. 企业如何选择自己的折旧方法？如果其选择方法与国家产品成本核算制度不一致怎么办？

第四章
综合费用归集与分配

【导入案例】

先锋机床厂主要生产车床与铣床两种产品及配件。企业内部设有铸造、机械加工、装配等基本车间，设有修理车间、运输部门两个辅助生产单位。

本报告期修理车间领用原材料 300 000 元，人工及福利费费用 120 000 元，动力费用 20 000 元，折旧费用 15 450 元，车间办公费用 4 550 元，提供修理工作量 20 000 小时，其中，为运输部门服务 1 000 小时，为基本车间服务 19 000 小时。

本报告期运输部门使用燃料 80 000 元，人工及福利费 130 000 元，折旧费用 25 000 元，其他办公费用 20 000 元，提供的运输服务量 30 000 千米，其中，为修理车间服务 3 000 千米，为基本车间服务 25 000 千米，为厂行政部门服务 2 000 千米。

问题：先锋机床厂本会计报告期，修理车间每小时修理成本是多少？运输部门每千米运输费是多少？

学习目标：

所谓综合性费用，是指由多种要素费用构成的费用，包括辅助生产费用、制造费用、生产损失性的费用等。这些费用由于不是企业原始形态的费用，而是一种间接性费用，因此在成本计算上不便在发生时直接计入产品或劳务的成本，而是需要经过一定程序，采用一定的方法分配之后计入产品或劳务的成本。

综合费用的归集与分配不会使企业产生新的费用支出，也不会增加企业费用的总规模，只是在企业成本核算账户之间进行一种“内部结转”，其目的是明确成本费用的最终归属，分清各种产品成本费用界线，最终正确计算出产品或劳务的成本。

在学习本章的过程中同学们应当注意：

1. 了解辅助生产费用概念、特点及其对产品成本计算的影响，掌握辅助生产费用分配方法的基本原理与流程，以及每种方法适用条件和账务处理。

2. 了解制造费用概念与组成的内容，掌握制造费用分配的方法与流程，以及相关的账务处理。

3. 了解生产损失性费用的组成内容与特点，以及生产损失性费用的会计处理基本原则。

本章难点提示：

● 辅助生产费用一次交互分配法和计划成本分配法，每种流程的具体操作程序，以及相应账务处理方法。

● 制造费用按计划价格分配法时，计划价怎样制定，会计报告期末实际制造费用与计划费用的差异如何调整？

第一节 辅助生产费用归集与分配

一、辅助生产费用的归集

（一）辅助生产、辅助生产费用及其对成本计算的影响

制造企业的辅助生产，是指为基本生产服务的产品生产和劳务供应。有的辅助生产只生产一种产品或提供一种劳务，如供电、供水、供风、运输等；有的辅助生产则生产多种产品或提供多种劳务，如工具、模具、修理用备件的制造，机器设备的修理等。辅助生产提供的产品和劳务有时也对外销售，但这不是它的主要任务和目的。

辅助生产车间发生的各项费用便构成辅助生产费用。它包括辅助生产车间消耗的材料、燃料、动力、工资等费用。这些费用实际上也构成了辅助生产产品或劳务的成本。

辅助生产产品和劳务成本的高低，对于基本生产产品成本和经营管理费用的水平有着很大的影响，而且只有辅助生产产品和劳务成本确定以后，才能计算基本生产的产品成本。因此，正确、及时地组织辅助生产费用的归集和分配，对于节约费用、降低成本以及正确、及时地计算企业的产品成本都是十分重要的。

（二）辅助生产费用的归集

辅助生产费用的归集是通过“辅助生产”总账进行的。该账户同“基本生产”账户一样，一般应按辅助生产单位以及产品和劳务设立明细账，账中按照辅助生产成本的构成项目设立专栏或专行，进行明细核算。辅助生产发生的各项费用中，凡属于直接计入费用，应直接记入该账户和所属有关明细账的借方；凡属于间接计入费用，应分配记入该账户和所属有关明细账的借方。

辅助生产发生的制造费用，即辅助生产车间组织管理性费用，会计上有两种处理方式。一种是先记入“制造费用”总账和所属辅助生产制造费用明细账的借方进行归集，然后在期末从其贷方直接转入或分配转入“辅助生产”总账和所属明细账的借方。采用这种方式，可以单独核算辅助生产车间的制造费用，以便将其实际数与预算数进行对比，考核辅助生产制造费用预算的执行情况。这种方式适合于辅助生产制造费用较大，并且实行预算管理的企业。另一种方式是不单独在“制造费用”总账下设置辅助生产制造费用明细账，而是在费用发生时直接记入“辅助生

产”总账和下属的明细账。这种方式适合于辅助生产制造费用较小，并且不实行预算管理的企业。

【例 4-1】友利机械厂 201×年 7 月份机修车间和运输车间归集的辅助生产费用可以列示成表 4-1 和表 4-2：

表 4-1　辅助生产明细账

辅助单位：机修车间　　201×年 7 月 31 日　　单位：元

月	日	凭证号数	摘要	原材料	动力	工资费	折旧费	差旅费	办公费	其他	合计	转出	余额
7	31	略	原材料分配（表 3-4）	8 282							8 282		
			动力费用分配（表 3-5）		3 000						3 000		
			工资费用分配（表 3-12）			3 762					3 762		
			折旧费用分配（表 3-13）				12 800				12 800		
			其他费用分配（表 3-14）					1 000	245	3 001	4 246		
			合计	8 282	3 000	3 762	12 800	1 000	245	3 001	32 090		
			本月转出									32 090	—

表 4-2　辅助生产明细账

辅助单位：运输车间　　201×年 7 月 31 日　　单位：元

月	日	凭证号数	摘要	原材料	动力	工资费	折旧费	差旅费	办公费	其他	合计	转出	余额
7	31	略	原材料分配（表 3-4）	1 616							1 616		
			动力费用分配（表 3-5）		1 800						1 800		
			工资费用分配（表 3-12）			2 964					2 964		
			折旧费用分配（表 3-13）				10 500				10 500		
			其他费用分配（表 3-14）					1 100	320	1 500	2 920		
			合计	1 616	1 800	2 964	10 500	1 100	320	1 500	19 800		
			本月转出									19 800	—

二、辅助生产费用的分配

归集在“辅助生产”账户及其明细账借方的辅助生产费用，由于辅助生产车间生产的产品和提供的劳务种类不同，其转出分配的程序也不一样。

工具和模具车间生产的工具、模具和修理用备件等产品成本，应在产品完工入库时，从“辅助生产”账户及其明细账的贷方分别转入“低值易耗品”和“原材料”科目的借方。动力、机修和运输等车间生产和提供的电力、修理和运输等产品和劳务所发生的费用，要在各受益单位之间进行分配。

（一）辅助生产费用分配的特点

辅助生产提供的产品和劳务，主要是为基本生产车间和行政管理部门使用和服务的。同时，在某些辅助生产车间之间，也有相互提供产品和劳务的情况，如机修车间为运输车间提供修理服务，运输车间为机修车间提供运输服务。这样，为了计算修理成本，需要确定运输成本；为了计算运输成本，需要确定修理成本。因此，为了正确计算辅助生产产品和劳务的成本，并且将辅助生产费用正确地计入基本生产产品的成本，在分配辅助生产费用时，还应在各辅助生产车间之间进行费用的交互分配，这就是辅助生产费用分配的特点。

（二）辅助生产费用的分配方法

辅助生产费用的分配方法很多，主要有直接分配法、顺序分配法、一次交互分配法、代数分配法和按计划成本分配法。

1. 直接分配法

直接分配法就是将辅助生产车间发生的费用（成本）分配给除辅助生产车间之外的各个受益对象，而不考虑辅助生产车间相互分配费用的方法。

$$\text{某辅助车间费用分配率}=\frac{\text{该车间辅助生产费用总额}}{\text{该车间提供劳务量}-\text{其他辅助车间耗用量}}$$

受益单位分配额=该受益单位耗用量×分配率

【例4-2】友利机械厂有机修车间和运输车间两个辅助生产单位。201×年7月份机修车间直接归集的辅助生产费用为32 090元（参见表4-1），运输车间直接归集的辅助生产费用为19 800元（参见表4-2）。这两个辅助生产单位提供的劳务量见表4-3：

表4-3　辅助生产单位劳务供应表

201×年7月

供应对象		修理时数/小时	运输里程/千米
辅助生产车间	机修车间		6 600
	运输车间	3 209	
基本生产车间		9 627	16 500
行政管理部门		3 209	9 900
合计		16 045	33 000

根据以上资料，采用直接分配法编制“辅助生产费用分配表”，见表4-4：

表4-4　辅助生产费用分配表

（直接分配法）

201×年7月　　　　金额单位：元

辅助生产车间名称			机修	运输	金额合计
待分配费用			32 090	19 800	51 890
供应辅助生产以外单位的劳务数量			12 836	26 400	
费用分配率（单位成本）			2.5	0.75	
基本生产车间耗用	应借“制造费用”账户	数量	9 627	16 500	
		金额	24 067.5	12 375	36 442.5
行政管理部门耗用	应借“管理费用”账户	数量	3 209	9 900	
		金额	8 022.5	7 425	15 447.5
分配金额合计			32 090	19 800	51 890

辅助生产费用分配表（表4-4）中，由于辅助生产内部相互提供劳务不分配费用，因此其费用分配率（单位成本）应以待分配费用除以供应基本生产车间和行政管理部门的劳务数量之和计算。

根据辅助生产费用分配表（表4-4），可以编制如下会计分录：

借：制造费用　　　　36 442.50

　　管理费用　　　　15 447.50

　贷：辅助生产——机修车间　　　　32 090

　　　　　　　——运输车间　　　　19 800

采用直接分配法，各辅助生产车间的待分配费用只对除辅助生产车间以外的受益对象分配一次，计算工作简单。但是，由于各辅助生产车间的费用不全，如上例中机修车间的费用中不包括所耗运输费，运输车间的费用中不包括所耗修理费，因而分配结果不够准确。直接分配法一般适宜在辅助生产内部相互提供劳务不多、不进行费用的交互分配以及对辅助生产成本和企业产品成本影响不大的情况下采用。

2. 顺序分配法

顺序分配法是指各种辅助生产之间的费用分配应按照辅助生产车间受益的大小排列顺序，受益少的排列在前，先将辅助生产费用分配出去，受益多的排列在后，后将辅助生产费用分配出去。采用顺序分配法，关键是确定辅助生产车间彼此受益的大小，从而决定分配的顺序。在分配时，前序辅助生产车间可以向后序辅助生产车间分配，但后序辅助生产车间不能向前序辅助生产车间分配。

前述【例4-2】中该企业只有机修车间和运输车间两个辅助生产车间，机修车间耗用运输里程6 600千米，运输车间耗用工时3 209小时。从耗用数量看，似乎机修车间受益多，运输车间受益少。但是，机修车间和运输车间的计量单位不同，不能相互比较。由于运输车间的单位成本大大低于修理车间的单位成本，因而实际上机修车间受益少，运输车间受益多，机修车间应先分配，运输车间后分配。

【例 4-3】沿用前述【例 4-2】的机修车间、运输车间的资料，我们采用顺序分配法编制“辅助生产费用分配表”，见表 4-5：

表 4-5　辅助生产费用分配表

（顺序分配法）

201×年 7 月　　　　金额单位：元

借方账户	辅助生产						制造费用		管理费用		分配金额合计
车间部门	机修车间			运输车间			基本生产车间		行政管理部门		
	劳务数量	待分配费用	分配率	劳务数量	待分配费用	分配率	耗用数量	分配金额	耗用数量	分配金额	
	16 045	32 090		33 000	19 800						
分配机修费用	-16 045	-32 090	2	3 209	6 418		9 627	19 254	3 209	6 418	32 090
	运输费用合计				26 218						
	分配运输费用			26 400	-26 218	0. 993 1	16 500	16 386. 15	9 900	9 831. 85	26 218
				分配金额合计				35 640. 15		16 249. 85	51 890

在辅助生产费用分配表（表 4-5）中，“辅助生产”栏对应的劳务数量，对分配转出的车间、部门来说，是本车间、部门供应其他单位的劳务数量；对分配转入的车间、部门来说，则是本车间、部门耗用对方车间、部门的劳务数量。待分配费用包括原发生的费用和分配转入的其他辅助生产费用，这些费用都应分配给排在后面的辅助生产车间和辅助生产以外的单位。

$$机修费用分配率=\frac{32\ 090}{3\ 209+9\ 627+3\ 209}=2$$

$$运输费用分配率=\frac{19\ 800+6\ 418}{16\ 500+9\ 900}=0.993\ 1$$

根据辅助生产费用分配表（表 4-5），可以编制如下会计分录：

借：辅助生产——运输车间　　6 418
　　制造费用　　35 640. 15
　　管理费用　　16 249. 85
　贷：辅助生产——机修车间　　32 090
　　　　　　　——运输车间　　26 218

上述会计分录的借方或贷方金额 58 308 元比机修车间和运输车间两个辅助生产车间待分配费用之和 51 890 元多 6 418 元。这一差额是由辅助生产内部转账，即将机修费用分配计入运输费用造成的。

上述辅助生产费用表（表 4-5）的下部呈梯形，因而这种分配方法又称为梯形分配法或半交互分配法。采用这种分配方法，各种辅助生产费用虽然也只分配一次，但它既分配给辅助生产以外的受益单位，又分配给排列在后面的其他辅助生产车间、部门，因此分配结果的准确性和计算的工作量有所增加。由于排列在前面的辅助生产车间、部门不负担排列在后面的辅助生产车间、部门的费用，因此分配结果的准确性仍然受到一定的影响。这种分配方法适宜各辅助生产车间、部门之间相互受益程度有明显顺序的企业采用。

3. 一次交互分配法

一次交互分配法是指先根据各个辅助生产车间、部门相互提供劳务的数量和交互分配前的费用分配率（单位成本）进行一次辅助生产单位之间的交互分配，然后将各辅助生产车间、部门交互分配后的实际费用（即交互分配前的费用加上交互分配转入的费用，减去交互分配转出的费用）再按照提供劳务的数量，在辅助生产车间、部门以外的各受益单位之间进行分配。

【例 4-4】仍沿用前述【例 4-2】的机修车间、运输车间资料，我们采用一次交互分配法编制“辅助生产费用分配表”见表 4-6：

表 4-6　辅助生产费用分配表

（一次交互分配法）

201×年 7 月　　　　金额单位：元

项目				交互分配			对外分配		
辅助生产车间名称				机修	运输	合计	机修	运输	合计
待分配费用				32 090	19 800	51 890	29 632	22 258	51 890
劳务供应数量总额				16 045	33 000		12 836	26 400	
费用分配率（单位成本）				2	0. 60		2. 308 5	0. 843 1	
辅助生产耗用	应借“辅助生产”账户	机修车间	数量		6 600				
			金额		3 960	3 960			
		运输车间	数量	3 209					
			金额	6 418		6 418			
		金额小计		6 418	3 960	10 378			
基本生产车间耗用	应借“制造费用”账户		数量				9 627	16 500	
			金额				22 223. 93	13 911. 15	36 135. 08
行政管理部门耗用	应借“管理费用”账户		数量				3 209	9 900	
			金额				7 408. 07	8 346. 85	15 754. 92
分配金额合计							29 632	22 258	51 890

在辅助生产费用分配表（表 4-6）中，“交互分配”栏中的待分配费用除以劳务供应数量总额，即为费用分配率。“对外分配”栏中的待分配辅助生产费用如下：

机修车间待分配费用=32 090+3 960-6 418=29 632（元）

运输车间待分配费用=19 800+6 418-3 960=22 258（元）

“对外分配”栏所依据的劳务供应数量总额为：

机修车间：9 627+3 209=12 836（小时）

运输车间：16 500+9 900=26 400（千米）

根据辅助生产费用分配表（表 4-6），可以编制如下会计分录：

（1）交互分配会计分录

借：辅助生产——机修车间　　3 960

　　　　　　——运输车间　　6 418

　贷：辅助生产——机修车间　　6 418

　　　　　　　——运输车间　　3 960

（2）对外分配会计分录

借：制造费用　　36 135.08

　　管理费用　　15 754.92

　贷：辅助生产——机修车间　　29 632

　　　　　　　——运输车间　　22 258

一次交互分配法除以上分配程序以外，还有一种分配程序：第一步，将辅助生产车间发生的直接费用在所有受益对象（包括辅助车间）之间进行分配；第二步，将各辅助生产车间第一步分配进来的费用在除辅助生产车间之外的各受益对象之间进行追加分配。这种分配程序比第一种分配程序的计算工作量相对要大一些。

采用一次交互分配法，由于对辅助生产车间内部相互提供的劳务全部进行了交互分配，因而提高了分配结果的合理性和准确性。但是，由于各种辅助生产费用都要计算两个分配率，进行两次分配，增加了分配计算工作量。这种方法适合于辅助生产车间之间相互提供产品或劳务数量大、无顺序且不平衡的企业。

4. 计划成本分配法

计划成本分配法是指先按辅助生产车间产品或劳务的计划单位成本（即计划价）和实际耗用量进行分配，然后将计划成本调整为实际成本的方法。

采用这种方法，具体分配程序是：先按计划单位成本对各受益对象（包括辅助生产车间）进行分配，然后将辅助生产实际发生的费用（包括辅助生产交互分配转入的费用）与计划成本分配转出的费用相比较，求出差额，再将差额追加分配给除辅助生产车间以外的各受益对象。

【例 4-5】仍沿用前述【例 4-2】机修车间、运输车间的资料，假设机修车间的计划单位成本为 2.4 元，运输车间的计划单位成本为 0.80 元。按照计划成本分配方法，我们编制“辅助生产费用分配表”，见表 4-7。

表 4-7　辅助生产费用分配表

（计划成本分配法）

201×年 7 月　　　　金额单位：元

项目	计划成本分配			调整分配			合计
	机修车间	运输车间	小计	机修车间	运输车间	小计	
待分配辅助生产费用	32 090	19 800	51 890	-1 138	1 101.60	-36.40	
产品或劳务供应量	16 045	33 000		12 836	26 400		
单位成本（分配率）	2.4	0.80		-0.088 7	0.041 7		

表4-7(续)

项目		计划成本分配			调整分配			合计
		机修车间	运输车间	小计	机修车间	运输车间	小计	
机修车间	数量		6 600					
	金额		5 280	5 280				5 280
运输车间	数量	3 209						
	金额	7 701.60		7 701.60				7 701.60
基本生产车间	数量	9 627	16 500		9 627	16 500		
	金额	23 104.80	13 200	36 304.80	-853.92	688.05	-165.87	36 138.93
行政管理部门	数量	3 209	9 900		3 209	9 900		
	金额	7 701.60	7 920	15 621.60	-284.08	413.55	129.47	15 751.07
合计		38 508	26 400	64 908	-1 138	1 101.60	-36.40	64 871.60

表4-7中，“调整分配”栏（辅助生产实际成本与计划成本差异的分配栏）待分配辅助生产费用如下：

机修车间待分配费用=32 090+5 280-38 508=-1 138（元）

运输车间待分配费用=19 800+7 701.60-26 400=1 101.60（元）

机修车间“调整分配”栏待分配数为负数，表示节约额；运输车间“调整分配”栏待分配数为正数，表示超支额。

根据辅助生产费用分配表（表4-7），可以作如下会计分录：

（1）按计划成本分配

借：辅助生产——机修车间　　5 280
　　　　　　——运输车间　　7 701.60
　　制造费用　　36 304.80
　　管理费用　　15 621.60
　贷：辅助生产——机修车间　　38 508
　　　　　　　——运输车间　　26 400

（2）调整计划成本与实际成本差异

借：制造费用　　165.87
　　管理费用　　129.47
　贷：辅助生产——机修车间　　1 138
　　　　　　　——运输车间　　1 101.60

计划成本分配法以事先制定的计划单位成本作为分配率，既能简化计算工作，又能加快分配速度。通过计划成本与实际成本的比较，便于对辅助生产车间的业绩进行评价和分析，有利于分析、考核各受益单位的经济责任。但是如果计划单位成本偏离实际成本太多，会产生较大的成本差异，影响到对辅助生产车间业绩考核的准确性。因此，这种方法适用于辅助生产产品或劳务的计划单位成本比较准确、稳定的生产企业。

5. 代数分配法

代数分配法是指运用代数中多元一次联立方程组的原理，先计算出辅助生产产品或劳务的实际单位成本，再按照各受益车间、部门的实际耗用数量分配辅助生产费用的方法。

【例 4-6】仍沿用前述【例 4-2】机修车间、运输车间的资料，设机修车间每小时修理成本为 x 元，运输车间每千米运输成本为 y 元，据以设立联立方程组：

$$\begin{cases} 32\ 090 + 6\ 600y = 16\ 045x \\ 19\ 800 + 3\ 209x = 33\ 000y \end{cases}$$

通过解上述联立方程组得出 x、y 的值：

$$\begin{cases} x = 2.340\ 5 \\ y = 0.827\ 6 \end{cases}$$

根据上述计算结果，我们采用代数分配法编制“辅助生产费用分配表”，见表 4-8。

表 4-8 中，“金额合计”数 64 862.83 比两个辅助生产车间的“待分配费用合计”数 51 890 多 12 972.83 元。这一差额是由于机修车间和运输车间之间交互分配费用的辅助生产内部转账所致。

表 4-8　辅助生产费用分配表

（代数分配法）

201×年 7 月　　　　金额单位：元

辅助生产车间名称				机修	运输	金额合计
待分配费用				32 090	19 800	51 890
劳务供应总量				16 045	33 000	
用代数分配法算出的实际单位成本				2. 340 5	0. 827 6	
辅助生产车间耗用	应借“辅助生产”账户	机修车间	数量		6 600	
			金额		5 462. 16	5 462. 16
		运输车间	数量	3 209		
			金额	7 510. 67		7 510. 67
		分配金额小计		7 510. 67	5 462. 16	12 972. 83
基本生产车间耗用	应借“制造费用”账户	耗用数量		9 627	16 500	
		分配金额		22 531. 99	13 655. 40	36 187. 39
行政管理部门耗用	应借“管理费用”账户	耗用数量		3 209	9 900	
		分配金额		7 509. 50	8 193. 11	15 702. 61
分配金额合计				37 552. 16	27 310. 67	64 862. 83

根据辅助生产费用分配表（表 4-8），可以编制如下会计分录：

借：辅助生产——机修车间　　5 462. 16

　　　　　　——运输车间　　7 510. 67

　　制造费用　　36 187. 39

　　管理费用　　15 702. 61

贷：辅助生产——机修车间　　37 552.16
　　　　　　——运输车间　　27 310.67

采用代数分配法分配费用，分配结果最准确。但是，在分配之前要解联立方程组，如果辅助生产车间、部门较多，计算比较复杂。因此，在计算工作已经实现电算化的企业中采用这种方法比较适宜。

通过辅助生产费用的归集和分配，应计入本月产品成本的生产费用都已分别归集在“基本生产”和“制造费用”两个总账和所属明细账的借方。其中，记入“基本生产”总账借方的费用已在各产品成本明细账的本月发生额中按有关的成本项目反映。

第二节　制造费用归集与分配

一、制造费用的归集

（一）制造费用的组成内容

制造费用是指制造企业各个生产单位（包括车间和分厂）为组织和管理生产而发生的各项费用，直接用于产品生产，但未专设成本项目的专项费用，以及间接用于产品生产的各项费用。

制造费用一般包括：

（1）车间、分厂用于组织和管理生产的费用，具体包括：车间或分厂管理人员的工资及福利费，车间或分厂管理用房屋和设备的折旧费、修理费、租赁费和保险费，车间或分厂管理使用的工具费用，车间或分厂管理用的照明费、水电费、取暖费、差旅费和办公费等。

（2）直接用于产品生产，但未专设成本项目的费用。这些费用在管理上不要求单独核算或者不便于单独核算，具体包括：机器设备的折旧费、修理费、租赁费和保险费，生产工具费用，设计制图费和试验检验费，以及未专设成本项目的生产工艺用动力费等。

（3）间接用于产品生产的费用。这部分费用具体包括：机物料消耗，车间和分厂生产用房屋及建筑物的折旧费、修理费、租赁费和保险费，车间和分厂用照明费、取暖费、运输费和劳动保护费等。

（二）制造费用的归集

制造费用的归集是通过设置“制造费用”账户进行的。该账户借方归集月份内发生的制造费用，贷方反映费用的分配，除季节性生产企业外，月末一般无余额。为了分别反映各车间、部门各项制造费用的支出情况，该账户还应按不同的车间、部门设置明细账，账内按照费用项目设立专栏或专户。具体格式参见表 4-9。

表 4-9　制造费用明细账

车间：基本生产车间　　　　　　　　201×年 7 月　　　　　　　　单位：元

201×年		凭证号数	摘要	工资	折旧费	修理费	机物料消耗	水电费	办公费	运输费	其他	合计	转出	余额
月	日													
7	31	略	原材料费用分配（表 3-4）				2 525					2 525		
			动力费用分配（表 3-5）					1 200				1 200		
			工资费用分配（表 3-12）	3 192								3 192		
			折旧费用分配（表 3-13）		33 900							33 900		
			其他要素费用分配（表 3-14）						5 050	400	3 800	9 250		
			转入辅助生产费用（表 4-4）			24 067. 50				12 375		36 442. 50		
			本月合计	3 192	33 900	24 067. 50	2 525	1 200	5 050	12 775	3 800	86 509. 50		
			本月转出										86 509. 50	—

制造费用明细账中的费用项目一般是按相同性质的费用合并设立的，如将车间、分厂生产用房屋、建筑物的折旧费和机器设备的折旧费以及车间、分厂管理用房屋、设备的折旧费合并设立一个“折旧费”项目，而不论其是直接用于产品生产、间接用于产品生产还是用于组织和管理生产。这样做是为了减少费用项目和简化核算工作。

制造费用的项目一般应包括机物料消耗、工资及福利费、折旧费、修理费、租赁（不包括融资租赁）费、保险费、低值易耗品摊销、水电费、取暖费、运输费、差旅费、办公费、劳动保护费、设计制图费、试验检验费等。

企业也可以根据费用大小及管理要求，另行设立费用项目或对上述费用项目进行合并或细分。费用项目一经确定，不得任意变更，以利于各期成本费用资料的比较。

由于制造费用大多与产品生产工艺无直接联系（大多是间接生产费用），而且一般是间接计入费用，因而只能按车间、部门和费用项目编制计划加以控制。

归集制造费用时，应根据各种记账凭证（付款凭证、转账凭证）和前述各种费用分配表（包括原材料费用、外购动力费、工资费用、折旧费用等要素费用分配表，以及待摊、预提费用分配表和辅助生产费用分配表）进行登记。

如果辅助生产车间发生的制造费用是通过“制造费用”账户核算的，则应比照基本生产车间发生的制造费用核算。

二、制造费用的分配

（一）制造费用分配对象的确定

制造费用的分配对象应是各车间（或分厂）本期所生产的各种产品和所提供的劳务。如果各车间（或分厂）在本期生产中产生废品，则废品也应负担制造费用。

由于各车间（或分厂）的制造费用水平不同，且制造费用绝大部分是企业生产单位（车间、分厂）发生的，因此，制造费用的分配应按不同车间（或分厂）分别进行，在该车间（或分厂）所生产的各种产品（或所提供的各种劳务）之间进行分配，而不应将各车间（或分厂）的制造费用汇总起来在全厂分配。但是，制造费用中可能有一部分是厂部或总厂发生的，如设计制图费和试验检验费等，如果涉及全厂范围内所生产的产品或所提供的劳务，则这部分制造费用在发生时由厂部或总厂归集，并在全厂或总厂范围内统一分配。

具体分配时，在只生产一种产品的车间（或分厂）中，制造费用是直接计入费用，应直接计入该种产品成本。在生产多种产品的车间（或分厂）中，如果各生产班组按产品品种分工，则各班组本身发生的制造费用也是直接计入费用，应直接计入各种产品的成本，而各班组共同发生的制造费用是间接计入费用，应采用适当的分配方法计入各种产品的成本；如果各生产班组按生产工艺分工，则全部制造费用都是间接计入费用，应采用适当的分配方法分别计入该车间（或分厂）各种产品的成本。

（二）制造费用的分配方法

制造费用的分配方法很多，常用的方法有以下几种：

（1）生产工时（实耗工时或定额工时）比例分配法；

（2）生产工人工资比例分配法；

（3）机器工时比例分配法；

（4）年度计划分配率分配法。

采用前三种方法，有关计算公式如下：

$$分配率=\frac{制造费用总额}{各种产品生产工时(生产工人工资、耗用机器工时)总数}\times 100\%$$

某种产品应负担的制造费用＝该产品生产工时（生产工人工资、耗用机器工时）×分配率

【例4-7】友利机械厂基本生产车间生产甲、乙两种产品。该企业对所发生的制造费用采用生产工时比例分配法进行分配。201×年7月该基本生产车间归集的制造费用总额为86 509.50元。本月甲产品耗用生产工时30 000小时，乙产品耗用生产工时20 000小时。则其分配计算过程如下：

$$分配率=\frac{86\ 509.50}{50\ 000}=1.730\ 19$$

甲产品应分配的制造费用＝30 000×1.730 19＝51 905.70（元）

乙产品应分配的制造费用 ＝20 000×1.730 19＝34 603.80（元）

上述计算过程一般是通过编制制造费用分配表进行的。该表的内容与格式参见表4-10：

表 4-10 制造费用分配表

企业名称：友利机械厂　　　　201×年 7 月

应借账户		生产工时/小时	分配率	分配额/元
基本生产	甲产品	30 000	1.730 19	51 905.70
	乙产品	20 000	1.730 19	34 603.80
合计		50 000		86 509.50

根据表 4-10，可以编制制造费用分配的会计分录如下：

借：基本生产——甲产品　　51 905.70

　　　　　　——乙产品　　34 603.80

　贷：制造费用　　86 509.50

采用生产工时比例分配法和生产工人工资比例分配法，资料容易取得，核算比较简便。但是，采用这两种方法时，各种产品生产的机械化程度不能相差太大，否则制造费用中机器设备的折旧费、修理费将大部分由机械化程度低的产品来负担，显得不合理，不能真实反映各产品的成本水平。

机器工时比例分配法适用于机械化、自动化程度较高的车间，因为机器设备的折旧费、修理费等与机器运转的时间密切相关，但制造费用并非都与机器设备的使用有关，一律按机器工时比例分配显得不太合理。

为了提高分配结果的合理性，也可以对制造费用进行分类，分别按照机器工时和生产工时等分配。

采用计划分配率分配法，是按照预先确定的全年度内的计划分配率分配制造费用，不管各月实际发生多少制造费用，各月各种产品成本中的制造费用均按年度计划分配率分配。假定以定额工时作为分配标准，则其计算公式如下：

$$\text{年度计划分配率}=\frac{\text{年度制造费用计划总额}}{\text{年度各种产品计划产量的定额工时总数}}\times 100\%$$

$$\text{某月某种产品应负担的制造费用}=\text{该月该种产品实际产量的定额工时数}\times\text{年度计划分配率}$$

【例 4-8】如果某车间全年制造费用计划发生额为 600 000 元。全年各种产品的计划产量为：A 产品 25 000 件，B 产品 10 000 件。单件产品工时定额为：A 产品 6 小时，B 产品 5 小时。1 月份实际产量为：A 产品 2 000 件，B 产品 800 件。1 月份实际发生的制造费用为 50 000 元。则年度计划分配率和 1 月份制造费用分配计算如下：

$$\text{制造费用年度计划分配率}=\frac{600\ 000}{25\ 000\times 6+10\ 000\times 5}=3$$

1 月份制造费用分配：

A 产品应分配制造费用 $=2\ 000\times 6\times 3=36\ 000$（元）

B 产品应分配制造费用 $=800\times 5\times 3=12\ 000$（元）

根据上述计算结果，编制 1 月份制造费用分配的会计分录：

借：基本生产——A 产品 36 000

——B 产品 12 000

贷：制造费用 48 000

1 月份“制造费用”账户有借方余额 2 000 元。

采用计划分配率分配法分配制造费用，“制造费用”账户月末可能有借方余额，也可能有贷方余额。借方余额表示超过计划的预付费用，应列作企业的资产项目；贷方余额表示按照计划应付而未付的费用，应列作企业的负债项目。全年制造费用的实际发生额与计划分配额的差额，通常应在年末调整。

【例 4-9】承接【例 4-8】，如果到年度结束，全年实际发生的制造费用为 615 000 元，至年末累计已分配制造费用 620 000 元（其中 A 产品已分配 400 000 元，B 产品已分配 220 000 元），多分配 5 000 元。应按已分配比例调整冲回多分配的制造费用。其计算如下：

$$A\text{ 产品应调减制造费用}=5\ 000\times\frac{400\ 000}{620\ 000}\approx 3\ 225.81\text{（元）}$$

$$B\text{ 产品应调减制造费用}=5\ 000\times\frac{220\ 000}{620\ 000}\approx 1\ 774.19\text{（元）}$$

年末调整分配的会计分录：

借：基本生产——A 产品 [3 225.81]

——B 产品 [1 774.19]

贷：制造费用 [5 000]

如果是超支差异（实际发生额大于计划分配额的差额），则年终进行追加调整分配时，应编制蓝字分录（对应关系同上）。年终调整分配后，“制造费用”账户应无余额。

按年度计划分配率分配制造费用，核算工作较为简便，特别适用于季节性生产的企业。因为在这种生产企业中，每月发生的制造费用相差不多，但生产的淡季和旺季产量却相差太大，如果按实际费用进行分配，各月单位成本中的制造费用就会忽高忽低，不利于成本分析与考核。而按年度计划分配率分配制造费用，有利于均衡各月的产品成本水平。但是，采用这种分配方法，必须要有较高的计划管理工作水平，否则年度制造费用的计划数脱离实际数太大，会影响企业成本计算的准确性。

通过上述制造费用的归集和分配，除了按年度计划分配率分配制造费用的企业外，月末“制造费用”总账及所属明细账都应当没有余额。

至此，在不单独核算废品损失和停工损失的企业中，应计入当月产品成本的生产费用，都已归集在“基本生产”总账的借方，并已归集在所属产品成本明细账本月发生额的有关成本项目中。不再单独核算生产损失的企业，生产费用在各种产品之间的费用界限已经划分清楚，只待划分完工产品和在产品的费用界限。

第三节 生产损失归集与分配

生产损失是指制造企业在产品生产过程中因生产工艺设备技术、生产组织管理等原因所造成的经济损失，是一种资源浪费。生产损失由废品损失和停工损失两部分组成。在会计上，生产损失是企业产品成本的组成部分，加强对生产损失的核算与控制，对企业降低产品成本、提高经济效益有着重要的作用。

一、废品损失的归集与分配

（一）废品的确认与分类

废品是指不符合规定的技术标准和技术要求，不能按原定用途使用，或者需要经过加工修复后才能按原定用途使用的在产品、半成品和产成品。不论是在生产过程中发现的，还是在入库后发现的，只要不符合规定的技术标准和要求，无法按原定用途使用的产品均属于废品。但是，对于入库时是合格品，由于保管不慎、运输不当或其他原因而损坏、变质的产品不属于废品，这些问题属于管理上的问题，所产生的损失应作为管理费用处理。对于经检验部门鉴定不需要返修而可以降价出售的不合格品，也不属于废品，其成本与合格品相同，其售价低于合格品售价所发生的损失，体现在产品销售损益之中。

废品按其废损程度和在经济上是否具有修复价值，可以分为可修复废品和不可修复废品两种。可修复废品是指在技术上能够修复的，而且在修复过程中所发生的费用在经济上是合算的废品；不可修复废品是指在技术上已不可能修复，或者在技术上虽然能够修复，但修复费用在经济上是不合算的废品。经济上是否合算是指修复费用是否小于重新制造同一产品的费用。

（二）废品损失的组成

废品损失是指因产生废品而发生的报废损失和废品修复费用。其中，废品报废损失是指不可修复废品的生产成本扣除收回材料及废料价值后的损失；废品修复费用是指为修复废品所耗费的材料、动力、生产工人工资及福利费和制造费用等修复费用。若有造成废品的责任人负责赔偿的款项，则应冲减废品损失。

为了保证产品的质量，企业各生产车间和有关部门都应配备专职质量检验人员。在产品、半成品和产成品经过质量检验后被确认为废品的，应由检验人员填写“废品通知单”，该单内应填明废品的名称和数量、发生废品的原因及责任人员、耗费的材料和工时等。如果确定废品由责任人负责赔偿时，还应注明赔偿的金额。对于可修复废品，应由原生产车间加工修复，在修复过程中所领用的材料和所耗费的工时，应另行填制领料单和工作通知单，并在单内注明“修复废品”字样；对于不可修复废品，应填制“废品交库单”，在单内注明废品残料的价值，然后将“废品交库单”连同废品一并送交废品仓库。废品通知单、领料单、工作通知单和废品交库单是进行废品损失核算的原始凭证。

（三）废品损失的归集与分配

为了单独反映废品损失情况，加强对废品损失的控制，企业可以设置“废品损失”账户。该账户是成本类账户，用以专门进行废品损失的归集与分配。企业发生可修复废品的修复费用和不可修复废品已耗费的成本转入时，记入该账户的借方；不可修复废品收回残值、应收责任人赔偿款和结转废品净损失时，记入该账户的贷方；该账户期末无余额。该账户应以车间和产品名称设置明细账户。

1. 可修复废品损失的归集与分配

可修复废品损失是指废品在修复过程中所发生的各项修复费用。企业对于可修复废品在返修前发生的生产费用，仍应保留在“基本生产”账户内。返修废品发生的修复费用可以根据材料、动力、工资及福利费和制造费用等分配表分配的结果进行归集。如果有收回残料或应收赔偿款，应根据“废品交库单”或“废品通知单”中相关项目的金额从“废品损失”账户转入“原材料”或“其他应收款”账户。期末将“废品损失”账户所归集的可修复废品的净损失全部分配转入“基本生产”账户。

【例 4-10】某工厂 201×年 7 月份在生产过程中发现并修复了 6 件 A 产品的废品。

（1）月末各种费用分配表列明 A 产品的修复费用为 8 286 元，其中：原材料 4 000 元，工资 2 000 元，福利费 280 元，外购动力 406 元，制造费用 1 600 元。作分录如下：

借：废品损失——A 产品	8 286	
贷：原材料		4 000
应付账款		406
应付职工薪酬		2 280
制造费用		1 600

（2）可修复 A 产品经批准由责任人负责赔偿 200 元，予以转账。作分录如下：

借：其他应收款——责任人	200	
贷：废品损失——A 产品		200

（3）将废品净损失分配转入 A 产品成本。作分录如下：

借：基本生产——A 产品	8 086	
贷：废品损失——A 产品		8 086

2. 不可修复废品损失的归集与分配

企业在归集与分配不可修复废品损失之前，必须先确定不可修复废品的成本。不可修复废品的成本在报废之前是与合格产品合并在一起的，为此必须先采用一定的方法确定不可修复废品的成本，并将其从合格产品的成本中分离出来，然后将不可修复废品的成本减去废品的残料和应收赔偿款，余额即为不可修复废品净损失。

确定不可修复废品成本的方法有实际成本法和定额成本法两种，现分别加以介绍。

(1) 采用实际成本法计算不可修复废品成本。

实际成本法是指根据合格产品和不可修复废品实际耗用的总成本，按合格产品与不可修复废品的数量比例计算不可修复废品损失的方法。倘若在加工过程中产生废品，则应根据该废品的投料方式和加工程度将其折合成合格品的数量计算。实际成本法的计算公式如下：

$$\text{不可修复废品某成本项目费用分配率}=\frac{\text{该成本项目费用总额}}{\text{合格品数量}+\text{废品折合数量}}\times 100\%$$

$$\text{不可修复废品某成本项目应负担的费用}=\text{不可修复废品折合数量}\times\text{不可修复废品某成本项目费用分配率}$$

上式中，某成本项目是指直接材料、直接人工和制造费用项目。

【例 4-11】某工厂 201×年 7 月份投产 B 产品 1 200 件，原材料在生产开始时一次性投入。在加工到 50%时，发生 12 件不可修复废品。全部加工完毕后验收时，合格品为 1 180 件，不可修复废品为 8 件。生产 B 产品耗用直接材料 99 060 元，直接人工 55 258.32 元，制造费用 34 148.40 元。不可修复废品的残料价值为 100 元。

计算 B 产品不可修复废品各成本项目的折合数量。

B 产品不可修复废品直接材料成本项目折合数量 = 12+8 = 20（件）

B 产品不可修复废品其他各成本项目折合数量 = 12×50%+8 = 14（件）

②根据上述资料及 B 产品不可修复废品的折合数量，编制废品损失计算表，以确定废品净损失，如表 4-12 所示。

表 4-11　废品损失计算表（实际成本法）

车间：第一生产车间　　　　201×年 7 月　　　　产品名称：B 产品

项目	数量或折合数量	直接材料/元	数量或折合数量	直接人工/元	制造费用/元	合计/元
生产费用总额	1 200	99 060	1 194	55 258. 32	34 148. 40	188 466. 72
费用分配率		82. 55		46. 28	28. 60	157. 43
废品成本	20	1 651	14	647. 92	400. 40	2 699. 32
减：废品残值		100				100
废品净损失		1 551		647. 92	400. 40	2 599. 32

③根据表 4-11，作废品损失会计分录：

a. 结转不可修复废品成本

借：废品损失——B 产品　　2 699. 32

　贷：基本生产——B 产品（直接材料）　　1 651

　　　　　　——B 产品（直接人工）　　647. 92

　　　　　　——B 产品（制造费用）　　400. 40

b. 回收废品残料作价入库

借：原材料　　100

　贷：废品损失——B 产品　　100

c. 将废品损失转入合格品成本

借：基本生产——B 产品（废品损失）　　2 599. 32

　贷：废品损失——B 产品　　2 599. 32

按照废品的实际成本计算和分配不可修复废品损失，符合生产的实际情况，但其核算工作量较大，而且必须等待“基本生产”明细账户将生产费用归集完毕之后才能进行计算。

（2）采用定额成本法计算不可修复废品成本。

定额成本法是根据单位产品定额成本和发生的不可修复废品的数量以及投料方式和加工程度计算不可修复废品损失的方法。

【例 4-12】某工厂 201×年 7 月生产 C 产品 1 000 件。原材料在生产开始时一次性投入。在加工到 60%时，发生 5 件不可修复废品。全部加工完毕后验收时，合格品为 983 件，不可修复废品为 12 件。该产品定额成本为 167 元，其中直接材料为 88 元，直接人工为 48. 20 元，制造费用为 30. 80 元。

①计算 C 产品不可修复废品各成本项目的折合数量。

C 产品不可修复废品直接材料成本项目折合数量 = 5+12 = 17（件）

C 产品不可修复废品其他各成本项目折合数量 = 5×60%+12 = 15（件）

②假设每件不可修复废品残料单位价值为 8 元，根据上述资料及 C 产品不可修复废品的折合数量编制废品损失计算表，如表 4-13 所示。

表 4-12　废品损失计算表（定额成本法）

车间：第一生产车间　　201×年 7 月　　产品名称：C 产品

项 目	数量或折合数量	直接材料/元	数量或折合数量	直接人工/元	制造费用/元	合计/元
费用定额		88		48. 20	30. 80	167
废品成本	17	1 496	15	723	462	2 681
减：废料残值		136				136
废品净损失		1 360		723	462	2 545

a. 结转废品成本

借：废品损失——C 产品　　2 681

　贷：基本生产——C 产品（直接材料）　　1 496

　　　　　　——C 产品（直接人工）　　723

　　　　　　——C 产品（制造费用）　　462

b. 将不可修复废品残料作价入库

借：原材料　　136

　贷：废品损失——C 产品　　136

c. 将废品净损失转入合格产品成本

借：基本生产——C 产品（废品损失）　　2 545

　贷：废品损失——C 产品　　2 545

采用定额成本法确定不可修复废品成本，计算较为简便、及时，计入产品成本的废品损失不受实际耗费水平高低的影响，有利于对废品损失进行分析和考核。但是，采用这种方法的企业必须有准确的消耗定额，否则会影响成本计算的正确性。

对于废品率低，对产品成本影响不大的企业，如果管理部门不要求会计部门提供专门的废品损失资料，为简化核算工作，可以不设置“废品损失”账户及成本项目。在这种情况下，废品发生的耗费及修复费用就与正品耗费混在一起，最终计入正品成本，提高合格品的单位成本。

二、停工损失的归集与分配

（一）停工损失的确认与报告

停工损失是指生产车间或班组因计划减产、停电、待料、机器设备发生故障等原因而造成的损失。停工损失包括停工期间支付的生产工人工资和职工福利费、应负担的制造费用和所耗费的燃料及动力等。

企业发生停工的原因很多，并不是所有停工造成的经济损失都作为“停工损失”处理。因季节性生产停工和设备大修理停工而造成的损失，应在“制造费用”账户归集；因自然灾害原因停工而造成的损失，应在“营业外支出”账户归集。企业停工时间较短的，为了简化核算工作，也可以不计算停工损失。

企业发生停工时，应由生产车间或班组填制“停工报告单”，停工报告单一式数联，由生产车间或班组填列后转交劳动工资部门，由其核定工资支付率和支付金额，再转交会计部门，经会计人员审核无误后，作为停工损失核算的主要依据。

（二）停工损失的归集与分配

企业为了掌握停工损失对产品成本的影响程度，明确停工损失的责任，加强对停工损失的控制和分析，可以设置“停工损失”账户，对停工损失进行单独归集和分配。该账户是成本类账户，用以核算停工期间应计的费用。企业停工期间发生应计入停工损失的各种费用时，记入该账户的借方；应收责任人或保险公司的赔偿款和结转停工净损失时，记入该账户的贷方；除停工超过1个月，车间无产品生产可以保留期末余额外，该账户通常期末无余额。该账户应按生产车间设置明细账户。

生产车间在停工期间发生的应计入停工损失的各项生产费用，应根据停工报告单等有关凭证，在编制各种费用分配表时一并参与分配。通常按生产工时和停工工时比例分配，然后根据各种费用分配表将应计入停工损失的各种费用归集在“停工损失”账户内。若发生应收赔偿款，则借记“其他应收款”账户，贷记“停工损失”账户。期末将归集的停工净损失进行分配，按停工车间生产产品的生产工人工时或工资、机器工时比例进行分配。分配的公式和方式与制造费用相同，不再重述。停工净损失经过分配后转入“基本生产”账户。

凡不单独核算停工损失的企业，不设置“停工损失”账户及成本项目。在停工损失较少发生的企业，为简化核算工作，也可以不单独核算停工损失，停工期间发生的停工损失费用直接记入“制造费用”“营业外支出”等账户。

第四节　生产费用在完工产品与在产品之间的分配

一、生产费用在完工产品与在产品之间分配的方式

每月末，当产品成本明细账（基本生产明细账）中按照成本项目归集了本月生产费用后，如果产品已经全部完工，产品成本明细账中归集的生产费用（如果有月初在产品，还包括月初在产品成本）之和，就是该种完工产品的成本；如果产品全部没有完工，产品成本明细账中归集的生产费用之和，就是该种在产品的成本；如果既有完工产品，又有在产品，则产品成本明细账中归集的生产费用之和，还必须在完工产品与月末在产品之间，采用适当的分配方法进行分配，以计算出完工产品和月末在产品的成本。

现将前述友利机械厂基本生产车间甲、乙两种产品成本明细账列示如表 4-13 和表 4-14。

表 4-13　产品成本明细账

车间：基本生产车间　　　　（基本生产明细账）　　　　本月完工：2 000 件

产品：甲产品　　　　　　　　　　　　　　　　　　　　月末在产品：694 件

月	日	凭证号数	摘　要	成本项目			合计/元
				直接材料/元	直接人工/元	制造费用/元	
6	30	（略）	在产品成本	31 055	14 248	15 584. 30	60 887. 30
7	31		原材料费用分配（表 3-4）	97 465			97 465
			动力费用分配（表 3-5）	6 180			6 180
			工资与福利费用分配（表 3-12）		47 652		47 652
			制造费用分配（表 4-10）			51 905. 70	51 905. 70
			本月生产费用合计	103 645	47 652	51 905. 70	203 202. 70
			转出本月完工产品成本	100 000	52 452	57 188. 80	209 640. 80
7	31		在产品成本	34 700	9 448	10 301. 20	54 449. 20

表 4-14　产品成本明细账

车间：基本生产车间　　　　（基本生产明细账）　　　　本月完工：1 400 件
产品：乙产品　　　　　　　　　　　　　　　　　　　　月末在产品：

月	日	凭证号数	摘　要	成本项目			合　计
				直接材料	直接人工	制造费用	
6	30	（略）	在产品成本	10 400	4 604	5 396.20	20 400.20
7	31		原材料费用分配（表 3-4）	40 400			40 400
			动力费用（表 3-5）	4 200			4 200
			工资费用分配（表 3-12）		24 396		24 396
			制造费用分配（表 4-10）			34 603.80	34 603.80
			本月生产费用合计	44 600	24 396	34 603.80	103 599.80
			转出本月完工产品成本	55 000	29 000	40 000	124 000

在表 4-13 和表 4-14 所列示的甲、乙两种产品成本明细账中，7 月份的各种生产费用，应根据前述各项费用分配表登记。从甲产品成本明细账中可以看出，甲产品既有完工产品，又有月末在产品，必须将产品成本明细账中归集的生产费用在完工产品和月末在产品之间进行分配。

月初在产品成本、本月生产费用、完工产品成本和月末在产品成本四者之间的关系，可以用公式表示如下：

月初在产品成本+本月生产费用=本月完工产品成本+月末在产品成本

上式中，前两项之和在完工产品与月末在产品之间进行分配的方式一般有两种：

第一种方式是将前两项之和在完工产品与月末在产品之间按照一定的比例进行分配，同时计算出完工产品成本和月末在产品成本。在这种方式下，一旦分配标准和比例确定，完工产品成本和月末在产品成本计算没有先后顺序。这种分配方式可以表示如下：

（月初在产品成本+本月生产费用）—— 比例 → 本月完工产品成本
　　　　　　　　　　　　　　　　　　　　　→ 月末在产品成本

第二种方式是采用一定的方法（如定额成本法、计划成本法等）先确定月末在产品成本，然后从前两项之和中减去月末在产品成本，计算出本月完工产品成本。在这种方式下，完工产品和月末在产品成本计算有先后顺序，必须采用一定的方法先确定月末在产品成本，然后才可能倒轧出本月完工产品成本。这种分配方式可以表示如下：

[（月初在产品成本+本月生产费用）-月末在产品成本]→本月完工产品成本

企业无论采用哪一种分配方式，都必须正确提供月末在产品数量资料，以便为生产费用在完工产品和月末在产品之间进行分配提供依据。

二、在产品数量核算

在产品是指已经投入生产，但没有完成全部生产过程，不能作为商品销售的产品。

在产品包括狭义在产品和广义在产品。前者是指某车间或某一生产步骤正在加工中的在制品（含返修中的废品）；后者是指企业各个车间正在加工中的在制品和已经完成一个或几个生产步骤，还需继续加工的半成品（含未经验收入库的产品和等待返修的产品）。狭义在产品是就某一车间或某一生产步骤而言的，广义在产品则是就整个企业而言的。

在产品占用的资金属于企业的生产资金，是企业流动资金的组成部分。加强在产品数量核算与管理，反映和控制在产品数量的增减变动和结存，不仅对正确计算产品成本、加强生产资金管理以及保护在产品的安全、完整具有重要作用，而且对掌握生产进度、加强生产管理具有重要意义。

在产品数量核算必须具备账面核算资料和实际盘点资料，前者通过设置“在产品台账”，组织在产品收发结存的日常核算。“在产品台账”应分车间，按照产品品种和在产品的名称设置，用以登记车间各种在产品转入、转出和结存的数量。“在产品台账”还可以根据生产特点和管理需要，按照在产品加工工序设置，以便反映在产品在各工序间的转移和数量变动情况。各车间或工序应做好在产品的计量、验收和交接工作，并在此基础上，根据领料凭证、在产品内部转移凭证、产品检验凭证和产品交库凭证，及时登记“在产品台账”。“在产品台账”一般由车间核算人员登记（也可以由班组核算人员登记，车间核算员汇总），其格式参见表4-15：

表4-15　在产品台账

在产品名称：甲种在产品

车间名称：××车间　　　　　　　　　　　　　　　　单位：件

日期	摘要	收入		转出			结存	
		凭证号	数量	凭证号	合格品	废品	完工	未完工
		101	80	201	76		2	2
		103	84	203	78	2	2	2
		…	…	…	…	…	…	…
	合计		2 600		2 500	20	40	40

企业应对在产品定期或不定期地进行清查，以取得在产品的实际盘存资料，并与“在产品台账”进行核对，编制“在产品盘存表”，填明在产品的账存数、实存数、盘盈盘亏数以及盈亏的原因和处理意见等资料。对于报废和毁损的在产品，还要登记残值。如不设置“在产品台账”，也应按月进行在产品盘点，取得实际资料，作为编制在产品盘存表的依据。对于“在产品盘存表”，必须进行认真审查，分析原因，采取措施，改善在产品管理，并根据审查结果按照财务会计中存货盘盈盘亏

方法进行账务处理。

库存半成品增减变动及清查的核算，可以比照库存材料的核算进行。辅助生产的在产品数量核算与基本生产车间相似，在“辅助生产”账户进行。

三、生产费用在完工产品与在产品之间分配的方法

在完工产品和月末在产品之间分配生产费用，应根据在产品数量的多少、各月在产品数量的波动程度、各项费用比重的大小、定额管理水平等具体条件，选用适当的分配方法。

（一）约当产量比例法

约当产量是指将月末在产品实际数量按其完工程度折合为完工产品的数量。约当产量比例法是指按照完工产品数量和在产品约当产量的比例分配费用的方法。计算公式如下：

在产品约当产量=在产品数量×完工百分比

$$某项费用分配率=\frac{该项费用总额}{完工产品产量+在产品约当产量}\times 100\%$$

完工产品应分配该项费用=完工产品产量×该项费用分配率

在产品应分配该项费用=在产品约当产量×该项费用分配率

=该项费用总额-完工产品该项费用分配额

上述费用的分配，应按成本项目进行，以反映完工产品和在产品的成本构成，满足成本计算的要求。

如果产品耗用的直接材料是生产开始时一次性投入的，则无论在产品完工程度如何，都应负担全部直接材料费用，即按在产品实际数量与完工产品产量的比例分配直接材料费用；如果直接材料是逐次投入的，则在产品的耗料程度应按完工程度确定，此时应按在产品完工程度将其折合为约当产量，再按与完工产品产量的比例进行分配。其他成本项目一律按在产品的约当产量和完工产品产量的比例进行分配。

采用约当产量比例法，在产品完工程度的测定对费用分配的准确性有着决定性影响。在各工序在产品数量和单位在产品在各工序的加工量都相差不大的情况下，后面各工序在产品多加工的程度可以抵补前面各工序少加工的程度。这样，全部在产品完工程度均可按50%平均计算。如果不属于这种情况，则各工序在产品的完工程度要按工序分别测定。

为了提高成本计算的准确性，加速成本计算工作，可以根据各工序的累计工时定额占完工产品工时定额的比例，事前确定各工序在产品的完工率即加工程度。计算公式如下：

$$\begin{matrix}某道工序\\在产品完工率\end{matrix}=\frac{前面各道工序工时定额之和+本工序工时定额\times 50\%}{产品工时定额}\times 100\%$$

上式中，本工序（在产品所在工序）的工时定额之所以乘以50%，是因为该工序中各件在产品完工程度不同，为简化完工率的测算工作，完工程度都按50%计算。在产品从上一道工序转入下一道工序时，其上一道工序已经完工，因而前面各

道工序的工时定额都按100%计算。

【例4-13】友利机械厂甲产品的工时定额为40小时，甲产品经两道工序加工完成，每道工序工时定额分别为30小时和10小时。其完工率计算如下：

$$第一道工序完工率=\frac{30\times50\%}{40}\times100\%=37.5\%$$

$$第二道工序完工率=\frac{30+10\times50\%}{40}\times100\%=87.5\%$$

产品各工序的完工率确定后，每月计算产品成本时，根据各工序的月末在产品数量和确定的完工率，就可以计算各工序月末在产品的约当产量，以及月末所有工序在产品的约当产量总数。

【例4-14】根据表4-13和【例4-13】的资料，甲产品月末在产品为694件，其中第一道工序的在产品为494件，第二道工序的在产品为200件。则甲产品月末在产品约当产量计算如下：

第一道工序在产品约当产量=494×37.5%=185.25（件）

第二道工序在产品约当产量=200×87.5%=175（件）

月末在产品约当产量总数=185.25+175=360.25（件）

【例4-15】根据表4-13和【例4-14】的资料，采用约当产量比例法分配甲产品生产费用，计算其完工产品成本和月末在产品成本（假设甲产品耗用的材料是在生产开始时一次性投入的）。其计算过程如下：

$$直接材料分配率=\frac{31\ 055+103\ 645}{2\ 000+694}=50$$

完工产品分配的直接材料=2 000×50=100 000（元）

月末在产品分配直接材料=694×50=34 700（元）

$$直接人工分配率=\frac{14\ 248+47\ 652}{2\ 000+360.25}\approx26.226\ 0$$

完工产品分配直接人工=2 000×26.226 0=52 452（元）

月末在产品分配直接人工=360.25×26.226 0=9 448（元）

$$制造费用分配率=\frac{15\ 584.30+51\ 905.70}{2\ 000+360.25}\approx28.594\ 4$$

完工产品分配制造费用=2 000×28.594 4=57 188.80（元）

月末在产品分配制造费用=360.25×28.594 4=10 301.20（元）

上述分配过程中，由于直接人工和制造费用两个成本项目的分配率都除不尽，故在计算月末在产品应分配直接人工和制造费用时都对尾数进行了调整，以便使完工产品成本加上月末在产品成本等于月初在产品成本加上本月生产费用合计数。上述分配过程的结果已登记在表4-13中。

（二）按定额成本计算

在产品按定额成本计算的方法是根据在产品的数量与单位材料消耗定额、工时定额与单位工时的工资定额、费用定额计算在产品成本的方法。计算公式如下：

$$\text{在产品的直接材料定额成本}=\text{在产品数量}\times\text{单位材料消耗定额}\times\text{材料计划单价}$$

$$\text{在产品人工（制造费用）定额成本}=\text{在产品数量}\times\text{单位工时定额}\times\text{单位定额工时人工（制造费用）定额}$$

$$\text{在产品定额成本}=\text{在产品直接材料定额}+\text{在产品人工定额成本}+\text{在产品制造费用定额成本}$$

$$\text{完工产品成本}=\text{生产费用合计}-\text{在产品定额成本}$$

采用定额成本计算在产品成本，当月脱离定额的差异全部由完工产品成本负担。采用这一方法，要求各项定额准确，各月在产品数量变动不大，否则分配结果就会不合理。在修订消耗定额时，月末在产品按新定额计价发生的差额，也由完工产品成本负担。因此，采用这种方法，要求消耗定额比较稳定，不宜经常修改。

为了简化计算工作，采用这种方法时可以根据各项费用在成本中的比重，或者只计算在产品的材料定额成本，或者计算在产品的材料和人工定额成本，其他未计入在产品成本的费用，由于比重较小，全部由完工产品成本负担。

（三）定额比例分配法

定额比例分配法是按照完工产品和月末在产品定额费用的比例分配生产费用的方法。其中，直接材料费用按材料定额费用的比例分配，直接人工和制造费用按定额工时的比例分配。计算公式如下：

$$\text{直接材料费用分配率}=\frac{\text{月初在产品直接材料费用}+\text{本月直接材料费用}}{\text{完工产品定额直接材料费用}+\text{月末在产品定额直接材料费用}}\times100\%$$

$$\text{完工产品分配直接材料费用}=\text{完工产品定额直接材料费用}\times\text{直接材料费用分配率}$$

$$\text{月末在产品分配直接材料费用}=\text{月末在产品定额直接材料费用}\times\text{直接材料费用分配率}$$

$$\text{直接人工（制造费用）分配率}=\frac{\text{月初在产品直接人工（制造费用）}+\text{本月直接人工（制造费用）}}{\text{完工产品定额工时}+\text{月末在产品定额工时}}\times100\%$$

$$\text{完工产品分配直接人工（制造费用）}=\text{完工产品定额工时}\times\text{直接人工（制造费用）分配率}$$

$$\text{月末在产品分配直接人工（制造费用）}=\text{月末在产品定额工时}\times\text{直接人工（制造费用）分配率}$$

为了简化计算工作，各成本项目中月末在产品应分配的费用，也可以通过生产费用合计中减去完工产品应分配的费用求得。

（四）不计算在产品成本

在各月月末在产品数量很小的情况下，在产品成本对完工产品成本影响不大，为了简化核算工作，可以不计算在产品成本，即当月发生的生产费用全部由当月该种完工产品负担。

（五）按年初在产品成本计算

在各月在产品数量不大，或月末在产品数量虽大，但各月月末在产品数量比较稳定的情况下，月初、月末在产品成本的差额对完工产品成本的影响不大，为了简化核算工作，各月月末在产品成本均按年初在产品成本计算。年终再根据实际盘点的在产品数量，重新计算在产品成本，以保证计算出的在产品成本尽量符合实际。

（六）按所耗直接材料费用计算在产品成本

在各月在产品数量大，数量不稳定，直接材料费用占成本中的比重较大的情况下，为了简化核算工作，月末在产品只按所耗直接材料费用计价，其他费用全部由当期完工产品负担，即某产品耗用的直接材料费用在完工产品和月末在产品之间进行分配，以确定月末在产品成本。该产品的全部生产费用减去按直接材料费用计算的在产品成本的余额，即为该完工产品成本。

（七）按加工费用计算月末在产品成本

在直接材料费用占产品成本比重很小，而加工费用占产品成本比重很大的加工企业中，为了简化核算工作，月末在产品成本可以只负担加工费用，直接材料费用全部由完工产品负担。这样可以将月末在产品数量按完工程度折合为约当产量，然后按照完工产品产量与在产品约当产量的比例分配各项加工费用（除直接材料费用以外的其他各项费用），以确定月末在产品成本。

（八）按完工产品成本计算月末在产品成本

月末在产品已接近完工，或产品已加工完毕，但尚未验收或包装入库时，为了简化核算工作，月末在产品可以按完工产品成本计价，即按完工产品产量和月末在产品数量的比例，分配各项生产费用，以确定月末在产品和完工产品成本。

企业通过以上各种方法分配生产费用后，便可以计算出完工产品成本和月末在产品成本。完工产品成本计算出来后，应从“基本生产”账户的贷方转入“库存商品”账户的借方。此时，“基本生产”账户的借方余额即为基本生产在产品成本，也就是在基本生产过程中占用的生产资金。

本章小结：

综合费用是在要素费用基础上形成的费用，是一种间接性的费用，不便直接计入产品或劳务的成本，需要经过一定的归集与分配程序后计入产品或劳务的成本。综合费用的主要内容是辅助生产费用和制造费用。

辅助生产费用是企业中的辅助生产单位在为基本生产单位提供辅助性产品或劳务过程中发生的各项要素费用。辅助生产费用的高低会直接影响到产品成本的大小，辅助生产费用的归集分配是整个产品成本计算的必要环节，其分配方法是否正确合理会影响到产品成本计算的准确性。辅助生产费用基本的分配方法有五种，直接分配法最简单，顺序分配法是一种半交互分配法，一次交互分配法、计划成本法和代数分配法是一种全交互分配方法，最准确的方法是代数分配法。每一种方法分配的思路与流程不一样，但它们的共性是一样的，就是将整个辅助生产单位发生的辅助生产费用最终分配给除辅助生产单位以外的基本生产单位及企业管理部门等。辅助生产费用分配方法不同，会造成每个基本生产单位及企业管理部门等承担的辅助生产费用不同，但总的辅助生产费用总量是一样的。因此，学习过程中，我们既要掌握所有分配方法的共性之处，又要掌握每一种辅助生产费用分配方法的流程与特点，适用的条件，以及相应的账务处理。

辅助生产费用分配中，会计实务中应用比较广泛的方法是直接分配法、一次交互分配法和计划成本法。在小型企业中，为简化辅助生产费用的分配工作量，直接分配法比较适用。在大中型企业中，由于常常对辅助生产单位编制有辅助生产费用预算，为考核预算执行情况，比较适合计划成本分配法。

制造费用是企业的各个生产单位为了组织与管理生产活动发生的各项费用，是生产单位直接用于产品生产但在成本计算上又未专设成本项目的各项费用，以及生产单位间接用于产品生产的各项费用。会计实务中，企业制造费用的组成内容很多，其共同的特点是生产单位（生产车间、分厂）在生产活动中发生的，不能直接计入直接材料、直接人工的各项费用，都归入制造费用。制造费用分配方法很多，关键是根据企业制造费用与产品生产消耗的关系，选择一个分配的标准，这个标准在实务中要具备可操作性，易于收集其原始数据。在大中型企业中，由于常常编制有制造费用预算，更适合采用按制造费用计划分配率分配的方法。对于每一种分配方法，关键是理解分配标准选择的要求与分配流程，以及账务处理方法。

生产损失是企业产品在生产过程中由于生产管理不善或者其他技术性原因等造成的废品损失和停工损失。废品损失根据其技术经济性分为可修复废品和不可修复废品。对于废品损失，会计上是根据企业内部控制的要求来决定是否单独设置“废品损失”账户进行专项核算。如果单独核算，则企业成本计算单即“基本生产明细账”也需要设置“废品损失”这一成本项目。对于停工损失，会计上也有类似于废品损失的处理思路。

生产费用在期末完工产品与在产品之间分配的方式有两种：一种是按照一定分配标准与分配率，将期初在产品成本与本期发生的生产费用的合计数分配给期末完工产品和在产品，作为它们的成本；另一种方式是先采用计划成本或定额成本计算出期末在产品计划成本或定额成本，然后倒推出期末完工产品的成本。这两种分配方式体现了人们解决问题的两种不同思路，在企业中都被广泛应用。在这两种方式下，具体操作时人们又可以采用约当产量比例法、定额成本法、定额比例法等八种方法。对于每一种操作方法，都应当理解其分配原理与流程。特别是约当产量比例法与定额成本法，它们体现了两种不同的分配方式，也是其他分配方法的基础。

本章思考与拓展问题：

1. 综合费用与要素费用是什么关系？为什么会产生综合费用的问题？

2. 辅助生产费用对产品成本计算有什么影响？

3. 辅助生产费用分配法中，直接分配法、一次交互分配法、计划成本分配法分配的思路有何差异性？适用条件有何差异？

4. 教材中讨论了5种辅助生产费用分配方法，你是否可以在此基础上提出一种改进的方法，并加以说明。

5. 企业在制造费用分配时，如何选择适合本企业、本产品的制造费用分配方法？请举例说明。

6. 约当产量比例法，在分配“直接材料”这一成本项目时，需要考虑产品用料的投料方式。在一次投料、逐次均匀投料、分部投料下，如何具体分配“直接材料”这一成本项目？

7. 什么条件下企业可以选择只计算期末在产品材料费用的方法？请举例说明。

8. 企业是否可以将约当产量正比例法与其他分配方法结合使用？请举例说明其理由。

第五章
生产类型与成本计算方法

【导入案例】

美凌电器股份有限公司主要从事各种型号、规格的美凌冰箱及美凌冷藏设备的生产与销售。该企业有箱体制作、发泡、总装等基本生产车间，另设有机修与运输两个辅助生产部门。

该企业冰箱生产的基本工艺技术流程是：先由箱体制作车间经过材料切割、磷化、喷塑工艺制成各种板材，然后将板材制成冰箱内胆，再将其装成箱壳；同时将彩色钢板经过切割、装配门胆制成冰箱门；箱壳与箱门组合完成整个箱体制作。箱体经检验合格后交发泡车间，装配主副蒸发器，经过发泡等工序，加工成各种不同型号、规格的保温箱体。保温箱体经检验合格后再送交总装车间，总装车间将外购的压缩机等外购配件与箱体一起经过焊接、装配成各种型号与规格的冰箱，完工后再送质检部门，质检合格后就可以入产成品仓库待售。

问题：根据美凌电器股份有限公司生产工艺技术流程及特点，你认为应当选择什么成本计算方法计算各种型号与规格电冰箱的成本?

学习目标：

产品成本计算的目的是为企业生产经营决策提供相关的成本信息支持和服务，任何制造型企业进行要素费用和综合费用归集与分配之前，都有一个成本计算方法的选择问题。企业在进行成本计算方法选择时都不可脱离本企业生产的类型和特点，以及内部控制对成本计算信息的需求。因此，本章主要讨论企业生产类型与特点和内部成本管理对成本计算方法为什么有影响，其影响的表现是什么，它们是如何决定不同的成本计算方法，其规律是什么。

本章内容可以使前面第三、四章和后继成本计算方法的介绍更紧密联系起来，起着承上启下的作用。在学习本章的过程中同学们应当注意：

1. 了解企业生产类型的划分，以及每一种生产类型的特点，并比较各种生产类型的差异之处。

2. 理解生产类型与成本管理要求不同为什么会决定不同成本计算方法的原理。

3. 从理论上看，成本计算基本方法与辅助方法划分的标准是什么?

4. 为什么一个企业不同生产车间与产品可以将不同的成本计算方法相结合使用。

本章难点提示：

● 生产类型与特点不同，成本管理要求不同，会形成不同的成本计算方法。

● 产品成本计算方法的基本构成因素有产品成本计算对象、成本计算期、期末在产品计价方法，其中产品成本计算对象所起的作用如何?

第一节　生产类型及其特点

一、生产类型的划分

企业生产类型是指企业的生产结构类型，也就是产品品种、产量的生产专业化程度在企业生产系统的综合表现。

企业的生产过程多种多样，组织生产的方式各不相同，为了便于选择适宜的生产组织形式，编制、实施生产计划，需要按照一定的标准对各种企业的生产过程进行分类，即生产类型的划分。

（一）生产类型按照生产形式分类

企业生产按照生产形式，可以分为加工制造型生产和提供服务型生产。

加工制造型生产是一种庞大的生产形式，主要是对输入的物品通过物理的或化学的、机械的作用，形成一种新的物品输出的生产形式。加工制造型生产的主要特征就是：对所销售的产品进行加工或者装配，有购进原材料，有使用人工生产装配的生产过程。科技公司如果存在对购入的原材料加工装配的过程就可以算作加工制造型生产企业，没有加工生产过程的就不能算作加工制造型生产企业。现实生活中，如机械、化工、纺织、煤炭等行业存在多种加工生产形式。加工制造型生产是本章重点讨论的生产类型。

提供服务型生产是一种非加工制造型生产形式，是指生产者向消费者提供的基本上是无形的行为或绩效，它的生产可能与某种物质产品相联系，也可能毫无联系。服务型生产的基本特征是提供劳务，而不制造有形产品。但是，不制造有形产品不等于不提供有形产品。典型的提供服务型生产有修理、洗衣、邮政、货运等生产形式。

（二）加工制造型生产的分类

1. 按照生产工艺技术过程划分

按照生产工艺技术过程的特点，加工制造型生产可以分为简单生产和复杂生产。

简单生产又称单步骤生产，是指生产工艺技术过程不能间断，或不能分散在不同的地点进行的生产，如发电、供水、供气、采掘、铸造等生产。单步骤生产具有生产工艺技术过程简单，生产周期较短，产品品种稳定，生产只能由一个车间或一个企业独立完成的特点。

复杂生产又称多步骤生产，是指生产工艺技术过程可以间断，可以分散在不同地点、时间进行，并由若干加工步骤组成的生产。它具有工艺技术过程复杂，生产周期较长，产品品种不稳定，生产由多个车间或企业协作完成的特点。

按照加工方式和各个生产步骤的内在联系，复杂生产又可以分为装配式复杂生产和连续式复杂生产。

装配式复杂生产是指可以在不同的地点和时间分别加工组成产成品的零（部）件，然后将零（部）件组装成最后的产品，如汽车、自行车、缝纫机、家用电器、手表等产品的生产。这类生产的各个生产步骤具有相对的独立性，不存在前后顺序和依存关系。

连续式复杂生产是指从投入原材料到产品完工要经过若干有序的连续加工步骤（或车间），如纺织、冶金、水泥、造纸等生产。这类生产的各个生产步骤（或车间）具有先后顺序和依存关系，上一步骤完工的半成品要转入下一步骤作为加工对象继续加工，这样依次转移，直到最后步骤才生产出产成品。

连续式复杂生产和装配式复杂生产的特征不同，其生产管理的侧重点也不一样。二者的比较见表5-1：

表5-1　连续式生产与装配式生产的比较

特征	连续式生产	装配式生产
产品品种数	较少	较多
产品差别	有较多标准产品	有较多用户要求的产品
自动化程度	较高	较低
设备布置的性质	流水式生产	批量或流水式生产
设备布置的柔性	较低	较高
生产能力	可明确规定	模糊的
扩充能力的周期	较长	较短
对设备的可靠性要求	高	较低
维修的性质	停产检修	多数为局部修理
原材料品种数	较少	较多
能源消耗	较高	较低
在制品库存	较低	较高
副产品	较多	较少

2. 按照生产组织方式划分

生产组织方式是指保证生产过程各个环节和各个因素相互协调的生产工作方式。它与产品的品种、数量，生产的重复性及专业化程度有密切关系。按照生产组织方式的特点可以将企业生产分为大量生产、成批生产和单件生产三种生产类型。

大量生产是指大量不断重复生产品种相同的产品，如发电、采掘、冶金、纺织、造纸等生产。这类生产的主要特点是产量大，品种少，生产的重复性强，专业化程度高。

成批生产是指按照商品的批别、批量成批重复生产相同的产品，即每隔一定时期重复生产某种产品，如机床、电机、农机、服装等。这类生产的主要特点是产量较大，品种较多，生产有一定的重复性，专业化程度较高。成批生产按照每批产品产量的多少，又可以分为大批生产、中批生产和小批生产。

单件生产是指按照购买单位的要求，依据订单规定的规格和数量生产少量或个别性质特殊的产品，如重型机器、专用设备和新产品试制等。这类生产的主要特点是品种多，产量少（一件或几件），一般不重复，专业化程度不高，通常采用通用设备进行加工。

在实际工作中，大量生产与大批生产相接近，小批生产与单件生产相接近，因此企业的习惯性说法是大量大批生产、成批生产、单件小批生产。

不同行业划分大量生产、成批生产和单件生产的标准是不同的。对于某一行业来说，其划分标准也会随着社会的进步、客观情况的变化而做出相应的调整和变化。就机械制造行业而言，以零件大小及产量为标准，划分大量生产、成批生产、单件生产的基本情况如表 5-2 所示：

表 5-2　按零件大小和产量区分生产类型

生产类型		零件的年产量		
		重型零件	中型零件	轻型零件
单件生产		<5	<10	<100
成批生产	小批	5~100	10~200	100~500
	中批	100~300	200~500	500~5 000
	大批	300~1 000	500~5 000	5 000~50 000
大量生产		>1 000	>5 000	>50 000

以上几种生产类型的分类在现实生活中常常是交叉、融合在一起并相互关联的。简单生产和连续式复杂生产，通常是大量大批生产；装配式复杂生产可以是大量生产、成批生产或单件生产。

必须指出，同一企业的各个生产车间（或工段、小组）的生产也可能具有不同的生产工艺技术过程特点和不同的生产组织特点，如同一企业的基本生产车间与辅助生产车间的生产特点可能不同，同一车间的各个生产工段或小组的生产特点可能不同，但就整个企业而言，其生产特点是指主要的基本生产车间的生产特点。例如，造船工业的生产属于单件小批装配式复杂生产，但其发电车间的生产则属于大量大批简单生产，其精加工车间的零（部）件生产通常属于大量大批连续式复杂生产。

二、不同生产类型的特征和生产管理的侧重点

（一）不同生产类型的特征

企业的生产过程按照生产组织方式划分为大量大批生产、成批生产和单件小批生产，它们具有不同的生产特征和管理要求。不同生产类型的特征见表 5-3：

表 5-3　不同生产类型的特征

项目	不同征税类型的特征		
	大量大批	成批生产	单件小批
产品品种	单一或很少	较多	很多
产品产量	很大	较大	单个或很少
工作地、工序数目	较少	较多	很多
设备布置	按对象原则，采用流水生产或自动线	既有按对象原则又有按工艺原则布置的	基本按工艺原则排列
工艺装备	采用高效和自动化专用工艺装备	专用和通用工艺装备并用	基本采用通用工艺装备
生产设备	广泛采用专用设备	专用、通用设备并存	采用通用设备
设备利用率	高	较高	低
应变能力	差	较好	很好
要求工人技术水平	低	较高	很高
劳动定额的制定	详细	有粗有细	粗略
劳动生产率	高	较高	低
计划管理工作	较简单	较复杂	复杂多变
生产控制	容易	难	很难
产品成本	低	较高	高

（二）不同生产类型企业生产管理的侧重点

不同生产类型的企业，基于生产特点的差异性，其生产过程管理的侧重点也不一样。现将不同生产类型生产管理的侧重点归纳如下（见表 5-4）。

通过以上对比分析可知，三种生产类型中，大量大批生产的优越性最为突出。大量大批重复生产，产品质量容易得到保证，而且分摊到每件产品上的成本是最低的，效率是最高的。进入 20 世纪以后，流水线用于工业生产，并成为代表性的生产方式，正说明了这一点。但是，到了 20 世纪后半期，由于社会的发展，科技的进步，人们的需求逐渐多样化和个性化，许多大量大批生产的产品没有市场，而多品种、中小批量生产的产品成为市场的主体。在这种客观现实面前，认真分析、研究企业生产类型对于企业的生存与发展是十分重要的，企业应根据市场变化选择适合自己的生产类型，为企业成本计算方法的确定创造良好的前提条件。

表 5-4　不同生产类型企业生产管理的侧重点

<table>
<tr><td rowspan="3" colspan="2">产品功能与重复程度</td><td>连续性</td><td colspan="2">装配型</td></tr>
<tr><td rowspan="2">单质或多质</td><td colspan="2">产品由零部件组成</td></tr>
<tr><td>简单</td><td>复杂</td></tr>
<tr><td rowspan="2">专用产品（单件小批）</td><td rowspan="2">单件小批</td><td colspan="3">按用户的订单组织产品的设计和制造。</td></tr>
<tr><td colspan="3">提高企业竞争力的关键：强大的产品设计能力，较短的产品设计和制造周期，良好的售后服务，包括对产品的安装调试、培训用户正确使用产品及产品维修等。
生产管理的重点：①及时掌握企业的设计能力、生产能力和成本情况，以便对随机到达的订单进行正确决策；②随着产品的变化，分析计划期生产资源的不平衡情况，抓住瓶颈环节，提高瓶颈环节的生产能力；③抓住各产品中的关键零部件，安排好关键零部件的生产进度和物流平衡；④监控生产的成套性，保证产品的交货期。</td></tr>
<tr><td rowspan="2">通用产品（成批）</td><td rowspan="2">成批</td><td colspan="3">根据市场预测结果和用户订单制订生产计划：小批生产以订单为主，大批生产以预测为主。</td></tr>
<tr><td colspan="3">提高企业竞争力的关键：适应市场需求，不断开发新产品，更新老产品，提高产品质量。
生产管理的重点：①优化产品组合，在满足市场需求和生产资源约束的条件下，寻求最佳经济效益；②合理确定生产批量和生产间隔期，科学地组织各种产品的生产；③采用成组生产单元、生产线等组织形式，简化零件进度计划，改善零件加工过程中各工序之间的衔接；④对于复杂结构的大型产品，首先要安排好关键零部件的生产进度，组织好物流平衡。</td></tr>
<tr><td rowspan="2">通用产品（大量大批）</td><td rowspan="2">大量大批</td><td colspan="3">根据市场预测结果制订生产计划，控制库存，应付市场需求的波动。</td></tr>
<tr><td colspan="3">提高企业竞争力的关键：优良的产品质量、低廉的价格、供应充分的备件、方便的维修服务。
生产管理的重点：①保证原材料、动力不间断地连续供应；②加强设备维修，保证不出故障；③集中制订计划，大量应用经过优化的标准计划；④实现对生产过程的实时监控，保证均衡地按计划生产，保持产品质量的稳定性；⑤不断降低消耗和产品成本。</td></tr>
</table>

第二节　生产类型、管理要求与成本计算方法

一、生产类型、管理要求对成本计算方法的影响

会计上构成产品成本计算方法的主要因素有成本计算对象、成本计算期、完工产品成本与在产品成本的划分（在产品计价）。

成本计算对象是指归集生产费用、计算产品成本的对象，即生产费用的最终承

担者，一般是指产品的品种、产品订单或批别、各个加工步骤的产品、产品的类别等。成本计算期是指计算完工产品（产成品）成本的时间周期，即归集生产费用、计算产成品成本的起讫日期，一般分为按月定期计算和不定期计算两种情况。完工产品成本与在产品成本的划分是指将构成产品成本的生产费用在当期完工产品与期末在产品之间进行分配，以确定完工产品实际成本和在产品成本。

生产类型、管理要求对产品成本计算方法的影响主要表现在对成本计算对象、成本计算期和完工产品成本与在产品成本划分的影响三个方面，其中，对成本计算对象的影响是最重要的。

（一）对成本计算对象的影响

生产类型和成本管理要求不同，产品成本计算的对象也不同。

在大量大批简单生产类型下，由于生产工艺技术过程不可间断，通常是单步骤生产，因而不要求分步骤计算产品成本；由于属于大量大批生产，通常不需要按产品批别组织生产，因而也不要求分批别计算产品成本。所以，在这种生产类型下，成本计算对象就是不同品种的产品。

在大量大批连续式复杂生产类型下，由于生产工艺技术过程可以间断，生产过程由若干有顺序的生产步骤组成，各个生产步骤往往生产有自制半成品，因而要求分步骤计算产品成本；由于属于大量大批生产，不要求分批计算产品成本，只要求按不同品种的产品计算成本。可见，在大量大批连续式复杂生产类型下，成本计算对象是分步骤的不同品种的产品（自制半成品）。

在大量大批装配式复杂生产类型下，由于各个生产步骤平行加工构成产成品的零件和部件，通常要求计算各个生产步骤的零件成本，因而这种生产类型的成本计算对象是分步骤的零件和组装成不同品种的产品。

在单件小批装配式复杂生产下，由于产品生产是按批别或订单组织的，产品的批别或订单可以划分，因而要求按产品的批别或订单计算成本，其成本计算对象就是产品的批别或订单。

（二）对成本计算期的影响

生产类型不同，产品成本计算期也不同。在大量大批生产类型下，产品分月陆续完工，通常每月月末均有完工产品，因而要求按月定期计算完工产品成本，其成本计算期与会计报告期一致，与生产周期不一致。

在单件小批生产类型下，产品完工的时期与会计报告期并不一致，月末不一定有完工产品，因而不要求按月定期计算完工产品成本，其成本计算期与生产周期一致。

可见，生产类型对成本计算期的影响，主要是指生产组织的特点对成本计算期的影响，不同的生产组织方式具有不同的成本计算期。

（三）对完工产品成本和在产品成本划分的影响

生产类型和管理要求不仅影响到成本计算对象和成本计算期的确定，对生产费用在完工产品和在产品之间的分配也产生直接的影响。

在大量大批简单生产类型下，由于期末没有在产品或在产品数量很少，在管理上不要求计算在产品成本，不需要将生产费用在完工产品与在产品之间进行分配，因此当期生产费用就是该期完工产品总成本。

在大量大批复杂生产类型下，由于期末在产品数量较多，企业需要将生产费用（含期初在产品成本）在完工产品与在产品之间进行分配，以便确定完工产品成本和月末在产品成本。

在单件小批复杂生产类型下，成本计算期与会计报告期不一定一致，月末如果只有在产品，无完工产品，当期归集的生产费用就是期末在产品成本，无须在完工产品与在产品之间进行分配；如果同批产品分期完工，则月末同时存在完工产品和月末在产品，此时就需要将生产费用在当期完工产品与期末在产品之间进行分配，以便确定该批产品的当期完工产品成本和期末在产品成本。

二、产品成本计算的基本方法和辅助方法

产品成本计算方法的构成因素主要是产品成本计算对象、成本计算期和生产费用在完工产品与在产品之间的划分。其中，产品成本计算对象是决定成本计算方法的最主要因素，这是因为它不仅是设置生产成本明细账的依据，而且直接影响到生产费用归集及其计入产品成本的程序和方法，是区别不同成本计算方法的标志。

产品成本计算对象、成本计算期和生产费用在完工产品与在产品之间的划分三者相结合，便构成不同特点的产品成本计算方法。生产类型不同，成本计算对象、成本计算期和生产费用在完工产品与在产品之间的划分方法不一样，成本计算方法也不一样。成本计算的基本方法包括：以产品品种为对象特征的品种法；以产品品种和生产步骤为对象特征的分步法；以产品投产批别为对象特征的分批法。

在实际工作中，除了采用以上三种基本成本计算方法外，还可以采用其他一些成本计算方法，如分类法、定额法、标准成本法等。但是，这些方法在产品成本计算理论中都不能被视为独立或基本方法，只能称为辅助成本计算方法。究其原因：一是这些方法在计算过程中常常还需借助于基本方法，才能完成整个计算目的和过程，离开基本方法，它们本身也不会存在；二是这些方法不完全受生产类型的直接制约，它们是为了适应某一方面的管理需要而对基本方法的修改、调整和延伸，以便更好地控制生产耗费，如定额法、标准成本法。

成本计算方法多种多样，企业应根据生产类型和成本管理要求，选择适应自身生产特点的计算方法。成本计算方法一旦确定，不得随意改变。

企业生产类型和成本管理要求对成本计算方法的影响可以归纳总结如下（见表5-5）：

表 5-5　生产类型、成本管理要求对成本计算方法的影响

生产工艺技术特点	生产组织方式特点	成本管理要求	成本计算方法	企业类型
简单（单步）生产	大量生产	要求按产品品种计算成本	品种法	发电、采掘等

表5-5(续)

生产工艺技术特点		生产组织方式特点		成本管理要求	成本计算方法	企业类型
复杂（多步骤）生产	连续式	大量生产		要求既按产品品种又分步骤计算成本	逐步结转分步法	冶金、纺织等
				要求不分步，只按产品品种计算成本	品种法	砖瓦、水泥等
	装配式	大量生产		要求按产品品种计算，并计算各步骤份额	平行结转分步法	汽车、自行车等
				只要求按产品品种计算成本	品种法	钟表、收音机等
		成批生产	大批	要求按产品品种计算，并计算各步骤份额	平行结转分步法	机床、农机等
			小批	要求按产品的批别计算	分批法	机械、专用设备等
		单件生产		要求按产品的批别计算	分批法	船舶、重型机器等

第三节　各种成本计算方法的结合与应用

前述各种成本计算方法适用于不同特点的生产类型，满足不同的管理要求。这些方法在实际工作中的应用比较复杂。在同一企业的不同车间，同一车间的不同产品，由于生产特点和管理要求不尽相同，有可能同时应用几种不同的成本计算方法。同一企业的同一产品，由于该产品的不同生产步骤，以及各种半成品和成本项目之间生产特点和管理要求不完全相同，也可以结合应用几种不同的计算方法。

一、同时应用几种成本计算方法

在同一企业的不同生产车间，由于各个生产车间的生产特点和管理要求不同，可以应用不同的成本计算方法，从而形成几种成本计算方法同时应用于同一企业的不同生产车间的状况。

同一企业的基本生产车间和辅助生产车间往往应用不同的成本计算方法，不同的基本生产车间和辅助生产车间，也可以应用不同的成本计算方法。例如，机床制造厂属于大量大批复杂生产类型企业，其基本生产车间适宜应用分步法计算产品成本；而辅助生产车间的供电和供水车间的生产属于大量大批简单生产类型，适宜应用品种法计算供电和供水成本；辅助生产车间的工具车间由于生产的工具品种繁多，可以应用分类法计算各种工具成本；基本生产车间的铸工车间的生产属于大量大批简单生产类型，可以应用品种法计算铸件成本。可见，对机床制造厂而言，其基本的成本计算方法是分步法，但在不同的生产车间，可以分别应用品种法和分类法。如果同一企业的基本生产车间和辅助生产车间的生产类型相同，而管理要求不同，也可以应用不同的成本计算方法。例如，发电厂的基本生产车间发电车间和辅助生产车间供水车间的生产都属于大量大批简单生产类型，均可以应用品种法计算成本。但是，由于供水车间不是该厂的主要生产车间，企业的规模又较小，在管理上不要求单独计算供水成本，因而供电车间可以应用品种法计算成本，供水车间则不需要单独应用品种法计算成本。

同一企业或同一生产车间，由于各种产品的生产属于不同的生产类型，因而对不同的产品可以应用不同的成本计算方法。一个企业或一个车间同时生产老产品和新产品，由于生产类型不同，其产品成本计算方法也不一样。例如，自行车厂的老产品——某名牌自行车的生产属于大量大批复杂生产类型，可以应用分步法计算该名牌自行车的成本；而正在试制或者刚刚试制成功但尚未大量投入生产的新产品——各种电动自行车的生产属于单件小批复杂生产类型，可以应用分批法计算电动自行车的成本。一个企业或一个车间生产的各种定型产品，虽然生产组织类型相同，但生产工艺技术过程不同，也可以应用不同的成本计算方法。例如，玻璃制品厂的定型产品——玻璃杯和玻璃仪器的生产都属于大量大批生产类型，但玻璃杯是利用原材料直接熔制而成，属于大量大批简单生产类型，可以应用品种法计算玻璃杯的成本；而生产玻璃仪器，要先将原料熔制成各种毛坯，然后加工装配成各种仪器，属于大量大批复杂生产，可以应用分步法计算玻璃仪器的成本。

二、结合应用几种成本计算方法

一个企业或一个车间生产同一种产品，由于该产品的各生产步骤具有不同的生产特点和管理要求，因而同一种产品的成本计算，可以以一种成本计算方法为基础，结合应用几种不同的成本计算方法。例如，单件小批复杂生产类型的机器厂，可以应用分批法计算机器成本，同时可以在铸工车间结合应用品种法计算铸件成本；在加工装配车间，可以应用分批法计算各批产品成本；在铸工车间和装配车间之间，可以应用逐步结转分步法结转铸件成本；在加工车间和装配车间之间，如果不要求计算加工车间的半成品成本，可以应用平行结转分步法结转成本。可见，该厂在分批法的基础上，可以结合应用品种法、逐步结转分步法和平行结转分步法，完成整个产品成本的计算工作。

在同一产品的不同零部件之间，由于生产特点和管理要求不同，也可以应用不同的成本计算方法。例如，机械厂生产的各种零部件，其中不外售的专用件，可以不要求单独计算成本；外售的标准件以及各种产品通用的通用件，则应按照这些零部件的生产类型和管理要求，应用分批法、分步法或分类法单独计算零部件成本。

同一产品的不同成本项目，由于管理要求不同，也可以应用不同的成本计算方法。例如，机器制造厂生产的产品成本中，原材料费用占有较大比重，而且原材料消耗定额资料齐全、稳定，则可以应用定额法的原理计算原材料成本，其他项目可以应用分步法或分批法的原理计算成本。又如，钢铁厂生产的钢材成本中，原材料费用占有较大比重，而且是直接费用，并且经过若干连续的生产步骤形成最终产品，则可以应用分步法的原理计算原材料成本，其他项目可以应用分类法的原理计算成本。尽管同一产品的不同成本项目可以应用不同的成本计算方法，但对一个企业而言，必须应用一种基本的成本计算方法，并在基本方法的基础上结合应用其他成本计算方法。上述钢铁厂应用的基本方法是分步法，结合应用的方法则是分类法。几种成本计算方法的结合应用，通常应以品种法、分批法或分步法为基本方法，再结合应用其他方法。

成本计算方法的实际应用应与整个成本会计工作保持衔接和协调，如为了加强成本计划管理，成本计算方法与成本计划的计算方法在计算口径上必须保持一致，以利于分析和考核产品成本计划的完成情况；为了实现同行业的成本对比分析，同行业各企业的成本计算方法应尽可能保持一致；为了对比分析不同时期的成本水平，企业应用的成本计算方法应保持相对稳定。当然，如果企业的生产类型发生变化，管理要求有所改变，成本计算方法也应相应调整，以适应新的生产类型和管理要求。只有从企业实际情况出发，正确应用各种成本计算方法，才能保证成本计算的顺利进行，发挥成本计算的积极作用。

本章小结：

所谓生产类型，是指生产结构类型的简称，是产品的品种、产量和生产的专业化程度在企业生产系统技术、组织、经济效果等方面的综合表现。不同的生产类型所对应的生产系统结构及其运行机制是不同的，相应的生产系统运行管理方法也不相同，从而需要根据其生产消耗与组织管理的特点采用不同的成本计算方法。

企业的生产按照生产形式首先可以分为加工制造型和提供劳务型，成本会计中一般只重点讨论加工制造型。

加工制造型如果按照企业生产工艺技术过程的特点可以分为简单生产和复杂生产；如果按照生产组织方式的特点可以分为大量生产、成批生产、单件生产。上述两种加工制造型生产分类通常相互联系。

生产成本是产品的生产耗费，是在生产过程中发生的，财务部门在计算这种生产耗费时不可能脱离生产的特点来计算。其次，成本计算的目的是为成本管理、决策服务，在确定采用什么方法计算时也要服从成本管理对成本计算信息的要求来考虑。

成本计算方法根据与成本计算对象的关系，将其分为基本成本计算方法和辅助成本计算方法。基本成本计算方法有品种法、分批法和分步法，辅助成本计算方法有分类法、定额法、标准成本法等。

企业根据生产类型特点和内部成本控制需要，可以在实践中将各种成本计算方法结合使用。

本章思考与拓展问题：

1. 财务部门在确定成本计算方法时需要考虑哪些因素？
2. 请说明大量大批生产与单件小批生产在管理上的差异性。
3. 什么是基本成本计算方法？请加以说明。
4. 根据你的生活体验或观察，举一个现实生活中大量大批生产企业的案例。

第六章
品种法

【导入案例】

峨眉水泥厂采用干法工艺技术生产硅酸盐类水泥，生产的水泥代号有P·Ⅰ、P·Ⅱ，水泥强度等级有42.5、42.5R、52.5、52.5R、62.5、62.5R六个等级。该厂硅酸盐类水泥是以石灰石和黏土为主要原料，经破碎、配料、磨细制成生料，然后喂入水泥窑中煅烧成熟料，再将熟料加适量石膏（有时还掺加混合材料或外加剂）磨细而成，最后将不同强度等级的成品包装、储存待售，也就是经过破碎预均化、生料制备均化、预热分解、水泥熟料的烧成、水泥粉磨包装五个生产工艺步骤。

问题：你认为该厂应当采用什么方法计算水泥成本？

学习目标：

品种法是一种基本的成本计算方法，广泛应用在简单生产类型的企业，以及虽然是复杂生产企业，但不要求分步计算产品成本的生产企业。比如，发电厂、糖果厂、饼干厂、造纸厂等。

品种法是三种基本成本计算方法中最简单的方法，同时又与分步法有着紧密联系。在国内关于成本会计的书籍中，又常常将分步法视为若干品种法的“串联”使用。因此，通常将其首先介绍讨论。

在学习本章的过程中同学们应当注意：

1. 了解品种法的特点与适用的企业类型。

2. 掌握品种法计算过程的基本流程，会熟练地利用所给数据资料计算出产品品种的总成本和单位成本。

本章难点提示：

●掌握品种法在计算过程中各步骤先后顺序关系，以及成本计算中对原材料费用、人工费用的分配问题。

第一节 品种法特点与计算程序

企业应当根据生产类型和特点，结合成本管理要求选择适合自己的成本计算方法。但是，不论采用什么样的成本计算方法，基于产品定价和损益计算的需要，许多企业都要求按照产品品种计算成本。

一、品种法的特点和适用范围

品种法是指以产品品种作为成本计算对象，归集生产费用，计算产品成本的一种方法。

品种法适用于大量大批简单生产的企业或车间，如采掘、发电、供水、供气等生产企业。在大量大批复杂生产的中小企业中，尽管生产工艺技术过程可以间断，可以划分为若干生产步骤，但由于生产规模较小，管理上不要求按生产步骤控制生产费用和计算产品成本，也可以采用品种法计算产品成本，如小型水泥厂、造纸厂、糖果厂、钟表厂、自行车厂等生产企业。

品种法的主要特点是：

（1）在品种法下，按产品品种设置基本生产明细账，账内按照成本管理要求设置成本项目，进行生产费用的归集和分配。如果企业只生产一种产品，则绝大多数生产费用都可以直接计入产品成本计算对象，企业的生产费用就按这种产品进行归集。如果企业生产的产品不止一种，则企业的生产费用需要按各种产品分成本项目进行归集：凡属于各种产品直接发生的生产费用，可以直接计入该种产品成本；凡是各种产品共同耗用的费用，需要分配之后计入各种产品成本计算对象。

（2）品种法一般以月为成本计算期。如前所述，品种法通常适用于单步骤大量大批生产，以及不需要分步计算成本的多步骤大量大批生产。在这两种生产类型下，由于生产过程连续不断地进行，一般每个月结束后既有完工产品又有在产品，为了加强产成品管理，及时为销售提供成本信息，都需要按月计算完工产品成本。因此，在品种法下，成本计算期与会计报告期一致，与产品生产周期不一定一致。

（3）采用品种法的企业，有些产品生产周期较短，月末没有在产品，或者在产品数量很少，对产品成本影响不大，可以不计算月末在产品成本，当月归集的生产费用全部计入当期完工产品成本。当然，如果月末在产品数量较多，为了正确计算产品成本，应当将归集的生产费用合计（月初在产品成本加上当月归集的生产费用）采用一定的分配方法，如约当产量比例法、定额比例法等进行分配，以确定完工产品和月末在产品成本。

二、品种法的计算程序

采用品种法进行成本计算，一般有以下几个步骤：

（1）按产品品种设置基本生产明细账，即成本计算单，计算单内按照成本项目设置专栏。

（2）根据有关原始凭证和原始凭证汇总表，按照费用发生的地点、用途编制各种要素费用分配表，据以登记“基本生产”“辅助生产”“制造费用”等成本核算账户。

（3）根据辅助生产明细账，按照直接分配法、一次交互分配法、计划成本分配法等方法编制“辅助生产费用分配表”，据以登记辅助生产费用分配情况。

（4）根据制造费用明细账，编制“制造费用分配表”，登记制造费用分配情况。

管理上需要单独计算生产损失的企业，还应在分配制造费用之后，对“废品损失”和“停工损失”进行归集和分配。如果管理上不要求专门提供生产损失资料，则不存在这一步骤。

（5）根据基本生产明细账，计算出完工入库产品总成本和单位成本，并结转其入库成本。

三、品种法的应用案例

【例 6-1】长江机器厂是一家大量大批单步骤生产类型企业。该厂采用品种法计算产品成本。该厂有一个基本生产车间，生产 A、B 两种产品，还有一个辅助生产车间——修理车间。该厂 201×年 10 月份的有关产品成本核算资料如下：

1. 该厂 10 月份生产记录（见表 6-1）

表 6-1　A 产品和 B 产品产量资料

产品名称	月初在产品/件	本月投产/件	本月完工产品/件	月末在产品/件	完工率/%
A 产品	320	680	600	400	50%
B 产品	240	440	480	200	60%

2. 月初在产品成本资料（见表 6-2）

表 6-2　A 产品和 B 产品月初在产品成本　　　　单位：元

产品名称	直接材料	直接人工	制造费用	合计
A 产品	32 075	4 640	1 552	38 267
B 产品	21 725	2 760	788	25 273

3. 该厂 10 月份发生的生产费用资料

（1）材料费用情况。根据领料凭证汇总本月发出原材料计划成本 109 600 元。其中，A、B 产品分别耗用原料及主要材料 50 000 元和 30 000 元，A、B 产品共同耗用辅助材料 20 000 元，基本生产车间和修理车间分别耗用辅助材料 6 000 元和 2 000 元，修理车间提供修理劳务耗用修理用备件 1 600 元。A、B 两种产品共同耗用的辅助材料按所耗主要原材料的比例分配。本月该厂的原材料成本差异率为 1%。A、B 两种产品均为生产开始时一次性投料。

（2）外购动力费用。本月末根据电表度数和单位电价计算，本月应付外购电费 11 000 元。其中，A、B 产品动力用电 6 400 元，基本生产车间照明用电和办公用电 1 200 元，修理车间维修设备和照明用电 2 300 元，厂部管理部门用电 1 100 元。

（3）工资及福利费。根据该厂 10 月份工资结算汇总表，本月共发生工资费用 40 000 元。其中：基本生产车间工人工资 30 000 元，车间管理人员工资 2 000 元；机修车间生产工人工资 3 600 元，车间管理人员工资 1 200 元；厂部管理人员工资 3 200 元。基本生产车间工人工资按照 A、B 产品生产工时比例分配。同时，本月份发生职工福利费 5 600 元，其中，生产车间工人福利费 4 200 元，车间管理人员福利费 280 元，机修车间工人和管理人员福利费 672 元，厂部管理人员福利费 448 元。

（4）根据固定资产折旧计算表，本月应计提折旧 3 800 元。其中，基本生产车间计提 2 600 元，修理车间计提 800 元，厂部管理部门计提 400 元。

（5）其他费用。本月以现金、银行存款支付的其他费用见表 6-3：

表 6-3 其他费用发生情况 单位：元

其他费用	基本生产车间	修理车间	厂部管理部门
办公费	1 200	600	1 200
劳动保护费	800	200	400
运输费	1 000	200	400
合计	3 000	1 000	2 000

4. 其他有关资料

（1）本月 A、B 产品机器工时分别为 6 000 小时和 2 000 小时，生产工时分别为 8 000 小时和 2 000 小时。

（2）本月修理车间提供维修工时 4 000 小时。其中，基本生产车间受益 2 400 小时，企业行政管理部门受益 1 600 小时。

（3）基本生产车间的制造费用按 A、B 产品生产工时比例分配。

（4）修理车间的辅助生产费用按所提供的修理工时比例分配。此外，修理车间发生的组织和管理生产的费用（制造费用）直接记入“辅助生产”账户，不单独进行核算。

（5）生产费用在完工产品和月末在产品之间的分配，采用约当产量比例法。

根据上述案例资料，我们按照品种法成本计算的一般程序，长江机器厂 10 月份的成本计算如下：

1. 开设长江机器厂成本计算明细账，登记期初在产品成本

按照长江机器厂的生产特点，依据品种法的要求，设立 A、B 产品基本生产明细账（见表 6-12 和表 6-13）、基本生产车间制造费用明细账（见表 6-10）、辅助生产明细账（见表 6-8），并登记其生产明细账中的月初在产品成本，为生产费用的归集和分配做好准备。

2. 进行要素费用的归集与分配

根据所给资料，进行长江机器厂生产费用的归集和分配。具体归集、分配情况是：

（1）编制“材料费用分配汇总表”（见表6-4），分配材料费用，据以登记“基本生产”“辅助生产”“制造费用”明细账。

表6-4　材料费用分配汇总表

201×年10月　　　　单位：元

应借账户		成本或费用项目	直接计入	分配计入	计划成本合计	差异额（1%）	实际成本
基本生产	A产品	直接材料	50 000	12 500	62 500	625	63 125
	B产品	直接材料	30 000	7 500	37 500	375	37 875
	小　计		80 000	20 000	100 000	1 000	101 000
辅助生产——修理		辅料和修理备件	3 600		3 600	36	3 636
制造费用		辅料	6 000		6 000	60	6 060
合　计			89 600	20 000	109 600	1 096	110 696

表6-4中，A、B两种产品共同耗用辅助材料20 000元，分配计算过程如下：

$$分配率=\frac{20\ 000}{50\ 000+30\ 000}=0.25$$

A产品应分配辅助材料＝50 000×0.25＝12 500（元）

B产品应分配辅助材料＝30 000×0.25＝7 500（元）

（2）编制“外购动力费用分配汇总表”（见表6-5），据以登记“基本生产”“辅助生产”“制造费用”明细账户。

表6-5　外购动力费用分配汇总表

201×年10月　　　　金额单位：元

应借账户		成本（费用）	直接计入	分配计入			合计
				机器工时/小时	分配率	分配金额	
基本生产	A产品	直接材料		6 000	0.8	4 800	4 800
	B产品	直接材料		2 000	0.8	1 600	1 600
	小　计					6 400	6 400
辅助生产		电力	2 300				2 300
制造费用		电力	1 200				1 200
管理费用		电力	1 100				1 100
合　计			4 600			6 400	11 000

表 6-5 中，A、B 产品共同耗用动力用电 6 400 元，按机器工时比例分配计算如下：

$$分配率=\frac{6\ 400}{6\ 000+2\ 000}=0.8$$

A 产品分配外购电力费 = 6 000×0. 8 = 4 800（元）

B 产品分配外购电力费 = 2 000×0. 8 = 1 600（元）

（3）编制“工资及福利费分配汇总表”（见表 6-6），据以登记“基本生产”“辅助生产”“制造费用”明细账户。

表 6-6　工资及福利费分配汇总表

201×年 10 月　　　　单位：元

应借账户		成本（费用）项目	直接计入	分配计入			工资费用	职工福利费分配数
				生产工时/小时	分配率	分配金额		
基本生产	A 产品	直接人工		8 000	3	24 000	24 000	3 360
	B 产品	直接人工		2 000	3	6 000	6 000	840
	小　计			10 000		30 000	30 000	4 200
辅助生产		工资	4 800				4 800	672
制造费用		工资	2 000				2 000	280
管理费用		工资	3 200				3 200	448
合　计			10 000			30 000	40 000	5 600

表 6-6 中，基本生产车间工人工资 30 000 元由 A、B 两种产品共同耗用，按生产工时比例分配计算如下：

$$分配率=\frac{30\ 000}{8\ 000+2\ 000}=3$$

A 产品应分配工资费用 = 8 000×3 = 24 000（元）

B 产品应分配工资费用 = 2 000×3 = 6 000（元）

（4）根据折旧费用计算表和其他费用发生情况，编制“折旧和其他费用分配汇总表”（本例中为减少费用分配表的编制工作量，将二者合并为一个费用分配表，但在会计实务中应对二者分开编制），见表 6-7：

表 6-7　折旧和其他费用分配汇总表

201×年 10 月　　　　单位：元

应借账户	折旧费用	其他费用
辅助生产	800	1 000
制造费用	2 600	3 000
管理费用	400	2 000
合计	3 800	6 000

根据表6-7中的分配数，登记“制造费用”和“辅助生产”明细账。

3. 进行综合费用归集与分配

（1）根据修理车间辅助生产明细账（见表6-8），编制“辅助生产费用分配表”（见表6-9），据以登记“制造费用”“管理费用”明细账。

表6-8　辅助生产明细账

201×年10月　　　　单位：元

月	日	凭证号数	摘　要	材料	动力	工资	折旧费	其他	合计	转出	余额
10	31	（略）	材料费用分配（表6-4）	3 636					3 636		
			动力费用分配（表6-5）		2 300				2 300		
			工资及福利费分配（表6-6）			5 472			5 472		
			折旧费和其他费分配（表6-7）				800	1 000	1 800		
			本月合计	3 636	2 300	5 472	800	1 000	13 208		
			本月转出							13 208	—

表6-9　辅助生产费用分配表

201×年10月

应借账户	费用项目	修理工时/小时	分配率	分配额/元
制造费用	修理费	2 400	3.3	7 920
管理费用	修理费	1 600	3.3	5 288
合计		4 000		13 208

（管理费用账户应承担修理费用=13 208-7 920=5 288元）

（2）根据基本生产车间“制造费用”明细账（见表6-10），编制“制造费用分配表”（见表6-11），据以登记“基本生产”明细账。

表6-10　制造费用明细账

201×年10月　　　　单位：元

月	日	凭证号数	摘　要	材料费	动力费	工资费	折旧费	修理费	其他	合计	转出	余额
10	31	（略）	材料费用分配（表6-4）	6 060						6 060		
			动力费用分配（表6-5）		1 200					1 200		

表6-10(续)

月	日	凭证号数	摘　要	材料费	动力费	工资费	折旧费	修理费	其他	合计	转出	余额
			工资及福利费分配（表6-6）			2 280				2 280		
			折旧费和其他费分配（表6-7）				2 600		3 000	5 600		
			辅助生产费用分配（表6-9）					7 920		7 920		
			本月合计	6 060	1 200	2 280	2 600	7 920	3 000	23 060		
			本月转出								23 060	—

表6-11　制造费用分配表

201×年10月

应借账户	生产工时/小时	分配率	分配额/元
基本生产——A产品	8 000	2. 306	18 448
基本生产——B产品	2 000	2. 306	4 612
合计	10 000		23 060

4. 计算完工产品和月末在产品成本

根据上述要素费用分配和综合费用分配的结果，采用约当产量比例法，计算确定基本生产完工产品和月末在产品成本（见表6-12和表6-13）。

表6-12　基本生产明细账

（产品成本计算单）　　　　完工产品：600件

产品名称：A产品　　　　201×年10月　　　　月末在产品：400件

月	日	凭证号数	摘　要	成本项目			合　计/元
				直接材料/元	直接人工/元	制造费用/元	
9	30		月初在产品成本	32 075	4 640	1 552	38 267
10	31	（略）	材料费用分配（表6-4）	63 125			63 125
			动力费用分配（表6-5）	4 800			4 800
			工资及福利费分配(表6-6)		27 360		27 360
			制造费用分配（表6-11）			18 448	18 448
			本月生产费用	67 925	27 360	18 448	113 733
			生产费用合计	100 000	32 000	20 000	152 000
			约当产量	1 000	800	800	
			分配率（单位成本）	100	40	25	165
			转出完工产品成本	60 000	24 000	15 000	99 000
			月末在产品成本	40 000	8 000	5 000	53 000

表 6-13　基本生产明细账

（产品成本计算单）　　完工产品：480 件

产品名称：B 产品　　201×年 10 月　　月末在产品：200 件

月	日	凭证号数	摘　要	成本项目			合　计/元
				直接材料/元	直接人工/元	制造费用/元	
9	30		月初在产品成本	21 725	2 760	788	25 273
10	31	（略）	材料费用分配（表 6-4）	37 875			37 875
			动力费用分配（表 6-5）	1 600			1 600
			工资及福利费分配（表 6-6）		6 840		6 840
			制造费用分配（表 6-11）			4 612	4 612
			本月生产费用	39 475	6 840	4 612	50 927
			生产费用合计	61 200	9 600	5 400	76 200
			约当产量	680	600	600	
			分配率（单位成本）	90	16	9	115
			转出完工产品成本	43 200	7 680	4 320	55 200
			月末在产品成本	18 000	1 920	1 080	21 000

表 6-12 中，约当产量及完工产品与在产品成本计算过程如下：

（1）约当产量计算

由于 A 产品是一次投料，月末在产品使用的材料费用与完工产品的一样。材料的完工率按 100%计算，人工费用和制造费用按前面所给条件即 50%计算。

直接材料项目约当产量 = 600+400×100% = 1 000（件）

人工和制造费用约当产量 = 600+400×50% = 800（件）

（2）生产费用在完工产品和月末在产品之间的分配

$$直接材料分配率 = \frac{100\ 000}{600+400} = 100$$

完工产品应分配直接材料 = 600×100 = 60 000（元）

月末在产品应分配直接材料 = 400×100 = 40 000（元）

$$直接人工分配率 = \frac{32\ 000}{600+400\times50\%} = 40$$

完工产品应分配直接人工 = 600×40 = 24 000（元）

月末在产品应分配直接人工 = 200×40 = 8 000（元）

$$制造费用分配率 = \frac{20\ 000}{600+400\times50\%} = 25$$

完工产品应分配制造费用 = 600×25 = 15 000（元）

月末在产品应分配制造费用 = 200×25 = 5 000（元）

表 6-13 中，约当产量计算和生产费用合计数在完工产品与月末在产品之间分配的计算同表 6-12 相同，不再列出其计算过程。

第二节　品种法延伸——分类法

一、分类法的概念及适用范围

分类法是将企业生产的产品先分为若干类别，首先计算生产类别产品成本，然后按一定的方法将成本在类内各种产品之间进行分配，从而计算出各种产品成本的方法。这种方法可以被视为品种法在多品种生产企业的具体运用和延伸①。在会计实务中，一般都是将类内各种产品之间的分配比例折合为一定的系数，按系数比例分配，故分类法又称为“系数法”。

在生产工艺技术过程中所耗原材料种类相同，产品品种和规格繁多的企业，如果以产品品种、规格直接作为成本计算对象，归集生产费用，计算产品成本，则计算工作量是很大的。为了简化和加速成本计算工作，可以采用分类法计算产品成本。分类法适合于产品品种、规格繁多，而且可以按照一定的标准将产品划分为若干类别的生产企业，如无线电元件、钢铁、针织、服装等生产企业。

二、分类法的成本计算程序

分类法的成本计算程序可以归纳为两大步骤：

（1）先按照产品类别设置“类别产品成本计算单”，根据各种要素费用分配表和综合费用分配表，采用品种法（或分批法、分步法）计算出各类别完工产品成本和期末在产品成本，填制“类别成本计算单”。

（2）按照一定的分配标准，将各类别完工产品的总成本分成本项目在类内各种产品之间进行分配，计算出各种产品的实际总成本和单位成本，并编制按产品类别设置专栏的“产品成本计算单”。

三、影响分类法成本计算正确性的因素

合理划分产品类别，选择恰当的类内成本分配标准，是影响分类法成本计算正确性的关键因素。

（一）产品类别的划分

产品类别的划分，是采用分类法时必须首先考虑的关键因素之一。一般应将产品结构、生产工艺技术和所耗原材料基本相同或相近的产品归为一类。产品类别划分太少，会影响到成本计算的正确性；产品类别划分太多，起不到简化成本计算的目的。在实务中，会计人员应根据企业生产类型和特点，结合管理上对成本计算的要求，不断总结经验教训，摸索出一种最佳归类方法。

---

① 本书仅仅从便于章节的安排出发，将分类法作为品种法的延伸看待，编入“品种法”一章。从理论上讲，采用分类法计算类别成本时，不仅可以借助于品种法，也可以借助于分批法或分步法。

（二）类内产品成本分配标准的选择

类内产品成本分配标准的选择也会直接影响成本计算的正确性。一般类内分配标准可以选择产品定额消耗量、产品定额成本费用、产品售价、产品重量、产品体积或产品长度等。各成本项目可以采用同一个分配标准，也可以采用不同的分配标准。类内分配标准的选择，既要保证费用分配结果的正确、合理，又要使分配工作简便易行。在实务中，应尽量选择与产品成本高低有直接关系的因素作为类内分配标准。

四、类内产品成本分配方法

类内产品成本的分配，通常选择以下两种分配方法进行：

（一）定额比例法

如果企业定额基础工作较好，各项消耗定额比较齐全、准确和稳定，各类完工产品总成本就可以按类内各种产品的定额消耗量比例进行分配，计算公式为

$$\text{某类产品某项费用分配率}=\frac{\text{该类完工产品该项费用总额}}{\text{该类内各种产品该项费用的定额成本（或定额耗用量）之和}}\times 100\%$$

$$\text{类内某种产品某项费用实际成本}=\text{类内该种产品该项费用的定额成本（或定额耗用量）}\times\text{该类产品该项费用分配率}$$

（二）系数法

系数法就是将分配标准折算成相对固定的系数，按照系数在类内各种产品之间分配费用，计算各种产品成本。确定系数时，在同一类产品中选择一种产品作为标准产品。作为标准产品的产品必须具有代表性，一般应具有产量大、生产批量比较稳定和规格适中的特点。具体做法是：将单位标准产品的系数视为 1，将类内其他产品材料定额、工时定额或产品售价与标准产品的材料定额、工时定额或产品售价相比较，确定类内其他产品的系数，再将各种产品实际产量按系数折算为标准产品的产量。

$$\text{某产品标准产量}=\text{该产品实际产量}\times\text{该产品系数}$$

$$\text{某类产品某项费用分配率}=\frac{\text{该类完工产品该项费用总额}}{\text{该类内各种产品标准产量之和}}\times 100\%$$

$$\text{某种产品应分配的某项费用}=\text{该种产品标准产量}\times\text{该类产品该项费用分配率}$$

五、分类法应用案例

【例 6-2】红星模具厂是一家专业化生产注塑模具的企业，其模具加工的工艺流程包括：模具坯料准备→零件粗加工→半精加工→热处理→精加工→型腔表面处理→模具装配→上机调试。本月生产甲、乙、丙三种类型模具，基于三种类型模具在用料、工艺流程、产品结构上的相似性，管理上用分类法计算各种模具产品成本。

红星模具厂采用的成本计算程序是：

（1）将甲、乙、丙三种模具视为一类产品，根据有关费用分配表登记该类产品成本计算单（见表6-14），采用适当的分配方法将该类产品的生产费用合计，在该类完工产品与月末在产品之间进行分配，计算并登记该类产品本月完工产品成本和月末在产品成本。

表6-14　类别产品成本计算单

201×年×月　　　　单位：元

项　目	直接材料	直接工资	制造费用	合　计
月初在产品成本	36 000	1 900	10 000	47 900
本月发生生产费用	78 000	38 000	50 000	166 000
合计	114 000	39 900	60 000	213 900
完工产品成本	68 500	24 072	56 905. 50	149 477. 50
月末在产品成本	45 500	15 828	3 094. 50	64 422. 50

（2）根据产品的原材料消耗定额和工时定额，计算并填制“产品系数计算表”（见表6-15）。

表6-15　产品系数计算表

产　品	原材料消耗定额/千克	原材料成本系数	工时定额	工时定额系数
甲产品	80	1	100	1
乙产品	120	1. 5	140	1. 4
丙产品	64	0. 8	50	0. 5

表6-15中，选择甲产品为标准产品，将甲产品材料成本系数、工时定额系数分别定为1。

$$乙产品直接材料成本系数=\frac{120}{80}=1.5$$

$$丙产品直接材料成本系数=\frac{64}{80}=0.8$$

$$乙产品工时定额系数=\frac{140}{100}=1.4$$

$$丙产品工时定额系数=\frac{50}{100}=0.5$$

（3）根据各种产品的产量月报和产品系数，分别计算甲、乙、丙三种产品的成本，按产品别编制“产品成本计算单”（见表6-16）。

表6-16中，直接材料、直接人工、制造费用分配率计算如下：

$$直接材料分配率=\frac{68\ 500}{2\ 000}=34.25$$

$$直接人工分配率=\frac{24\ 072}{1\ 770}=13.60$$

$$制造费用分配率=\frac{56\ 905}{1\ 770}=32.15$$

采用分类法计算产品成本，不仅可以简化成本计算工作，而且能够在产品品种、规格繁多的情况下，分类掌握产品成本水平。但是，如果类内各种产品之间分配标准选择不当，就会影响产品成本计算结果的正确性。此外，在产品结构、所耗原材料或工艺技术过程发生较大变动时，还应及时修订分配系数或调整分配标准，以保证产品成本计算的正确性。

表 6-16　产品成本计算单

201×年 7 月　　　　金额单位：元

产品名称	产量/台	分配标准				总成本							单位成本
		直接材料		工时定额		直接材料		直接工资		制造费用		合计	
		系数	总系数	系数	总系数	分配率	分配额	分配率	分配额	分配率	分配额		
甲产品	400	1	400	1	400		13 700		5 440		12 860	32 000	80.00
乙产品	800	1.5	1 200	1.4	1 120		41 100		15 232		36 008	92 340	115.425
丙产品	500	0.8	400	0.5	250		13 700		3 400		8 037.50	25 137.50	50.275
合　计			2 000		1 770	34.25	68 500	13.60	24 072	32.15	56 905.50	149 477.50	

六、分类法在联产品、副产品、等级品成本计算中的应用

（一）联产品成本的计算

联产品是指利用同种原材料，在同一生产工艺过程中同时生产出两种或两种以上的主要产品。如炼油厂从原油中同时提炼出各种汽油、煤油和柴油等主要产品。

联产品耗用原材料相同，生产工艺技术过程也相同，可以归为一类，采用分类法计算产品成本。如果同一生产过程分离出来的联产品还需要单独加工才能最终制成产成品，还必须对分离出来的联产品按其生产特点，采用其他的成本计算方法计算出其加工成本，然后将分离前的产品成本加上分离后的加工成本就是最终产成品的生产成本。

【例 6-3】光华厂用同一原材料，通过同一生产过程生产出 A、B、C 三种主要化工产品。其中，A 产品分离后还需继续加工才能制成最终产成品。

光华厂计算 A、B、C 三种联产品成本的有关资料如下：

1. 产量、单位产品售价和按售价计算的系数（见表 6-17）

表 6-17

产品名称	产量/千克	单位售价/元	系数
A 产品	800	60	1
B 产品	400	48	0.8
C 产品	960	30	0.5

2. 类别成本资料（见表 6-18）

表 6-18 类别成本资料

项 目	直接材料	直接人工	制造费用	合 计
分离前类别成本/元	27 840	3 712	14 848	46 400
各成本项目比重/%	60	8	32	100
分离后 A 产品加工成本/元	400	96	288	784

根据上述资料，采用系数法计算并编制“联产品成本计算单”（见表 6-19）。

表 6-19 联产品成本计算单

201×年×月

产品名称	产量/千克	系数	标准产量	类别成本	标准产品单位成本/元	联产品成本/元	联产品单位成本/元
A 产品	800	1	800			23 200	29
B 产品	400	0. 8	320			9 280	23. 20
C 产品	960	0. 5	480			13 920	14. 50
合 计			1 600	46 400	29	46 400	

根据表 6-17、表 6-18、表 6-19 中的资料，计算并编制“A 产品成本汇总表”（见表 6-20）。

表 6-20 A 产品成本汇总表

201×年×月　　产量：800 千克

成本项目	分离前分配成本		分离后加工成本/元	总成本/元	单位成本/元
	比重/%	金额/元			
直接材料	60	13 920	400	14 320	17. 90
直接人工	8	1 856	96	1 952	2. 44
制造费用	32	7 424	288	7 712	9. 64
合 计	100	23 200	784	23 984	29. 98

按单位售价换算为系数，再折合为标准产量对联产品成本进行分配，与按产品售价的比例直接进行分配的结果是一致的。因此，本例题也可以直接按售价比例进行分配。

（二）副产品成本的计算

副产品是指在生产主要产品的过程中同时附带生产出来的次要产品，如炼油厂在提炼原油的过程中产生的渣油、沥青等，炼铁厂在生产过程中产生的高炉煤气、炉渣，炼焦厂在生产过程中产生的煤焦油，电解厂在生产过程中产生的阳极泥等。

副产品是相对于主要产品而言的，没有主要产品，也就不存在副产品。如果主要产品不止一种，而是若干种，则这些主要产品同时也是联产品。所以，企业的副产品往往是与联产品相联系的。

副产品的生产耗费是与主要产品结合在一起的。由于它不是主要产品，所占的费用比重不大，为了简化计算工作，一般不要求单独计算成本，而是将出自同一个生产过程的联产品和副产品合为一类产品，先计算出类别总产品的成本，然后对副产品进行计价并从总成本中扣除，余下的便是主要产品（联产品）的成本。

副产品的计价是否正确，直接影响到主要产品成本计算的正确性。副产品通常按照售价减去税金和销售利润后的余额计价，也可以按固订单价计价。副产品的计价额，一般从总成本的直接材料项目中扣除。如果副产品的售价不能抵偿其费用，说明副产品的经济意义不大，可以不单独计价，而由主要产品（联产品）负担；如果副产品在企业产品中的地位提高，产量比重增大，则此时副产品也就成了联产品，应按联产品计算成本；如果副产品与主要产品分离后还要继续加工，则应采用适当的方法单独计算其加工成本。

【例 6-4】兰新炼油厂本月发生的生产费用为 5 704 800 元，在生产主要产品（联产品）时生产出沥青、渣油、环烷酸等副产品。副产品按固订单价计价，联产品按系数法计算成本，有关资料如下：

1. 副产品计价资料（见表 6-21）

表 6-21　副产品计价资料

项 目	产量/吨	固订单价/元	成本合计/元
沥青	1 200	80	96 000
渣油	4 800	65	312 000
环烷酸	8	600	4 800
合 计			412 800

2. 联产品系数计算资料（见表 6-22）

表 6-22　联产品系数计算表

产品名称	定额成本/元	系数计算	系数
汽油	500	500÷500	1
航空汽油	600	600÷500	1. 20
煤油	520	520÷500	1. 04
轻柴油	400	400÷500	0. 80
重柴油	250	250÷500	0. 5

根据以上资料和有关费用分配表、产量月报等资料，编制兰新炼油厂“炼油产品成本计算单”（见表 6-23）。

表 6-23　炼油产品成本计算单

201×年×月　　　　　　　　金额单位：元

成本项目	单位	总消耗量	单价	金额	产品名称	产量/吨	分配系数	总系数	总成本	单位成本
直接材料	吨				汽油	3 408	1	3 408	920 160	270
1. 原油		35 200	150	5 280 000	航空汽油	1 920	1.20	2 304	622 080	324
2. 定额材料					煤油	3 200	1.04	3 328	898 560	280.80
硫酸		102.40	150	15 360	轻柴油	7 200	0.80	5 760	1 555 200	216
烧碱		54.40	800	43 520	重柴油	9 600	0.50	4 800	1 296 000	135
乙基铅		1.44	7 000	10 080						
其他				37 088	联产品合计	25 328		19 600	5 292 000	270
直接工资				16 000						
制造费用				302 752	沥青	1 200			96 000	80
其中：电力	千度	1 280	120	153 600	渣油	4 800			312 000	65
折旧				25 600	环烷酸	8			4 800	600
其他				123 552						
					副产品合计				412 800	
总成本				5 704 800	总成本				5 704 800	

（三）等级品成本的计算

等级品是指利用相同材料，经过同一生产过程生产出的品种相同而质量品级不同的产品。

等级品按其形成的原因不同，可以分为两种：一种是由于自然原因或工艺技术条件不同而形成的等级品，这些等级品可视同联产品，其成本计算可以采用分类法的原理，计算各等级品的实际总成本及单位成本；另一种是因管理不善或操作原因而形成的不同等级的产品，这种情况下产生的各等级品成本不应有所区别，不宜采用分类法计算产品成本。

企业在生产主要产品时，还生产少量的零部件或自制少量材料和工具等，这些零星生产的产品虽然耗用的材料和工艺技术过程不完全相同，但因其品种、规模繁多，而且数量少、费用小，为了简化计算工作，也可以将它们归为一类，按分类法计算成本。

本章小结

本章对品种法的特点、适用范围、计算程序进行归纳讨论，并以制造业中的机械制造企业为例，演示其产品成本计算过程中每个步骤要素费用、综合费用的归集与分配，体现其整个成本计算全貌，将本书第三章、第四章的内容更全面地融合在一起，进一步说明前面第三章、第四章是成本计算基本环节讨论，而第六章、第七章、第八章是其综合使用。

本章第二节讨论了分类成本计算法。在理论上讲，分类法不是基本成本计算方法，但是本书将其视为品种法延伸，也在本章加以介绍。分类法主要适用于产品品种较多的生产企业，与生产特点并没有直接联系。分类法成本计算结果正确与否，取决于两个关键环节：一个是产品的分类是否合理；另一个是类内产品成本分配标准的选择。前者主要考虑产品结构、用料、工艺技术过程这三个核心因素；后者主要考虑分配标准数据取得难易程度，以及与产品消耗之间的紧密度。

在分类法的基础上，介绍了联产品、副产品、等级品在成本计算上的基本思路与方法。它们由于相对企业的主产品，居于次要地位，总的思路是简化其成本计算程序和内容，相对准确就达到成本计算目的，当然也不能人为去操纵。

本章思考拓展问题：

1. 品种法成本计算的特点是什么？举一个品种法计算成本的企业案例。
2. 在生产单一产品和多种产品的企业，采用品种法计算成本有何不同？
3. 分类法中，如何确定类内成本分配标准？最常用的分配方法是什么？

第七章
分批法

【导入案例】

中汽成都汽车配件厂是一家中型企业，主要生产轿车、载重汽车发动机里的凸轮轴，其中为东风起亚、上海通用等轿车生产商配套生产冷激铸铁凸轮轴，为中国重型汽车集团等企业生产碳钢楔横扎凸轮轴。凸轮轴是活塞发动机里的一个部件，它的作用是控制气门的开启和闭合动作，主要由凸轮、支承轴颈、轴颈等部分组成。凸轮轴生产工艺流程主要是：铸造、碎火、铣削、钻孔、车削、磨削、抛光、清洗、检验等工序。该汽车配件厂设有铸造车间、热处理车间、精加工中心三个基本生产单位。

问题：你认为该企业凸轮轴生产成本应当采用什么方法计算科学、合理？

学习目标：

分批法是按照产品的批别或订单计算产品成本的方法，也是一种基本的成本计算方法，主要广泛应用于小批单件类型的生产，比如造船业、重型机器制造业、服装服饰行业等。

在小批单件生产企业，如果同一时期投产的产品批次很多，为了提高成本计算的效率，减少生产单位间接费用分配工作量，也可以采用简化的分批法。

在学习本章的过程中同学们应当注意：

1. 了解分批法成本计算法的概念、特点，以及适用的企业生产类型。

2. 熟悉分批法成本计算基本程序，并能熟练地利用分批法资料计算出各批别产品成本。

3. 理解简化分批法成本计算原理，能熟练地使用其资料计算出各批别产品成本。

本章难点提示：

● 明确会计实务中产品订单与产品生产批别的关系问题，以及如何根据产品订单确定产品生产批别。

● 简化分批法成本计算原理，以及与成本计算准确性的关系问题。

第一节　分批法的特点与计算程序

一、分批法的特点

分批法是指以产品批别或件别为成本计算对象，归集生产费用，计算各批或各件产品成本的一种方法。在单件小批生产的企业，一般是按照购买单位的订货单，由企业生产计划部门下达任务通知单，用以安排每批或每件产品的生产。因此，分批法又可以称为订单法。

分批法主要具有以下几个特点：

（1）采用分批法，成本计算对象一般为产品生产批别或件别。由于企业在生产中一般是根据购买单位的订货单确定产品的种类和批量，所以，实际上是以购买单位的订货单确定成本计算对象。

在实际确定成本计算对象时，需做具体分析。如果企业接到的一张订单上要求生产两种以上的产品，为了便于管理，应按产品品种分批组织生产，并以同一品种的产品批别作为成本计算对象，这样，成本计算对象就不是订单，而是两种以上产品的批别；如果在同一张订单上要求生产一种产品，但批量很大，且购买单位要求分批交货，则此时企业应分数批组织生产，并以同一种产品的不同批量分别作为成本计算对象；如果同一时期内，若干张订单要求生产同一种产品，且批量不大，为了便于管理并简化成本计算，也可以将几张订单合并为一批组织生产，此时，成本计算对象是由几张订单合并而成的同一批产品。

（2）由于各批或各订单产品的实际总成本须待该批或该订单产品完工后才能结出，因此，完工产品的成本计算是不定期的，它与生产周期一致，而与会计报告期不一致。

（3）在分批法下，由于成本计算期与产品的生产周期一致，在月末一般不单独计算在产品成本。

如果是单件生产，则产品完工以前发生的所有生产费用都是在产品成本，产品完工以后所有的生产费用都是完工产品的成本，因而在月末计算成本时，一般不存在在完工产品和在产品之间分配费用的问题。

如果是小批生产，由于同一批产品一般都是同时完工，在月末计算成本时，或者是全部已经完工，或者是全部没有完工，因而一般也不存在在完工产品和在产品之间分配费用的问题。但是，如果同一批产品存在跨月陆续完工的情况，月末既有部分完工又有部分未完工，则需单独核算在产品成本。如果当月月末完工产品数量不多，可按计划成本或定额成本计算完工产品成本，实际成本与计划成本或定额成本的差异由月末在产品成本负担；如果当月月末完工产品数量较多，为了提高成本计算的准确性，应根据具体条件采用适当的分配方法，在完工产品和月末在产品之间分配生产费用，计算完工产品成本和月末在产品成本。

二、分批法的适用范围

分批法主要适用于单件、小批且管理上不要求分步计算成本的复杂生产企业或车间，如船舶、重型机械、精密仪器、专用工具模具和专用设备制造以及新产品试制等。在某些简单生产的情况下，如果企业的生产是按单件、小批组织的，也可以采用分批法计算各批产品成本，如某些特殊或精密铸件的熔铸等。

三、采用分批法计算成本的基本程序

采用分批法计算成本时，基本程序如下：

（1）根据产品的批别、件别或订单，设置“基本生产明细账”或成本计算单，以便归集生产费用，计算各批或各件产品成本；

（2）各个基本生产车间、辅助生产车间应将各种费用的原始凭证按其用途进行归类管理，据以编制各种费用分配表，登记基本生产明细账、辅助生产明细账和其他成本核算账户；

（3）根据“辅助生产明细账”归集的费用，按照各车间、部门耗用辅助生产车间的产品或劳务的数量进行分配；

（4）根据“制造费用明细账”归集的费用，按照一定的标准在各批产品之间进行分配；

（5）根据“成本计算单”汇集的生产费用和有关生产记录，计算完工产品成本和月末在产品成本。

分批法的成本计算程序如图 7-1 所示。

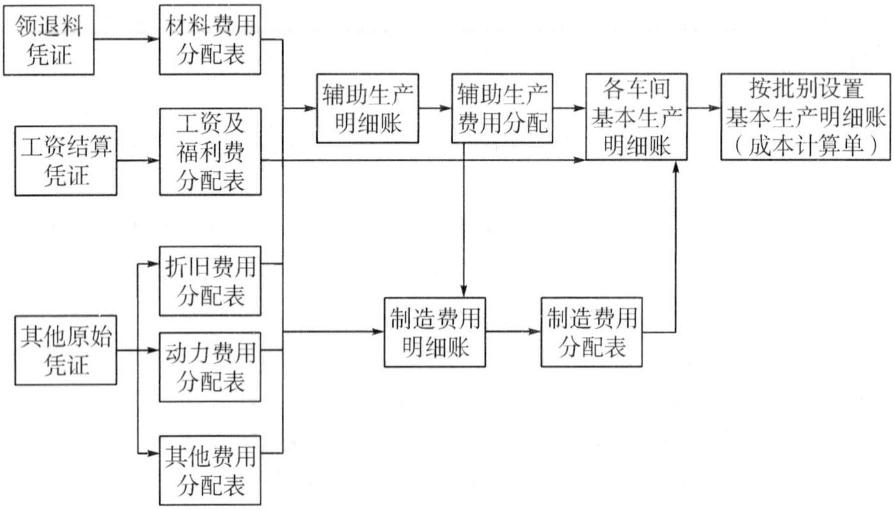

图 7-1　分批法成本计算程序

四、分批法应用案例

【例 7-1】创凌科技股份公司是一家专业化生产汽车专用散热器的企业。汽车散热器由进水室、出水室及散热器芯三部分构成，使用材料主要有铜、铝等原材料。主要产品有管片式散热器、管带式散热器以及板式散热器。该企业设有机加工和装配两个基本生产车间。该企业按照客户订单组织生产经营活动，原材料在机加工车间逐次投入，装配车间不再投料。该企业在管理上采用分批法计算汽车散热器成本。

该企业 201×年 6 月的生产情况和生产费用情况如下：

（1）6 月份生产的产品。

1001 号管片式产品 10 件，5 月投产，6 月全部完工。

1002 号管带式产品 12 件，6 月投产，月末完工 10 件，在产品 2 件。本月 1002 号产品的完工产品成本按计划成本计价并结转。

1003 号板式产品 8 件，5 月投产，6 月尚未完工。

（2）本月的生产费用资料。

①各批产品月初在产品费用见表 7-1。

表 7-1　　　　单位：元

批号	直接材料	直接人工	制造费用	合计
1001 号	2 400	4 200	5 500	12 100
1003 号	3 200	3 500	2 250	8 950

②本月份各车间生产费用见表 7-2。

表 7-2　　　　单位：元

车间	直接材料	直接人工	制造费用	合计
机加工车间	3 300	5 400	21 600	30 300
装配车间		2 400	14 000	16 400

根据上述资料，该企业 201×年 6 月份的成本计算如下：

（一）生产车间根据各项费用分配表归集与分配生产费用

1. 材料费用的归集与分配（见表 7-3）

表 7-3　材料费用分配表

201×年 6 月　　　　金额单位：元

应借账户	机加工车间					直接归集	合计
	产量/件	消耗定额	定额消耗量	分配率	分配金额		
基本生产——1001 号	10	100	1 000		1 100		1 100
——1002 号	12	100	1 200		1 320		1 320
——1003 号	8	100	800		880		880
小　计	30		3 000	1. 10	3 300		3 300
制造费用						1 200	1 200
合　计					3 300	1 200	4 500

$$材料费用分配率=\frac{3\ 300}{1\ 000+1\ 200+800}=1.10$$

2. 人工费用的归集与分配（见表 7-4）

表 7-4　人工费用分配表

201×年 6 月　　　　单位：元

应借账户	机加工车间（分配率：2）		装配车间（分配率：1.5）		合计
	分配标准（生产工时）/小时	分配金额	分配标准（生产工时）/小时	分配金额	
基本生产——1001 号	1 000	2 000	600	900	2 900
——1002 号	750	1 500	450	675	2 175
——1003 号	950	1 900	550	825	2 725
小　计	2 700	5 400	1 600	2 400	7 800
制造费用		350		600	950
合　计		5 750		3 000	8 750

$$机加工车间人工费用分配率=\frac{5\ 400}{1\ 000+750+950}=2$$

$$装配车间人工费用分配率=\frac{2\ 400}{600+450+550}=1.5$$

3. 制造费用的归集与分配

各基本生产车间根据各项费用分配表，归集本月发生的制造费用，根据各基本生产车间的“制造费用明细账”，采用生产工时比例法分配各车间的制造费用，并编制“制造费用分配表”（见表 7-5）。

表 7-5　制造费用分配表

201×年 6 月　　　　单位：元

应借账户	机加工车间（分配率：8）		装配车间（分配率：8.75）		合计
	分配标准（生产工时）/小时	分配金额	分配标准（生产工时）/小时	分配金额	
基本生产——1001 号	1 000	8 000	600	5 250	13 250
——1002 号	750	6 000	450	3 937.5	9 937.5
——1003 号	950	7 600	550	4 812.5	12 412.5
合　计	2 700	21 600	1 600	14 000	35 600

$$机加工车间制造费用分配率=\frac{21\ 600}{1\ 000+750+950}=8$$

$$装配车间制造费用分配率=\frac{14\ 000}{600+450+550}=8.75$$

（二）根据各项费用分配表编制各批别的成本计算单（见表 7-6、表 7-7 和表 7-8）

表 7-6　成本计算单

订单号：1001 号　　投产日期：200×年 5 月
产品名称：管片式产品　　完工日期：200×年 6 月
批量：10 件　　本月完工：10 件

凭证号数	摘　　要	成　本　项　目/元			
		直接材料	直接人工	制造费用	合计
	月初在产品成本	2 400	4 200	5 500	12 100
表 7-3	归集直接材料费用	1 100			1 100
表 7-4	归集直接人工费用		2 900		2 900
表 7-5	分配制造费用			13 250	13 250
	生产费用合计	3 500	7 100	18 750	29 350
	完工产品成本	3 500	7 100	18 750	29 350
	完工产品单位成本	350	710	1 875	2 935
	月末在产品成本				

表 7-7　成本计算单

订单号：1002 号　　投产日期：200×年 6 月
产品名称：管带式产品　　完工日期：
批量：12 件　　本月完工：10 件

凭证号数	摘　　要	成　本　项　目/元			
		直接材料	直接人工	制造费用	合计
	月初在产品成本				
表 7-3	归集直接材料费用	1 320			1 320
表 7-4	归集直接人工费用		2 175		2 175
表 7-5	分配制造费用			9 937. 5	9 937. 5
	生产费用合计	1 320	2 175	9 937. 5	13 432. 5
	完工产品成本	1 000	1 800	8 100	10 900
	完工产品单位成本	100	180	810	1 090
	月末在产品成本	320	375	1 837. 5	2 532. 5

注：1002 号乙产品完工产品按计划单位成本计价。

表 7-8　成本计算单

订单号：1003 号　　　　　　　　　　　　　　投产日期：200×年 5 月
产品名称：板式产品　　　　　　　　　　　　　完工日期：
批量：8 件　　　　　　　　　　　　　　　　　本月完工：0 件

凭证号数	摘　　要	成　本　项　目/元			
		直接材料	直接人工	制造费用	合计
	月初在产品成本	3 200	3 500	2 250	8 950
表 7-3	归集直接材料费用	880			880
表 7-4	归集直接人工费用		2 725		2 725
表 7-5	分配制造费用			12 412. 5	12 412. 5
	生产费用合计	4 080	6 225	14 662. 5	24 967. 5
	月末在产品成本	4 080	6 225	14 662. 5	24 967. 5

第二节　简化分批法

一般来说，在小批单件生产的企业或车间，同一时期内投产的产品批数往往很多，达几十批甚至几百批，且月末未完工的产品批数也较多。在这种情况下，如果当月发生的生产费用，无论各批产品是否已经完工，间接计入费用都要按月在各批产品之间进行分配，费用分配的核算工作将极为烦琐。为了简化核算工作，可以采用简化分批法。

一、简化分批法的特点和适用范围

采用简化分批法，每月只归集各批产品的直接计入费用，不再按月分配间接计入费用。具体方法是：通过设置基本生产二级账分成本项目逐月累计登记间接计入费用，待该批产品完工时，才分配计入该批产品成本。对各批完工产品间接计入费用通常采用累计工时比例进行分配。累计间接费用分配率的计算公式如下：

$$全部产品某项累计间接费用分配率=\frac{全部产品某项间接费用累计数}{全部产品累计工时}\times 100\%$$

某批完工产品应分配的间接费用=该批完工产品累计工时×分配率

与一般分批法相比较，简化分批法具有以下特点：

（1）需设立基本生产二级账，按成本项目汇总登记各批别产品当月发生和累计发生的生产费用、生产工时，分配完工产品的间接计入费用，核算完工产品总成本和在产品总成本。

（2）仍应按产品批别设立基本生产明细账，与基本生产二级账平行登记。但是，在各批产品完工之前，该基本生产明细账只需登记直接材料费用和生产工时，不分配间接计入费用。只有在月末存在完工产品的情况下，才进行完工产品间接计入费用的分配、核算完工产品总成本和单位成本。

（3）在完工之前，各批产品每月发生的间接计入费用无须按月在各批产品之间分配登记，而是先累计登记，待产品完工时才进行间接计入费用的分配登记。因此，全部产品的在产品成本只是以总数反映在基本生产二级账中，并不分批计算在产品成本。此方法又可以称为不分批计算在产品成本的分批法。

综上所述，简化分批法之所以能简化产品成本的核算工作，主要是因为它能通过累计间接费用分配率，将在各批产品之间分配间接计入费用的工作以及在完工产品和月末在产品之间分配费用的工作合并在一起进行。也就是说，生产费用的横向分配工作和纵向分配工作在产品完工时是依据同一费用分配率一次性完成的，从而大大简化了生产费用的分配和登记工作。月末未完工产品的批别越多，其核算工作就越简化。

但是，这种方法只在满足产品投产批数较多、生产周期较长、各月间接计入费用水平稳定且月末未完工产品批数较多等条件的企业内适用。因为如果在未满足这些条件的企业内采用简化分批法，不仅简化效果不明显，而且还会影响完工产品成本计算的准确性。例如，在月末未完工产品批数不多的情况下，绝大多数产品的批别仍然要分配登记间接计入费用，计算工作量没有减少多少，计算的准确性反而会受到影响。

二、简化分批法的计算程序

企业采用简化分批法计算产品成本时，可以按以下步骤进行：

（1）根据产品的批别、件别或订单，设置基本生产明细账或成本计算单，同时设置基本生产二级账。

（2）将各种材料费用的原始凭证按用途归类、整理，编制材料费用分配表，在各批产品完工之前，按月在基本生产明细账中登记直接材料费用和生产工时的当月发生数和合计数；根据辅助生产费用分配表、工资费用分配表和制造费用明细账等，按成本项目在基本生产二级账中平行登记当月发生和累计发生的其他生产费用。

（3）待产品完工时，根据基本生产二级账的记录资料，计算间接费用分配率；按完工产品累计工时分配间接计入费用，并计入基本生产明细账，结算完工产品总成本和单位成本。

（4）将计算出的各批别的完工产品总成本计入基本生产二级账，并计算出月末在产品成本。

其中，基本生产二级账（见表 7-10）的具体登记方法如下：

①“期初余额”根据上月期末余额转入；

②“本月发生费用、工时”根据各项费用汇总表不分产品批别汇总登记，其中工时根据工时记录汇总登记；

③“累计费用、工时”根据“期初余额”加计“本月发生费用、工时”累计登记；

④“累计间接费用分配率”根据前述公式计算登记；

⑤“转出完工产品成本”根据各批产品成本计算单计算的完工产品成本汇总

登记；

⑥“期末余额”根据公式计算登记，计算公式为“期末余额=期初余额+本月发生费用-转出完工产品成本”。

三、简化分批法应用案例

【例7-2】万象潮是一家专业化生产各种类型、尺寸轴承的企业，根据客户订单常常采用小批量多批次生产组织方式，成本核算上采用简化分批法计算轴承成本。该企业201×年6月的生产情况和“基本生产二级账”累计资料见表7-9、表7-10。

表7-9　生产记录表

订单号	产品名称	投产量	本月完工	月末在产品
1001号	A型轴承	4月投产8件	8件	
1002号	B型轴承	5月投产10件	6件（定额工时25 000小时）	4件
1003号	C型轴承	6月投产9件		9件

表7-10　基本生产二级账

（各批次产品全部成本）　　单位：元

201×年 月	日	摘　要	直接材料/元	工时/小时	直接人工/元	制造费用/元	合　计
5	31	月末在产成本	64 800	36 500	24 200	36 000	125 000
6	30	本月发生费用	44 000	43 500	95 800	144 000	283 800
		累计生产费用	108 800		120 000	180 000	408 800
		累计工时		80 000			
		分配率			1. 5	2. 25	
		转出完工产品成本	61 040	55 500	83 250	124 875	269 165
		月末在产品成本	47 760	24 500	36 750	55 125	139 635

注：直接材料为直接费用，不需在各批产品之间进行分配。

根据上述资料，该企业200×年6月份的成本计算如下：

（1）计算全部产品累计间接费用分配率：

$$全部产品累计直接人工分配率=\frac{120\ 000}{80\ 000}=1.50（元/小时）$$

$$全部产品累计制造费用分配率=\frac{180\ 000}{80\ 000}=2.25（元/小时）$$

（2）编制各批产品“成本计算单”（见表7-11、表7-12和表7-13）（其中，乙产品耗用的直接材料是开工时一次投入的）。

表 7-11 产品成本计算单

订单号：1001 号　　投产日期：4 月

产品名称：A 型轴承　　完工日期：6 月

产品批量：8 件　　本月完工：8 件

201×年		摘要	直接材料/元	工时/小时	直接人工/元	制造费用/元	合计/元
月	日						
6	1	期初余额	10 400	16 500			
6	30	本月发生费用	18 000	14 000			
		累计数	28 400	30 500			
		累计间接费用分配率			1.5	2.25	
		转出完工产品成本	28 400	30 500	45 750	68 625	142 775
		单位成本	3 550		5 718.75	8 578.13	17 846.88

注：累计间接费用分配率根据基本生产二级账登记。

表 7-12 产品成本计算单

订单号：1002 号　　投产日期：5 月

产品名称：B 型轴承　　完工日期：

产品批量：10 件　　本月完工：6 件

201×年		摘要	直接材料/元	工时/小时	直接人工/元	制造费用/元	合计/元
月	日						
6	1	期初余额	20 400	20 000			
6	30	本月发生费用	34 000	16 000			
		累计数	54 400	36 000			
		累计间接费用分配率			1.5	2.25	
		转出完工产品成本	32 640	25 000	37 500	56 250	126 390
		单位成本	5 440		6 250	9 375	21 065
		期末余额	21 760	11 000			

表 7-13 产品成本计算单

订单号：1003 号　　投产日期：6 月

产品名称：C 型轴承　　完工日期：

产品批量：9 件　　本月完工：

201×年		摘要	直接材料/元	工时/小时	直接人工/元	制造费用/元	合计/元
月	日						
6	1	期初余额					
6	30	本月发生费用	26 000	13 500			
		累计数	26 000	13 500			
		期末余额	26 000	13 500			

第三节　分批零件法

一、分批零件法的特点和适用范围

分批零件法是指以零件生产的批别和部件、产成品装配的批别为成本计算对象，归集生产费用，计算产品成本的一种方法。它是成本计算分批法的派生方法，主要适用于零件种类不多或成本计算工作已实现电算化的装配式生产企业或车间，如仪器、仪表等生产企业。

分批零件法的主要特点：

（1）分批零件法的成本计算对象是零件、部件和产品的批别，要求按不同批别的零件、部件和产品设置“基本生产”明细账，分别计算各批零件、部件、产品的总成本和单位成本。

（2）分批零件法的成本计算期和分批法一样是不定期的，它与生产周期一致，而与会计报告期不一致。

（3）分批零件法同分批法一样，一般不单独核算在产品成本，只有在同一批产品存在跨月陆续完工的情况下，才需要单独核算在产品成本。注意，这里所说的在产品是指狭义的在产品，它仅指各车间尚未完工的零件和部件，不包括各车间已完工并入自制半成品库的零部件。为此，采用分批零件法计算产品成本时，除了设置“基本生产”明细账外，还需要设置“自制半成品”账户，以核算完工入库的零部件成本。

二、分批零件法的计算程序

采用分批零件法计算成本时，基本程序如下：

（1）将可装配成某种部件的各种自制零件按批别开设各批别零件的成本计算单，汇集各批零件的生产费用，并在该批完工零件和未完工零件之间进行分配，计算出该批完工零件的总成本和单位成本。

（2）根据可装配成某种产品的各种部件按批别开设各批别部件的成本计算单，汇集各批部件的装配费用，计算出完工部件的单位装配成本，再将其加上装配于该批单位部件的各种零件的成本，得出该批部件的总成本和单位成本。

（3）按产品的批别开设各批别产品的成本计算单，在装配批量产品时，汇集各批产品的装配费用，计算出完工产品的单位装配成本，再加上装配于该批单位产成品的各种部件、零件的成本，得出该批产成品的总成本和单位成本。

分批零件法的成本计算程序如图 7-2 所示。

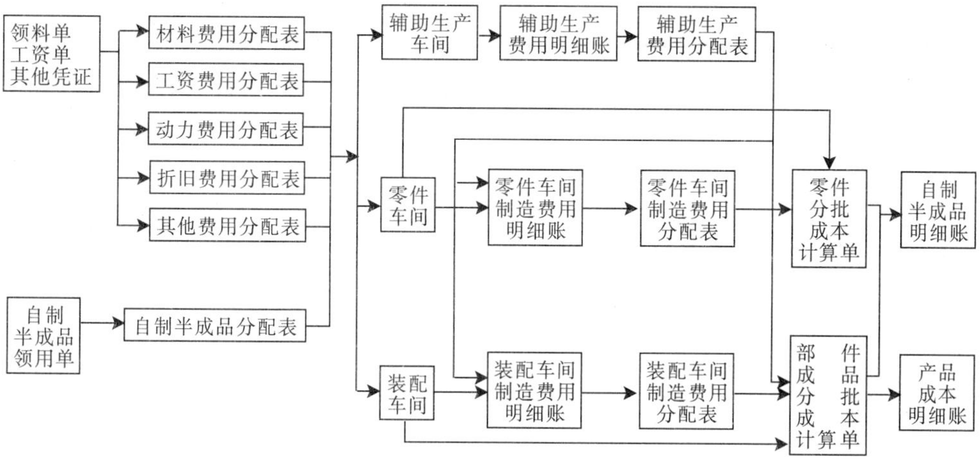

图 7-2　分批零件法产品成本计算程序

三、分批零件法应用案例

【例 7-3】万里扬股份公司是一家生产各种异型钢构架的企业，该企业设有零件车间和装配车间。该企业根据客户购买订货单小批生产甲型构架产品 10 套。甲型构架产品由 A、B 两种主要零件组装而成，每装配 1 套甲型构架产品需 A 零件 4 个、B 零件 3 个。其中，甲型构架产品由装配车间装配完成。

（1）该企业 201×年 6 月的生产情况如下：

A 零件 40 个，批号 1001，6 月份投产，6 月份全部完工。

B 零件 50 个，批号 1002，6 月份投产，6 月份完工 30 个。在产品的完工程度为 50%。

甲型构架产品 10 套，批号 2001，6 月份投产，6 月份全部完工。

（2）该企业 201×年 6 月的成本资料见表 7-14。

表 7-14　产品成本资料　　单位：元

车间	直接材料	直接人工	制造费用	合计
零件车间	3 000	4 500	22 500	30 000
装配车间		3 200	12 100	15 300

产品的原材料系一次性投入，自制半成品库内自制半成品采用全月一次加权平均法结算。

根据上述资料，该企业 201×年 6 月的成本计算如下：

（一）生产车间根据各项费用分配表归集与分配生产费用

1. 材料费用的归集与分配（见表 7-15）

表 7-15　材料费用分配表

201×年 6 月　　　　金额单位：元

应借账户	零件车间					直接归集	合　计
	产量/件	消耗定额	定额消耗量	分配率	分配金额		
基本生产——1001 号	40	1.5	60		1 125		1 125
——1002 号	50	2	100		1 875		1 875
小计			160	18.75	3 000		3 000
制造费用						1 100	1 100
合计			160		3 000	1 100	4 100

$$材料费用分配率=\frac{3\ 000}{60+100}=18.75$$

2. 人工费用的归集与分配（见表 7-16）

表 7-16　人工费用分配表

201×年 6 月　　　　金额单位：元

应借账户	零件车间（分配率：0.5）		装配车间（直接归集）		合　计
	分配标准（生产工时）/小时	分配金额	生产工时/小时	分配金额	
基本生产——1001 号	4 400	2 200			2 200
——1002 号	4 600	2 300			2 300
——2001 号			5 500	3 200	3 200
小　计	9 000	4 500		3 200	7 700
制造费用		1 800		1 200	3 000
合　计	9 000	6 300	5 500	4 400	10 700

$$零件车间人工费用分配率=\frac{4\ 500}{4\ 400+4\ 600}=0.5$$

3. 制造费用的归集与分配（见表 7-17）

表 7-17　制造费用分配表

201×年 6 月　　　　金额单位：元

应借账户	零件车间（分配率：2.5）		装配车间（直接归集）		合　计
	分配标准（生产工时）/小时	分配金额	生产工时/小时	分配金额	
基本生产——1001 号	4 400	11 000			11 000
——1002 号	4 600	11 500			11 500
——2001 号			5 500	12 100	12 100
合　计	9 000	22 500	5 500	12 100	34 600

$$零件车间制造费用分配率=\frac{22\ 500}{4\ 400+4\ 600}=2.5$$

（二）根据各项费用分配表编制各批零件的成本计算单、自制半成品明细账和各批产品的成本计算单（见表7-18、表7-19、表7-20、表7-21、表7-22）

表7-18　成本计算单

订单号：1001号　　投产日期：201×年6月

产品名称：A零件　　完工日期：201×年6月

批量：40个　　本月完工：40个

凭证号数	摘　　要	成本项目/元			
		直接材料	直接人工	制造费用	合计
	月初在产品成本				
表7-15	归集直接材料费用	1 125			1 125
表7-16	归集直接人工费用		2 200		2 200
表7-17	分配制造费用			11 000	11 000
	生产费用合计	1 125	2 200	11 000	14 325
	完工产品成本	1 125	2 200	11 000	14 325
	完工产品单位成本	28. 13	55	275	358. 13
	月末在产品成本				

表7-19　成本计算单

订单号：1002号　　投产日期：201×年6月

产品名称：B零件　　完工日期：

批量：50个　　本月完工：30个

凭证号数	摘　　要	成本项目/元			
		直接材料	直接人工	制造费用	合计
	月初在产品成本				
表7-15	归集直接材料费用	1 875			1 875
表7-16	归集直接人工费用		2 300		2 300
表7-17	分配制造费用			11 500	11 500
	生产费用合计	1 875	2 300	11 500	15 675
	完工产品成本	1 125	1 725	8 625	11 475
	完工产品单位成本	37. 5	57. 5	287. 5	382. 5
	月末在产品成本	750	575	2 875	4 200

$$直接材料费用分配率=\frac{1\ 875}{30+20}=37.5$$

完工产品直接材料费用=37. 5×30=1 125（元）

月末在产品直接材料费用=37. 5×20=750（元）

$$直接人工分配率=\frac{2\ 300}{30+20\times50\%}=57.5$$

完工产品直接人工费用=57.5×30=1 725（元）

月末在产品直接人工费用=57.5×20×50%=575（元）

$$制造费用分配率=\frac{11\ 500}{30+20\times50\%}=287.5$$

完工产品制造费用=287.5×30=8 625（元）

月末在产品制造费用=287.5×20×50%=2 875（元）

表 7-20　自制半成品明细账（A 零件）　　金额单位：元

月份	月初余额			本月增加			累　计			本月减少			月末余额		
	数量	单价	金额	数量	单价	金额	数量	单价	金额	数量	单价	金额	数量	单价	金额
6	10	317.5	3 175	40	358.13	14 325	50	350	17 500	40	350	14 000	10	350	3 500

表 7-21　自制半成品明细账（B 零件）　　金额单位：元

月份	月初余额			本月增加			累　计			本月减少			月末余额		
	数量	单价	金额	数量	单价	金额	数量	单价	金额	数量	单价	金额	数量	单价	金额
6	5	365	1 825	30	382.5	11 475	35	380	13 300	30	380	11 400	5	380	1 900

表 7-22　成本计算单

订单号：2001 号　　投产日期：201×年 6 月

产品名称：甲型钢构架产品　　完工日期：201×年 6 月

批量：10 套　　本月完工：10 套

凭证号数	摘　　要	成　本　项　目/元				
		直接材料		直接人工	制造费用	合计
		材料	半成品			
	月初在产品成本					
表 7-20	领用 A 零件		14 000			14 000
表 7-21	领用 B 零件		11 400			11 400
表 7-16	归集直接人工费用			3 200		3 200
表 7-17	分配制造费用				12 100	12 100
	生产费用合计		25 400	3 200	12 100	40 700
	完工产品成本		25 400	3 200	12 100	40 700
	完工产品单位成本		2 540	320	1 210	4 070

本章小结：

分批法是指以产品生产批别为成本计算对象，归集生产费用计算产品批别成本的方法。在会计实务中，产品生产批别是由企业生产调度部门根据客户订单和内部成本控制要求决定的。一个客户的一张订单可能就是一个生产批别，也可能分解为几个生产批别，取决于内部成本控制和产品交货期、产品结构、生产工艺技术流程等因素。

在分批法下，成本计算对象是产品生产批别，其成本计算期常常与产品生产周期一致，与会计报告期不一定一致，期末在产品一般不单独计价。如果一批产品产量大，须陆续完工，则先完工产品按计划成本或者定额成本先计价入库，用已发生的生产费用减去已完工产品的计划或定额成本，倒挤期末在产品成本。

简化分批法主要应用于同一时期产品生产批别很多的企业，它主要是通过设置基本生产二级账，将生产单位的日常间接费用先做汇总归集，然后在各批产品完工时将其分配计入。基本生产二级账上间接费用分配率是一个各批产品的累计平均分配率，这就要求各批产品机械化、自动化程度要一致，否则其分配的准确性不高。

本章思考与拓展问题：

1. 分批法与品种法相比较，主要差异是什么？

2. 在分批法下，如何根据客户订单确定产品的生产批别？

3. 简化分批法中简化的内容是什么？是否会在提高计算效率的同时降低成本计算的准确性？

4. 如果企业同一时期生产的产品种类、批别都特别多，除了简化的分批法之外，你还有什么办法可以解决成本计算问题？

第八章
分步法

【导入案例】

临工科技股份有限公司是一家基础装备企业。公司拥有各种大中型数控加工设备、配套设施和先进检测手段，拥有较强的自主研发设计能力。公司以研发和生产高速、精密、复合、重（大）型数控机床及关键配件为主，有自己机床研发中心和电气自动化研究所。

目前公司可以生产数控双柱立式车床、重型卧式车床、数控落地镗铣床、龙门刨床等机床产品。车床、铣床等生产工艺流程是：铸造阶段、机加工阶段、组装阶段、检验阶段等。公司设有机修、配电两个辅助车间，负责对全厂机器设备维护和生产电力配送。本企业各生产阶段半成品种类很多，而且半成品常常需要对外销售。

问题：你认为该企业是采用分批法还是分步法计算成本？

学习目标：

分步法是指按照产品的品种和生产步骤计算成本的方法，是三种基本成本计算方法中最复杂的一种成本计算方法。根据每个生产步骤是否计算完工半成品成本，可以将分步法分成逐步结转分步法与平行结转分步法。

逐步结转分步法按照半成品成本从上一步骤结转到下一步骤的方式不同，可以分为分项逐步结转分步法和综合逐步结转分步法两种分步法。相对而言，后者成本计算工作量少一些，但无法直接提供产品成本的原始构成，在需要产品成本原始构成的情况下需要做成本还原工作。

平行结转分步法是将每一生产步骤发生的生产费用在最终完工产品和本步骤在产品之间进行分配，然后将最终完工产品在各步骤份额按成本项目平行相加，计算出最终完工产品在整个生产过程的成本。

在学习本章的过程中同学们应当注意：

1. 了解分步法的概念、特点，以及适用的生产类型。
2. 理解分步法按半成品成本结转方式的分类原理。
3. 掌握分项逐步结转法下的成本计算流程，能根据所给资料计算产品成本。
4. 掌握综合结转分步法下的成本计算流程，能根据所给资料计算产品成本。
5. 掌握平行结转分步法成本计算流程，并能应用所给资料计算产品成本。

本章难点提示：

- 逐步结转分步法与平行结转分步法的区别与联系。
- 综合逐步结转分步法下成本还原的原理，以及还原的流程。

第一节　分步法的特点及其划分

一、分步法的特点和适用范围

产品成本计算分步法是按照产品的品种及其生产步骤归集生产费用，计算各步骤和最终产品成本的一种方法。它主要适用于大量大批复杂生产且管理上要求分步骤计算成本的企业或车间，如冶金、纺织、机器制造、造纸等企业或车间。在这种方法下，企业为了与其的生产特点相适应，加强成本管理，既要求计算各种产品的成本，又要求计算这些产品在各个生产步骤的成本或份额。

分步法具有以下几个主要特点：

（1）在分步法下，成本计算对象是生产的产品品种及其所经过的各个生产步骤，在计算产品成本时，一般按照产品的品种及生产步骤开设基本生产明细账。

这里所说的生产步骤不一定与生产车间的概念相一致。在按生产步骤设立生产车间的企业中，一般可以将生产车间视为生产步骤，这样，分步骤计算成本便是分车间计算成本。如果企业规模不大，管理上又不要求分车间计算成本，可以把多个生产车间合并作为一个生产步骤计算成本，这样，分步骤计算成本就不是分车间计算成本；相反，如果企业规模大，管理上又要求在车间内分步骤计算成本，则把车间内的生产工段作为生产步骤计算成本，这样，分步骤计算成本也不是分车间计算成本，而是分工段（或几个工段合并作为一个生产步骤）计算成本。在实际确定作为成本计算对象的生产步骤时，应根据管理的需要，本着简化计算工作的原则而定。

（2）由于大量大批复杂生产的生产周期较长，产品往往跨月连续生产并陆续完工，一般每个月均有完工产品，因此，其成本计算是按月定期进行的。成本计算期与会计报告期一致，而与产品生产周期不一致。

（3）由于产品陆续完工，月末通常有在产品，因此，对于在各步骤、各种产品的成本计算单上归集的生产费用，还应采用一定的分配方法，在各步骤、各种产品的完工产品与月末在产品之间进行分配，以计算各种产品的成本和各步骤的完工产品成本和月末在产品成本。

（4）在分步法下，企业的产品生产往往是分步骤进行的，上一步骤生产的半成品是下一步骤的加工对象，因此，还需按照产品品种结转各步骤的成本。这是分步法的一个重要特点。

二、分步法的划分

分步法是按照各个生产步骤来归集生产费用，再汇总据以计算产品成本，因此，需要将各生产步骤归集的生产费用采用一定的方式方法结转到下一个步骤，以确定最终完工产品成本。根据企业内部成本管理对各生产步骤成本资料需求，按照各生产步骤是否计算半成品成本分为逐步结转分步法和平行结转分步法两种方法。

逐步结转分步法又称为顺序结转分步法，是按照各生产步骤先后顺序，逐步计算并结转每步骤半成品成本，直到最后一个步骤计算出产成品成本。

平行结转分步法又称为不计算半成品成本的分步法，是指各生产步骤不计算本步骤所产半成品成本，也不计算本步骤所耗上一步骤半成品成本，只计算本步骤发生的各项费用以及这些费用中应计入最终完工产成品成本的“份额”，然后将相同产品的各步骤成本明细账的“份额”平行结转汇总，计算出最终完工产成品成本。

第二节　逐步结转分步法

一、逐步结转分步法的计算程序

在大量大批连续式复杂生产的企业中，产品生产从原料投入到产品制成，中间需经过一系列循序渐进、性质不同的生产步骤，各个步骤生产的半成品既可以作为下一步骤继续加工的对象，又可以作为商品对外销售，如钢铁厂的钢锭、纺织厂的棉纱等，还有一些半成品为企业内几种产品共同耗用。为了计算外售半成品成本，以满足同行业同类半成品的比较和考核，或者为了分别计算各种产品的成本，企业必须计算各个生产步骤的半成品成本。逐步结转分步法就是为了分步计算半成品成本而采用的一种分步法。

逐步结转分步法在计算各步骤产品成本时，由于上一步骤的半成品将作为下一步骤的加工对象，因此，上一步骤计算的半成品成本要随着半成品实物的转移一起从上一步骤的基本生产明细账转入下一步骤相同产品的基本生产明细账，以便依次计算各步骤的半成品成本和最后步骤的产成品成本。

逐步结转分步法下，各步骤半成品成本的结转应与半成品实物的转移相适应。在设半成品库进行半成品收发的情况下，下一步骤不能直接领用上一步骤的完工半成品，而是通过半成品库进行。因此，应设置自制半成品明细账，结转完工入库和生产领用的半成品成本。验收入库时，应将入库半成品成本借记“自制半成品——上一步骤”账户，贷记“基本生产——上一步骤”账户。下一步骤领用自制半成品时，再借记“基本生产——下一步骤”账户，贷记“自制半成品——上一步骤”账户。其核算程序如图 8-1 所示。

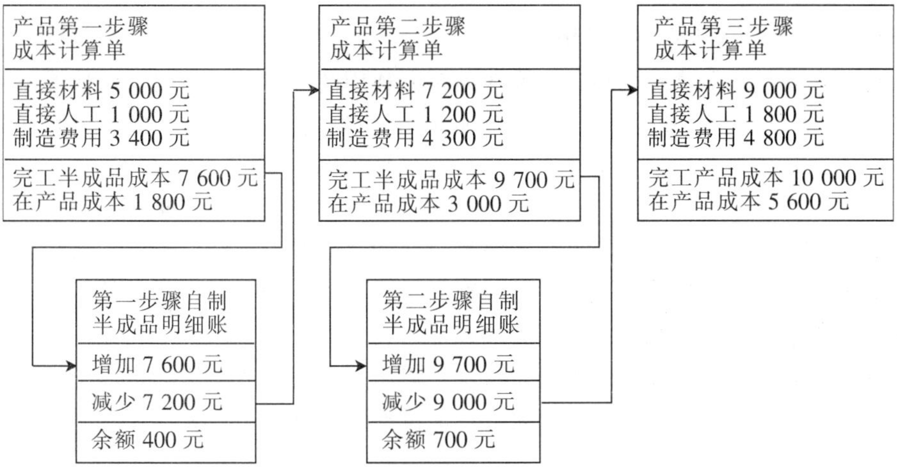

图 8-1 逐步结转程序图(设自制半成品库)

在不设半成品库进行半成品收发的情况下，下一步骤可以直接领用上一步骤的完工半成品。各步骤半成品实物直接转入下一步骤，其半成品成本也直接转入下一步骤的成本计算单，不必通过“自制半成品”明细账进行核算。其核算程序如图 8-2 所示。

图 8-2 逐步结转程序图(不设自制半成品库)

二、逐步结转分步法的特点

根据以上所述，逐步结转分步法就是按照产品生产加工的先后顺序逐步计算并结转半成品成本，直至最后一个步骤算出产成品成本的一种方法，亦称计算半成品成本的分步法。

逐步结转分步法的主要特点为：成本计算对象为各种产品的生产步骤和产品品种；成本计算期与会计报告期一致，而与产品生产周期不一致；月末需计算每一步骤的完工产品和在产品成本，并按照产品的生产加工顺序依次在生产步骤之间进行半成品成本的结转工作。

三、逐步结转分步法的划分

逐步结转分步法按照半成品成本向下一步骤结转的方式不同，又可以分为分项逐步结转和综合逐步结转两种。

（一）分项逐步结转分步法

1. 分项逐步结转分步法的结转程序

分项逐步结转分步法是指各步骤在结转所耗用的半成品成本时，需按照成本项目从上一步骤转入下一步骤成本计算单相应的成本项目，直至最后步骤，从而累计计算完工产品成本的方法。实际上也就是按产品的成本项目分项累计计算产品成本的方法。

分项结转半成品成本，既可以按照半成品的实际成本结转，也可以按照半成品的计划成本结转，然后按照成本项目分别调整成本差异。只是由于调整半成品成本差异的工作量较大，一般多采用按实际成本分项结转。

如果设自制半成品库进行半成品收发，则在“自制半成品明细账”中登记半成品成本时，也应按成本项目分项登记。其结转程序如图 8-3 所示。

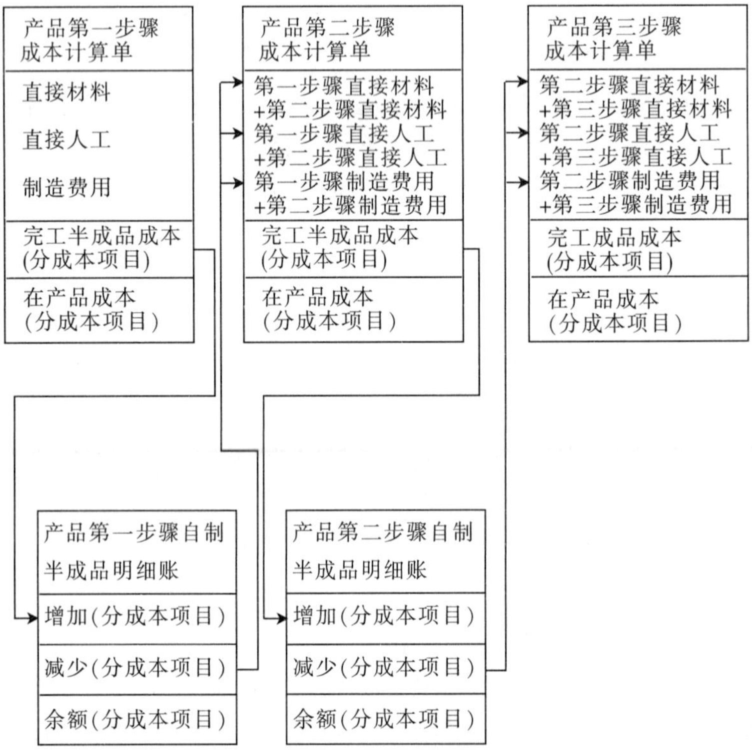

图 8-3　分项逐步结转程序图(设自制半成品库)

如果不设自制半成品库进行半成品收发，则分项逐步结转分步法的结转程序如图 8-4 所示。

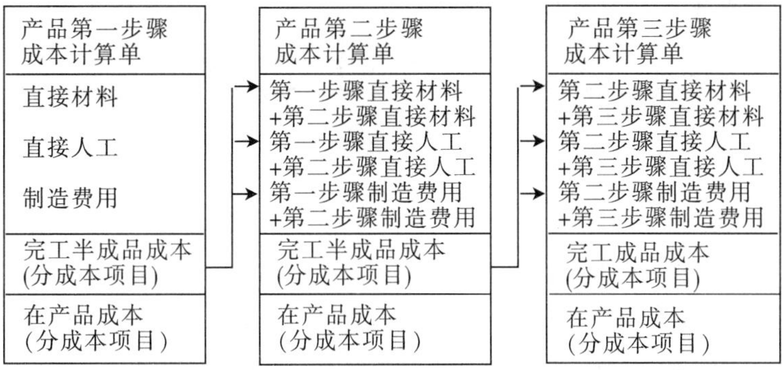

图 8-4 分项逐步结转程序图(不设自制半成品库)

2. 分项逐步结转分步法应用案例

【例 8-1】长江机械厂 201×年 6 月生产甲产品，该产品依次经过第一、第二和第三生产车间连续加工完成。原材料在生产开始时一次性投入，其他费用陆续发生。该企业设自制半成品库进行半成品的收发核算。各车间月末在产品按定额成本计价，半成品成本按全月一次加权平均单位成本计算。该企业根据内部控制对成本信息需要，采用分项逐步结转方式计算各生产车间半成品成本和产成品成本。

长江机械厂有关生产费用和成本计算资料如下：

（1）该企业产量记录见表 8-1。

表 8-1　产量统计表

项　　目	单位	第一车间	第二车间	第三车间
月初在产品	件	600	300	450
本月投产或上一车间转入	件	1 800	1 200	800
本月完工转入下一车间	件	1 200	800	
本月完工对外销售	件		100	1 000
月末在产品	件	1 200	600	250

（2）各车间月末在产品定额成本资料见表 8-2。

表 8-2　月末在产品定额成本数据　　　　金额单位：元

项　目	第一车间		第二车间		第三车间	
	单位消耗定　额	计划单价	单位消耗定　额	计划单价	单位消耗定　额	计划单价
直接材料	31	2. 50	31	2. 50	31	2. 50
直接人工	32. 5	0. 90	50	0. 995	60	1. 10
制造费用	38. 5	1. 00	51	1. 25	64	1. 50
单位成本		145. 25		191		239. 50

（3）该企业甲产品成本资料见表8-3：

表8-3 期初在产品及本期发生费用

成本项目	月初在产品成本				本月发生生产费用			
	第一车间	第二车间	第三车间	合　计	第一车间	第二车间	第三车间	合　计
直接材料	46 500	23 250	34 875	104 625	140 000			140 000
直接人工	20 500	26 700	34 900	82 100	63 500	25 800	23 000	112 300
制造费用	25 900	31 900	45 200	103 000	84 500	27 500	36 500	148 500
合计	92 900	81 850	114 975	289 725	288 000	53 300	59 500	400 800

根据上述资料计算甲产品成本，见表8-4、表8-5、表8-6、表8-7、表8-8。

表8-4 成本计算单

车间名称：第一车间　　　　完工产品：

产品名称：甲产品　　　　201×年6月　　　　月末在产品：1 200件

凭证号数	摘　　要	成　本　项　目/元			
		直接材料	直接人工	制造费用	合计
	月初在产品成本	46 500	20 500	25 900	92 900
表8-3	归集直接材料费用	140 000			140 000
表8-3	归集直接人工费用		63 500		63 500
表8-3	分配制造费用			84 500	84 500
	生产费用合计	186 500	84 000	110 400	380 900
	完工半成品总成本	93 500	48 900	64 200	206 600
	完工半成品单位成本	77. 92	40. 75	53. 5	172. 17
	月末在产品成本	93 000	35 100	46 200	174 300

表8-5 自制半成品明细账

车间名称：第一车间　　　　产品名称：半成品甲

凭证号数	项　目	数量/件	直接材料/元	直接人工/元	制造费用/元	合计/元
	月初余额	1 000	88 200	39 100	54 600	181 900
表8-4	本月增加	1 200	93 500	48 900	64 200	206 600
	合 计	2 200	181 700	88 000	118 800	388 500
	单位成本		82. 59	40	54	176. 59
	本月减少	1 200	99 108	48 000	64 800	211 908
	月末余额	1 000	82 592	40 000	54 000	176 592

表 8-6　成本计算单

车间名称：第二车间　　　　　　　　　　　　　　完工产品：900 件
产品名称：甲产品　　　　　201×年 6 月　　　　月末在产品：600 件

凭证号数	摘　　要	成　本　项　目/元			
		直接材料	直接人工	制造费用	合计
	月初在产品成本	23 250	26 700	31 900	81 850
表 8-5	转入半成品成本	99 108	48 000	64 800	211 908
表 8-3	归集直接人工费用		25 800		25 800
表 8-3	分配制造费用			27 500	27 500
	生产费用合计	122 358	100 500	124 200	347 058
	完工半成品总成本	75 858	70 650	85 950	232 458
	完工半成品单位成本	84. 29	78. 5	95. 5	258. 29
	月末在产品成本	46 500	29 850	38 250	114 600

表 8-7　自制半成品明细账

车间名称：第二车间　　　　　　　　　　　　　　产品名称：半成品甲

凭证号数	项　目	数量/件	直接材料/元	直接人工/元	制造费用/元	合计/元
	月初余额	1 100	177 350	85 350	106 050	368 750
表 8-6	本月增加	900	75 858	70 650	85 950	232 458
	合 计	2 000	253 208	156 000	192 000	601 208
	单位成本		126. 60	78	96	300. 60
	本月减少	800	101 280	62 400	76 800	240 480
	月末余额	1 200	151 928	93 600	115 200	360 728

表 8-8　成本计算单

车间名称：第三车间　　　　　　　　　　　　　　完工产品：1 000 件
产品名称：甲产品　　　　　201×年 6 月　　　　月末在产品：250 件

凭证号数	摘　　要	成　本　项　目/元			
		直接材料	直接人工	制造费用	合计
	月初在产品成本	34 875	34 900	45 200	114 975
表 8-7	转入半成品成本	101 280	62 400	76 800	240 480
表 8-3	归集直接人工费用		23 000		23 000
表 8-3	分配制造费用			36 500	36 500
	生产费用合计	136 155	120 300	158 500	414 955
	完工产品总成本	116 780	103 800	134 500	355 080
	完工产品单位成本	116. 78	103. 8	134. 5	355. 08
	月末在产品成本	19 375	16 500	24 000	59 875

根据第一车间“产品成本计算单”和半成品入库单，编制会计分录如下：

借：自制半成品——第一车间半成品甲　　　　　　　　206 600

　贷：基本生产——第一车间甲产品　　　　　　　　　　206 600

根据第二车间半成品领用单和成本资料，编制会计分录如下：

借：基本生产——第二车间甲产品　　　　　　　　　211 908

　贷：自制半成品——第一车间半成品甲　　　　　　　　211 908

根据第二车间“产品成本计算单”和半成品入库单，编制会计分录如下：

借：自制半成品——第二车间半成品甲　　　　　　　　232 458

　贷：基本生产——第二车间甲产品　　　　　　　　　　232 458

根据第三车间半成品领用单和成本资料，编制会计分录如下：

借：基本生产——第三车间甲产品　　　　　　　　　240 480

　贷：自制半成品——第二车间半成品甲　　　　　　　　240 480

分项逐步结转分步法可以直接提供产品成本的原始构成，不需要进行成本还原，有利于成本结构的分析和考核。但是，采用这一方法，成本结转工作比较烦琐，而且从各步骤成本计算单中“完工产品总成本”和“月末在产品成本”这两行中看不出本步骤消耗的上一步骤转来的半成品费用和本步骤的加工费用，不利于各步骤成本的深入分析和考核。因此，这种方法主要适用于只要求反映原始成本构成，而不需要分别提供各步骤完工产品和月末在产品所耗上一步骤半成品费用和本步骤加工费用的企业。

（二）综合逐步结转分步法

1. 综合逐步结转分步法的结转程序

综合逐步结转分步法是指在逐步结转各步骤半成品成本时，按照上一步骤的综合成本（不分成本项目）结转到下一步骤成本计算单中的“直接材料”或“自制半成品”项目，直至累积到最后步骤计算出完工产品成本的一种方法。

在综合结转半成品成本时，同样既可以按照半成品的实际成本结转，也可以按照半成品的计划成本（或定额成本）结转。由于各步骤的半成品成本按上一步骤的综合成本结转，在“自制半成品明细账”中登记半成品成本时，可以不按成本项目分项登记，只要登记综合单位成本。

如果设自制半成品库进行半成品收发，则其结转程序如图 8-5 所示。

如果不设自制半成品库进行半成品收发，则其结转程序如图 8-6 所示。

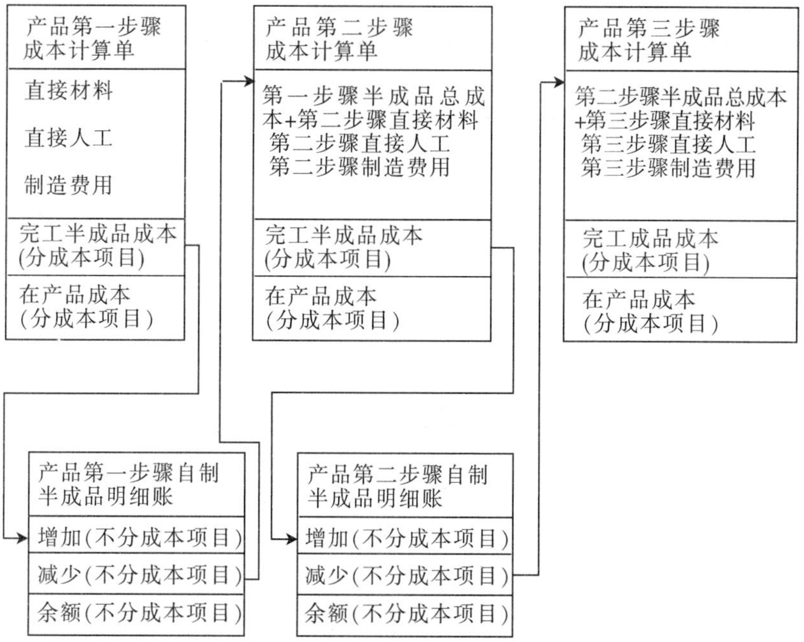

图 8-5　综合逐步结转程序图(设自制半成品库)

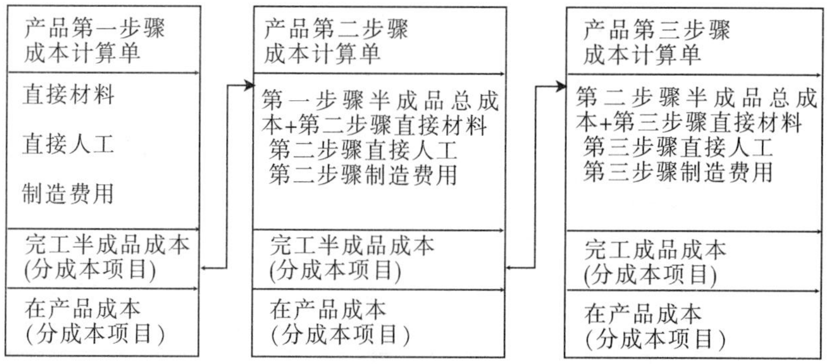

图 8-6　综合逐步结转程序图(不设自制半成品库)

按实际成本综合结转各步骤半成品成本时，各步骤半成品成本应按所耗上一步骤半成品数量乘以半成品的实际单位成本计算。所耗半成品的实际单位成本可以根据企业的实际情况，选择采用先进先出法、加权平均法或后进先出法等方法。

为了简化核算，如果半成品月初余额较大，本月所耗半成品大部分是以前月份生产的，则可以将上月末的实际平均单位成本作为计算本月所耗半成品费用的依据。

2. 综合逐步结转分步法应用案例

【例 8-2】康红制药厂主要生产销售消化系统、眼科等药品。消化系统药品采用综合逐步结转分步法计算产品成本，201×年 6 月有三个基本生产车间（三个步骤）生产消化系统 A 型产品，各车间的自制半成品直接转下一生产车间，药品所需原材料系一次性投入，各步骤在产品完工程度按 50% 考虑，完工产品与在产品之间生产费用的分配采用约当产量比例法。

（1）康红制药厂 6 月份消化系统 A 型产品的产量记录见表 8-9。

表 8-9　A 型产品产量统计表

项目	单位	第一车间	第二车间	第三车间
月初在产品数量	件	160	480	800
本月投产或转入数量	件	4 000	3 520	3 200
本月完工转出数量	件	3 520	3 200	3 680
月末在产品数量	件	640	800	320

（2）康红制药厂 6 月份消化系统 A 型产品的成本资料见表 8-10。

表 8-10　A 型产品月初在产品与本月生产费用

成本项目	月初在产品成本/元			本月生产费用发生额/元		
	第一车间	第二车间	第三车间	第一车间	第二车间	第三车间
直接材料	20 000			479 200		
自制半成品		85 120	201 200			
直接人工	1 640	7 840	16 000	73 240	107 360	141 440
制造费用	2 360	10 160	24 000	110 920	141 040	214 080
合　计	24 000	103 120	241 200	663 360	248 400	355 520

（3）康红制药厂按照综合逐步结转分步法计算 A 型产品成本见表 8-11、表 8-12 和表 8-13，计算结果保留小数点两位。

表 8-11　成本计算单

车间名称：第一车间　　　　　　　　　　　　　　　完工半成品：3 520

产品名称：A 型产品　　　　　201×年 6 月　　　　在产品：640；完工程度：50%

凭证号码	摘　　要	成本项目/元			
		直接材料	直接人工	制造费用	合 计
略	月初在产品成本	20 000	1 640	2 360	24 000
	本月发生生产费用	479 200	73 240	110 920	663 360
	生产费用合计	499 200	74 880	113 280	687 360
	约当产量	4 160	3 840	3 840	—
	完工半成品单位成本	120	19. 50	29. 50	169
	完工半成品成本	422 400	68 640	103 840	594 880
	月末在产品成本	76 800	6 240	9 440	92 480

表 8-12　成本计算单

车间名称：第二车间　　　　　　　　　　　　　　　　完工半成品：3 200

产品名称：A 型产品　　　　201×年 6 月　　　　在产品：800；完工程度 50%

凭证号码	摘　要	成本项目/元			
		自制半成品	直接人工	制造费用	合　计
略	月初在产品成本	85 120	7 840	10 160	103 120
	本月转入半成品成本	594 880			594 880
	本月发生的生产费用		107 360	141 040	248 400
	生产费用合计	680 000	115 200	151 200	946 400
	约当产量	4 000	3 600	3 600	
	完工半成品单位成本	170	32	42	244
	完工半成品总成本	544 000	102 400	134 400	780 800
	月末在产品成本	136 000	12 800	16 800	165 600

表 8-13　成本计算单

车间名称：第三车间　　　　201×年 6 月　　　　完工产品：3 680

产品名称：A 型产品　　　　　　　　　　　　　　　在产品：320；完工程度：50%

凭证号码	摘　要	成本项目/元			
		自制半成品	直接人工	制造费用	合　计
略	月初在产品成本	201 200	16 000	24 000	241 200
	本月转入半成品成本	780 800			780 800
	本月发生的生产费用		141 440	214 080	355 520
	生产费用合计	982 000	157 440	238 080	1 377 520
	约当产量	4 000	3 840	3 840	
	完工产品单位成本	245. 50	41	62	348. 50
	完工产品总成本	903 440	150 880	228 160	1 282 480
	月末在产品成本	78 560	6 560	9 920	95 040

3. 综合逐步结转分步法下的成本还原

采用综合逐步结转方式时，各步骤半成品成本是以“自制半成品”或“直接材料”综合项目反映的。这样计算出来的产品成本不能反映产品的原始成本构成，不符合产品成本结构的实际，因而不能据以分析和考核产品成本的构成和水平，不利于分析和考核产品成本计划的执行情况。为此，必须进行成本还原，即将产品成本还原为按原始成本项目反映的成本。

成本还原是指将所耗半成品的综合成本分解还原为上一步骤的原始成本项目，从而按原始成本构成计算产品成本。成本还原一般采用项目比重还原法，即按上一步骤半成品每一成本项目的金额占半成品成本的比重逐步还原。其计算公式如下：

$$某成本项目所占比重=\frac{该成本项目金额}{半成品各成本项目合计}\times 100\%$$

具体做法是从最后一个步骤开始，把各步骤所耗上一步骤半成品的综合成本乘以上一步骤该种半成品成本项目所占比重，依次逐步向前一步骤分解还原成直接材料、直接人工、制造费用等原始成本项目，直至第一步骤，然后将分解还原后的数字按原始成本项目相加，从而求得按原始成本构成反映的产品成本。

现以上述【例 8-2】康红制药厂综合逐步结转法的成本计算资料为依据，编制该制药厂“A 型产品成本还原计算表”（见表 8-14）。

表 8-14　A 型产品成本还原计算表

201×年 6 月

成本项目	第三车间（还原前成本）/元	第二车间			第一车间			还原后的产品成本	
		本月所产半成品成本/元	各成本项目所占比重/%	产成品成本中半成品成本还原/元	本月所产半成品成本/元	各成本项目所占比重/%	产成品成本中半成品成本还原/元	总成本/元	单位成本/元
自制半成品	903 440	544 000	69.67	629 426.65					
直接材料					422 400	71	446 892.91	446 892.91	121.44
直接人工	150 880	102 400	13.11	118 440.98	68 640	11.54	72 635.84	341 956.82	92.93
制造费用	228 160	134 400	17.22	155 572.37	103 840	17.46	109 897.90	493 630.27	134.13
合计	1 282 480	780 800	100	903 440	594 880	100	629 426.65	1 282 480	348.50

值得注意的是，这种成本还原的方法没有考虑以前月份所产半成品与本月所产半成品的成本结构不一致带来的影响。因此，在各月半成品成本结构变化较大的情况下，按上述方法进行成本还原的结果不够准确。为此，可以将产品成本计算单中所记的月初在产品成本、本月发生的费用和月末在产品成本中所耗上一步骤半成品的综合成本全部按原始的成本项目进行分解，并根据月初在产品成本加上本月发生的生产费用减去月末在产品成本等于完工产品成本的原理，计算按原始成本项目反映的完工产品成本。这样还原，计算结果准确，但工作量大，因而一般只在计算工作已实现电算化的企业采用。

采用综合逐步结转方式，可以在各步骤产品成本计算单中直接反映所耗半成品的费用和本步骤的加工费用，便于进行各生产步骤和产成品的成本分析和考核。但是，由于成本还原的计算工作比较繁重，一般只适宜在各步骤所生产的半成品具有独立经济意义，管理上要求计算各步骤完工产品所耗半成品费用，而不要求进行成本还原或者成本还原工作比较简单的情况下采用。

第三节　平行结转分步法

平行结转分步法是一种只计算本步骤发生的各项生产费用，以及这些费用中应计入最终完工产品成本的份额，然后将各步骤计入同一产品成本的份额平行汇总，计算产品成本的一种方法。平行结转分步法适用于各步骤所产半成品种类较多，但外售情况较少，在管理上不要求计算半成品成本的各类大量大批复杂生产企业。

一、平行结转分步法的特点

平行结转分步法相对于逐步结转分步法来说，具有以下几个特点：

（1）在生产过程中，上一步骤的半成品实物转入下一步骤时，其半成品成本不随实物的转移而结转，仍保留在原步骤内，不要求计算各步骤半成品成本，只要求计算各步骤发生的各项费用中应计入完工产品成本的份额，并于产品完工进入产成品库时，平行汇总计入完工产成品成本。所以，此方法又可以称为“不计算半成品成本的分步法”。

（2）为了正确计算各步骤应计入产成品成本的份额，各步骤应将本步骤月初在产品成本与本期生产费用（不包括耗用的上一步骤半成品成本）的合计数在最终产成品与广义在产品之间进行分配。广义在产品是从全厂的角度出发，相对于最终产成品而言的在产品，而不是各步骤本身结存的在产品。它包括各步骤正在加工中的在制品，本步骤已完工转入半成品库的半成品，以及已转移到以后各步骤进一步加工，但尚未最后形成产成品的一切半成品。分配方法可以采用约当产量比例法或定额比例法等方法。

（3）由于不计算各步骤半成品成本，因而半成品无论是在各步骤之间直接转移，还是通过半成品库收发，均不通过“自制半成品”账户进行价值核算，只需进行自制半成品的数量核算。

（4）由于产成品成本一般是按照成本项目平行结转汇总各步骤中应计入产成品成本的份额得出的，因而不存在成本还原的问题。各步骤也可以同时计算成本，不需要等待上一步骤的成本计算结果，成本计算更为及时。

二、平行结转分步法的计算程序

平行结转分步法的基本计算程序是：

（1）分步骤、按产品品种设置“基本生产明细账”或成本计算单，归集生产费用；

（2）各步骤（或车间）根据各种费用分配表，登记各步骤（或车间）产品成本计算单，以确定不包括耗用上一步骤半成品费用在内的其他各项费用的数额；

（3）采用约当产量比例法或定额比例法等方法，按成本项目将各步骤月初在产品成本与本期归集的生产费用的合计数在最终产成品与广义在产品之间进行分配，以确定各步骤应计入产成品成本的份额和各步骤的广义在产品成本；

（4）产成品入库时，将各步骤应计入产成品成本的份额平行汇总，编制“产成品成本计算单”，以确定产成品的实际总成本及单位成本。

平行结转分步法的成本结转程序如图 8-7 所示。

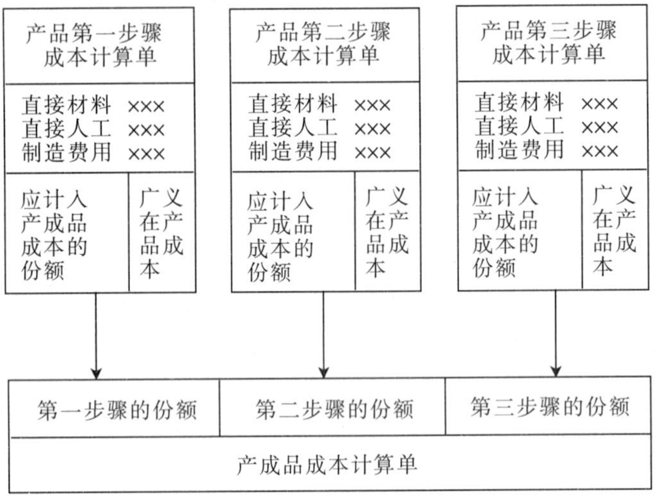

图 8-7 平行结转分步法程序图

三、平行结转分步法应用案例

【例 8-3】红花药业股份公司主营业务以中成药为主，产品剂型丰富，公司已形成以消化系统用药、儿科用药、呼吸感冒用药为重点的三大领域，拥有药品批准文号 423 个、中药保护品种 4 个、独家品种 10 个，红花品牌是全国知名品牌。该企业红花感冒灵由三个基本生产车间按照顺序，分三个步骤大量大批生产。该企业采用平行结转分步法计算红花感冒灵成本，该产品生产耗用的原材料于开工时一次性投入。该企业按约当产量比例法计算红花感冒灵的完工产品成本和期末在产品成本。

该企业 201×年 6 月的生产情况和费用资料如下：

（一）产量资料（见表 8-15）

表 8-15 红花感冒灵生产统计表

201×年 6 月　　　　计量单位：件

项目	第一车间	第二车间	第三车间
月初在产品数量	60	30	40
本月投入或上月转入半成品	180	120	90
本月完工	120	90	100
月末在产品	120	60	30
完工程度/%	50	60	80

（二）本月生产费用资料（见表 8-16）

表 8-16　红花感冒灵生产费用资料

201×年 6 月　　　　单位：元

车间成本 成本项目	第一车间		第二车间		第三车间	
	月初在产品成本	本月发生生产费用	月初在产品成本	本月发生生产费用	月初在产品成本	本月发生生产费用
直接材料	1 600	9 250				
直接人工	2 300	3 100	1 144	2 591	1 056	1 300
制造费用	4 800	6 050	2 470	3 921	1 325	3 201
合计	8 700	18 400	3 614	6 512	2 381	4 501

根据上述资料，计算红花制药公司红花感冒灵产品成本，分别见表 8-17、表 8-18、表 8-19。

表 8-17　产品成本计算单

车间名称：一车间

产品名称：红花感冒灵　　　　201×年 6 月　　　　完工产品：100 件

凭证号数	摘要	成本项目			
		直接材料	直接人工	制造费用	合计
表 8-16	月初在产品成本/元	1 600	2 300	4 800	8 700
表 8-16	本月发生费用/元	9 250	3 100	6 050	18 400
	生产费用合计/元	10 850	5 400	10 850	27 100
	费用分配率	35	21. 6	43. 4	100
	应计入最终产品成本份额/元	3 500	2 160	4 340	10 000
	月末在产品成本/元	7 350	3 240	6 510	17 100

（1）第一车间产品成本计算如下：

约当产量合计：

直接材料项目 = 100+（120+60+30）= 310（件）

其他成本项目 = 100+（30+60+120×50%）= 250（件）

费用分配率计算：

$$直接材料分配率=\frac{10\ 850}{310}=35$$

$$直接人工分配率=\frac{5\ 400}{250}=21.6$$

$$制造费用分配率=\frac{10\ 850}{250}=43.4$$

应计入产成品成本份额：
直接材料＝100×35＝3 500（元）
直接人工＝100×21.6＝2 160（元）
制造费用＝100×43.4＝4 340（元）
月末在产品成本：
直接材料＝210×35＝7 350（元）
直接人工＝150×21.6＝3 240（元）
制造费用＝150×43.4＝6 510（元）

表 8-18　产品成本计算单

车间名称：第二车间
产品名称：红花感冒灵　　　　200×年 6 月　　　　完工产品：100 件

凭证号数	摘要	成本项目			
		直接材料	直接人工	制造费用	合计
表 8-16	月初在产品成本/元		1 144	2 470	3 614
表 8-16	本月发生生产费用/元		2 591	3 921	6 512
	生产费用合计/元		3 735	6 391	10 126
	费用分配率		22.5	38.5	61
	应计入最终产品成本份额/元		2 250	3 850	6 100
	月末在产品成本/元		1 485	2 541	4 026

（2）第二车间产品成本计算如下：
约当产量合计：100+（30+60×60%）＝166（件）
费用分配率：

$$直接人工分配率=\frac{3\ 735}{166}=22.5$$

$$制造费用分配率=\frac{6\ 391}{166}=38.5$$

应计入产成品成本份额：
直接人工＝100×22.5＝2 250（元）
制造费用＝100×38.5＝3 850（元）
月末在产品成本：
直接人工＝66×22.5＝1 485（元）
制造费用＝66×38.5＝2 541（元）

表 8-19　产品成本计算单

车间名称：第三车间

产品名称：红花感冒灵　　　　201×年 6 月　　　　完工产品：100 件

凭证号数	摘要	成本项目			
		直接材料	直接人工	制造费用	合计
表 8-16	月初在产品成本/元		1 056	1 325	2 381
表 8-16	本月发生生产费用/元		1 300	3 201	4 501
	生产费用合计/元		2 356	4 526	6 882
	费用分配率		19	36.5	55.5
	应计入最终产品成本份额/元		1 900	3 650	5 550
	月末在产品成本/元		456	876	1 332

（3）第三车间产品成本计算如下：

约当产量合计：100+30×80%＝124（件）

费用分配率：

$$直接人工分配率=\frac{2\ 356}{124}=19$$

$$制造费用分配率=\frac{4\ 526}{124}=36.5$$

应计入产成品成本份额：

直接人工＝100×19＝1 900（元）

制造费用＝100×36.5＝3 650（元）

月末在产品成本：

直接人工＝24×19＝456（元）

制造费用＝24×36.5＝876（元）

根据上述各个生产车间产品成本计算单，平行汇总产成品的制造成本，编制红花感冒灵的“产品成本汇总计算单”（见表 8-20）。

表 8-20　产品成本汇总计算单（平行汇总）

产品名称：红花感冒灵　　　　201×年 6 月　　　　完工产品：100 件

凭证号数	摘要	成本项目/元			
		直接材料	直接人工	制造费用	合计
表 8-17	第一车间应计入最终产品成本份额	3 500	2 160	4 340	10 000
表 8-18	第二车间应计入最终产品成本份额		2 250	3 850	6 100
表 8-19	第三车间应计入最终产品成本份额		1 900	3 650	5 550
	完工产品总成本	3 500	6 310	11 840	21 650
	完工产品单位成本	35	63.1	118.4	216.5

综上所述，采用平行结转分步法时，各生产步骤（或车间）可以同时计算应计入产成品成本的份额，无须等待上一步骤半成品成本计算和结转，可以简化和加速成本计算工作。由于是按成本项目进行汇总，其份额反映了产品成本的原始构成，无须进行成本还原，有利于成本结构分析。但是，由于不能提供各步骤半成品成本资料，不利于分析和考核各步骤生产耗费水平；各步骤半成品实物转移与其成本结转脱节，各步骤在产品的实际价值与账面价值不一致，不利于加强在产品的实物管理和资金管理。平行结转分步法的优缺点恰好与逐步结转分步法的优缺点相反。采用此方法，应加强各步骤在产品实物的数量核算及清查工作，以利于在产品管理和全面反映各步骤的生产耗费水平。

第四节　零件工序法

一、零件工序法的特点和适用范围

零件工序法是指以零件、部件和产成品的品种（类别）以及生产的每一道工序为成本计算对象，归集生产费用、计算产品成本的一种方法。这种方法主要适用于大量大批装配式复杂生产企业，如汽车制造厂、自行车生产厂等。它是分步法在上述企业的应用。

在大量大批装配式复杂生产企业中采用零件工序法具有以下特点：

（1）成本计算对象是不同品种的零件、部件和产成品以及生产零件的每一道工序，装配部件、产品的装配车间，并分别按这些对象开设基本生产明细账，归集生产费用，计算产品成本。

（2）由于零件的生产、部件和产成品的装配连续不断地重复进行，每月均有完工产品，所以成本计算期与会计报告期一致，与生产周期不一致，按月计算完工产品成本。

（3）在装配式复杂生产企业中，各个生产步骤完工的半成品（指组成产成品的各种零件、部件）并不转移到下一步骤继续加工，而是直接转移到装配步骤（车间）装配成产成品。各步骤半成品实物转移时，其半成品成本也随之转移到产成品成本中。因此，应将各工序、车间发生的生产费用和月初在产品成本的合计数在本步骤完工半成品与月末在产品之间进行分配。此处的月末在产品是指本步骤正在加工的狭义在产品，而不是指广义在产品。分配方法可采用约当产量比例法或定额比例法等方法。而且为了简化核算工作，正在加工的零件可以只负担直接材料费用，而由完工零件全部负担各工序的加工费用。

（4）如果各步骤设立自制半成品（零件、部件）仓库收发自制半成品，则各步骤半成品的收发应通过“自制半成品”账户进行核算。

二、零件工序法的计算程序

在零件工序法下，成本计算的基本程序是：

（1）分工序，按零件、部件和产品设置“基本生产明细账”或成本计算单，以便归集生产费用，计算产品成本。

（2）各生产部门根据有关费用分配表，登记本期生产零件发生的各项生产费用，编制“产品成本计算单”，核算各完工零件成本。可采用约当产量比例法或定额比例法等方法，将该工序的月初在产品成本与本期生产费用的合计数在完工零件和月末在产品之间进行分配，计算完工零件成本，并将其随同零件交库、结转至自制半成品明细账。

（3）部件装配车间根据有关费用分配表和自制半成品明细账结转本期领用装配的零件成本，归集部件装配费用，核算各完工部件成本，并将其随同部件交库、结转至自制半成品明细账。

（4）产品装配车间根据有关费用分配表和自制半成品明细账结转本期领用装配的部件成本，归集产品装配费用，核算各完工产品的总成本和单位成本。

三、零件工序法应用实例

【例 8-4】通达机械厂设有零件、部件、总装三个基本生产车间。零件车间生产 A、B、C 三种零件；部件车间把两件 A 零件、三件 B 零件装配成丙部件，把两件 B 零件、一件 C 零件装配成丁部件；然后，总装车间再把丙部件和丁部件各一件装配成甲产品。为了简化起见，零件下面不再按工序归集生产费用。完工产品和月末在产品按约当产量比例法分配生产费用，月末在产品完工程度均按 50%考虑。

该机械厂 201×年 6 月份的生产情况和费用资料如下：

（1）生产记录统计见表 8-21。

表 8-21 生产记录统计 单位：件

项 目	A 零件	B 零件	C 零件	丙部件	丁部件	甲产品
月初在产品数量	450	500	295	175	84	95
本月投入或转入半成品	250	350	205	275	156	125
本月完工	500	750	300	150	160	100
月末在产品	200	100	200	300	80	120

（2）零件车间期初在产品成本和本期发生费用见表 8-22，各零件所需原材料在开始生产时一次性投入。

表 8-22　零件车间月初在产品及本期发生费用　　单位：元

成本项目	月初在产品成本			本期发生费用		
	零件生产车间			零件生产车间		
	A 零件	B 零件	C 零件	A 零件	B 零件	C 零件
直接材料	62 600	63 250	33 600	35 400	43 000	23 400
直接人工	83 000	98 000	53 600	58 000	62 000	32 400
制造费用	111 600	164 200	76 500	94 200	87 800	46 700
合计	257 200	325 450	163 700	187 600	192 800	102 500

（3）部件车间和装配车间期初在产品成本和本期发生费用见表 8-23。

表 8-23　部件车间和装配车间月初在产品及本期发生费用　　单位：元

成本项目	月初在产品成本			本期发生费用		
	部件车间		装配车间	部件车间		装配车间
	丙部件（175 件）	丁部件（84 件）	甲产品（95 件）	丙部件（275 件）	丁部件（156 件）	甲产品（125 件）
自制半成品：						
A 零件	245 000			390 500		
B 零件	320 250	102 480		515 625	195 000	
C 零件		52 920			99 060	
丙部件			361 000			475 000
丁部件			237 500			312 500
直接人工	15 050	8 400	6 250	22 000	18 300	6 870
制造费用	27 500	25 600	10 600	53 650	32 200	13 400
合计	607 800	189 400	615 350	981 775	344 560	807 770

根据上述资料，甲产品成本计算过程参见表 8-24、表 8-25、表 8-26、表 8-27、表 8-28 和表 8-29。实例中各自制半成品明细账省略。

表 8-24　产品成本计算单

车间名称：零件车间　　　　完工产品：500 件

产品名称：A 零件　　201×年 6 月　　月末在产品：200 件

凭证号数	摘要	成本项目			
		直接材料	直接人工	制造费用	合计
表 8-22	月初在产品成本/元	62 600	83 000	111 600	257 200
表 8-22	本月发生费用/元	35 400	58 000	94 200	187 600
	生产费用合计/元	98 000	141 000	205 800	444 800
	费用分配率	140	235	343	718
	完工零件成本/元	70 000	117 500	171 500	359 000
	月末在产品成本/元	28 000	23 500	34 300	85 800

表 8-25　产品成本计算单

车间名称：零件车间　　　　　　　　　　　　　　　　　完工产品：750 件

产品名称：B 零件　　　　　201×年 6 月　　　　　　　月末在产品：100 件

凭证号数	摘要	成本项目			
		直接材料	直接人工	制造费用	合计
表 8-22	月初在产品成本/元	63 250	98 000	164 200	325 450
表 8-22	本月发生费用/元	43 000	62 000	87 800	192 800
	生产费用合计/元	106 250	160 000	252 000	518 250
	费用分配率	125	200	315	640
	完工零件成本/元	93 750	150 000	236 250	480 000
	月末在产品成本/元	12 500	10 000	15 750	38 250

表 8-26　产品成本计算单

车间名称：零件车间　　　　　　　　　　　　　　　　　完工产品：300 件

产品名称：C 零件　　　　　201×年 6 月　　　　　　　月末在产品：200 件

凭证号数	摘要	成本项目			
		直接材料	直接人工	制造费用	合计
表 8-22	月初在产品成本/元	33 600	53 600	76 500	163 700
表 8-22	本月发生费用/元	23 400	32 400	46 700	102 500
	生产费用合计/元	57 000	86 000	123 200	266 200
	费用分配率	114	215	308	637
	完工零件成本/元	34 200	64 500	92 400	191 100
	月末在产品成本/元	22 800	21 500	30 800	75 100

表 8-27　产品成本计算单

车间名称：部件车间　　　　　　　　　　　　　　　　　完工产品：150 件

产品名称：丙部件　　　　　201×年 6 月　　　　　　　月末在产品：300 件

凭证号数	摘要	成本项目				
		自制半成品		直接人工	制造费用	合计
		A 零件	B 零件			
表 8-23	月初在产品成本/元	245 000	320 250	15 050	27 500	607 800
表 8-23	本月发生费用/元	390 500	515 625	22 000	53 650	981 775
	生产费用合计/元	635 500	835 875	37 050	81 150	1 589 575
	费用分配率	1 412.22	1 857.50	123.50	270.50	3 663.72
	完工部件成本/元	211 833	278 625	18 525	40 575	549 558
	月末在产品成本/元	423 667	557 250	18 525	40 575	1 040 017

表 8-28　产品成本计算单

车间名称：部件车间　　　　　　　　　　　　　　　　　　　　完工产品：160 件

产品名称：丁部件　　　　　　　201×年 6 月　　　　　　　　　月末在产品：80 件

凭证号数	摘要	成本项目				
		自制半成品		直接人工	制造费用	合计
		B 零件	C 零件			
表 8-23	月初在产品成本/元	102 480	52 920	8 400	25 600	189 400
表 8-23	本月发生费用/元	195 000	99 060	18 300	32 200	344 560
	生产费用合计/元	297 480	151 980	26 700	57 800	533 960
	费用分配率	1 239. 50	633. 25	133. 50	289	2 295. 25
	完工部件成本/元	198 320	101 320	21 360	46 240	367 240
	月末在产品成本/元	99 160	50 660	5 340	11 560	166 720

表 8-29　产品成本计算单

车间名称：装配车间　　　　　　　　　　　　　　　　　　　　完工产品：100 件

产品名称：甲产品　　　　　　　201×年 6 月　　　　　　　　　月末在产品：120 件

凭证号数	摘要	成本项目				
		自制半成品		直接人工	制造费用	合计
		丙部件	丁部件			
表 8-23	月初在产品成本/元	361 000	237 500	6 250	10 600	615 350
表 8-23	本月发生费用/元	475 000	312 500	6 870	13 400	807 770
	生产费用合计/元	836 000	550 000	13 120	24 000	1 423 120
	费用分配率	3 800	2 500	82	150	6 532
	完工甲产品总成本/元	380 000	250 000	8 200	15 000	653 200
	单位成本	3 800	2 500	82	150	6 532
	月末在产品成本/元	456 000	300 000	4 920	9 000	769 920

本章小结：

分步法是按照产品的品种及生产步骤为对象，归集生产费用计算产品成本的方法，广泛用于大量大批复杂生产且管理上要求提供各步骤成本数据的情况下，比如机器制造、纺织、冶金、造纸、家用电器等生产类型的企业。在分步法下，成本计算对象是产品的品种和生产步骤，成本计算期一般与会计报告期一致，期末在产品可以按约当产量比例法、定额法等方法计算。

分步法按照各步骤是否计算半成品成本，分为逐步结转分步法与平行结转分步法。

逐步结转分步法是为了分步计算半成品成本而采用的一种方法，具体计算时需将下一步骤耗用上一步骤的半成品的成本从上一步骤成本计算单（在设半成品库的情况下，是自制半成品明细账）转入下一步骤成本计算单，从而在最后一个生产步骤计算出完工产品的总成本和单位成本。逐步结转分步法在结转各步骤半成品的成本时，又可以采用两种方式：一种是分成本项目进行结转，从而形成分项逐步结转分步法；另一种是不分成本项目而是按半成品的总成本进行结转，形成综合逐步结转分步法。在综合逐步结转分步法下，由于不能够反映产品的原始成本构成，在需要产品原始成结构数据的情况下，还需进行成本还原计算，以便分析产品结构合理性。

所谓产品成本还原，就是将每一步骤所耗上一步骤半成品的综合成本，按照上一步骤本期半成品的成本结构（比重）分解还原为原始成本项目，从而按照原始成本构成计算产品成本。成本还原是从最后一个步骤开始，依次向上一步骤还原，直到求得原始成本构成为止。

在平行结转分步法下，各步骤之间不结转半成品成本，而是将每个步骤发生的生产费用在最终完工产品和本步骤的广义在产品之间进行分配，计算出最终完工产品在各步骤的份额即所耗用的费用，然后将最终完工产品在各步骤的份额按照成本项目平行相加就是最终完工产品在整个生产过程的总成本，除以产量就是单位成本。

本章思考拓展问题：

1. 说明分步法成本计算的特点，以及适用的生产类型。
2. 在分步法下，产品生产工艺技术步骤与产品成本计算步骤是什么关系？如何根据工艺技术步骤确定成本计算步骤？
3. 说明分步法下广义在产品与狭义在产品的关系。
4. 逐步结转分步法与平行结转分步法在成本计算程序上有何差异性？
5. 在大量大批多步骤生产类型中，为什么要计算各步骤的半成品的成本？
6. 什么是成本还原？为什么要进行成本还原？怎样进行成本的还原计算？
7. 平行结转分步法的特点是什么？它适用于哪一种生产类型的企业？
8. 在平行结转分步法下，如果各步骤完工半成品都要入半成品仓库，最后总装车间直接在半成品库领用所需的半成品，是否应当计算各步骤的半成品成本？成本计算上有何变化？
9. 试比较分步法与品种法的异同，并说明两种方法的关系。

第九章
其他几个行业成本计算

【导入案例】

某稽查局对该市宏大建筑安装公司进行了企业税收检查。在与宏大建筑安装公司财务工作人员座谈中，稽查人员获知该企业近年来中标工程项目多，职工工资增长较快。经审核企业财务报表，其反映的全年利润总额却为负数，稽查人员怀疑宏大建筑安装公司有少计收入或多结转成本，人为造成亏损从而少缴企业所得税的问题。

经调取该企业签订的所有施工合同，向有关监理部门了解工程施工情况，分项目核对工程进度和成本结转情况，稽查人员发现该企业有提前结转工程成本行为，造成账面亏损，少缴企业所得税的实事。

问题：施工企业工程成本计算方法有哪些？如何根据工程价款结算方式确定已完工程成本？

学习目标：

在国民经济中，除了制造业之外，还有建筑业、房地产开发业、商品流通业、交通运输业等行业，这些行业的成本计算与制造业相比，有其特殊性。本章在制造业成本计算方法基础上，介绍一些有代表性行业的成本计算方法，丰富对其他行业成本计算方法了解。

在本章学习的过程中，同学们应当注意：

1. 了解每个行业与制造业相比，其生产经营特征或特殊性。
2. 掌握每个行业成本计算的特点，特别是成本计算对象确定方法。
3. 掌握每个行业成本项目设置方法及成本计算流程。

本章难点提示：

- 如何根据行业特征按成本控制要求设置成本计算单？
- 行业成本项目的设置方法有什么规律？

第一节　施工企业成本计算

一、施工企业生产及其成本计算的特点

（一）施工企业的生产特点

施工企业是从事建筑安装工程的生产经营性企业，其主要生产经营活动是建设房屋、建筑物与安装各种设备，产品一般为不动产。施工企业与一般制造企业相比较，在生产经营上具有以下特点：

（1）施工生产的周期长。由于建筑产品一般规模较大，生产周期较长，所以一般要跨年度施工。加之受自然、气候条件的直接影响，以及施工现场与工艺本身的要求，施工工期往往较长。

（2）施工生产的流动性。建筑产品不同于一般产品，它从建设到使用，直到报废，始终固定在同一地点。这种固定性特点，决定了施工企业生产活动的流动性。主要表现在三个方面：一是不同工种的工人要在同一建筑物的不同岗位上进行流动施工；二是生产工人要在同一工地的不同单位工程之间进行流动施工；三是施工队伍要在不同工地、不同地区承包工程，进行区域性流动施工。

（3）施工生产的单一性强。由于建筑产品都是有特定目的、用途的产品，企业只能按照建设单位各个建设项目的设计要求进行施工生产。而且由于不同的建筑产品要受诸如投资规模、地形、地质、水文、气象等众多因素的约束或影响，因此，每一建筑产品之间极少出现完全相同的情况。这就导致了施工生产的单一性或单件性。

（二）施工企业成本计算的特点

施工企业主要从事建筑安装活动。除此之外，也要从事其他多种经营活动。这里主要介绍建筑安装工程的成本计算问题。

1. 成本计算对象的确定

工程成本计算对象一般应根据工程承包合同、施工生产特点、生产费用的发生情况和成本管理要求确定。

一般来说，施工企业可以以每一个单位工程作为成本计算对象。这是因为施工图预算一般是按单位工程编制的，按单位工程计算确定它的实际成本，有利于与工程预算成本相比较，以检查、分析预算的执行情况。不过，有时候一个施工企业要同时承接多个建设项目，每个建设项目的具体情况常常不相同。有的建设项目规模很大，工期长；有的建设项目规模较小，工期短；还有的建设项目在一个工地上有若干个结构、类型、规模相同的单位工程同时施工，交叉作业，共同耗用现场堆放的材料等。因此，一般应根据与施工图预算相结合的原则，联系企业施工组织的特点、承包工程的实际情况和加强成本管理的需要，确定建筑安装工程成本的计算对象。主要有以下几种确定方法：

（1）一般情况下，应以每一独立编制施工图预算的单位工程作为成本计算

对象；

（2）一个单位工程由几个施工单位共同施工时，各施工单位都应以同一单位工程为成本计算对象，各自计算自己完成的部分；

（3）规模大、工期长的单位工程，可以划分为若干个分部工程，以各分部工程作为成本计算对象；

（4）同一建设项目、同一单位工程以及同一施工地点、同一结构类型且开工、竣工时间相近的若干单位工程，也可以合并作为一个成本计算对象；

（5）改建、扩建的零星工程，可以将开竣工时间接近、同属于一个建设项目的各个单位工程合并作为一个成本计算对象。

2. 成本计算期

由于建筑安装工程一般规模较大，生产周期较长，如果待工程全部竣工之后才进行成本计算和价款结算，不利于企业加强成本管理和流动资金周转。因此，施工企业对于已完成预算定额规定一定组成部分的工程，可以视为“已完工程”进行成本计算。虽然这部分工程不是企业的竣工工程，不具有完整的使用价值，但它不再需要进行任何施工活动便可以确定工程的数量和质量。当整个工程竣工时，为了反映竣工工程的成本，有必要对竣工工程进行成本决算。

3. 成本项目

施工企业工程成本分为直接成本和间接成本。直接成本是指施工过程中耗费的构成工程实体或有助于工程实体形成的各项支出，包括人工费、材料费、机械使用费和其他直接费。

（1）人工费是指施工过程中从事建筑安装工程施工人员的工资、奖金、职工福利费、工资性津贴、劳动保护费等；

（2）材料费是指施工过程中耗用的构成工程实体的原材料、辅助材料、构配件、零件、半成品的费用以及周转材料的摊销和租赁费用；

（3）机械使用费是指施工过程中使用自有施工机械所发生的机械使用费和租用外单位施工机械所发生的租赁费，以及施工机械安装、拆卸、进出场费；

（4）其他直接费是指施工过程中发生的材料二次搬运费、临时设施摊销费、生产工具及用具使用费、检验试验费、工程定位复测费、场地清理费等。

间接成本是指施工单位为组织和管理工程而发生的各种支出，主要包括施工单位管理人员的工资、奖金、职工福利费、行政管理用固定资产的折旧费及修理费、物料消耗、低值易耗品摊销、取暖费、水电费、办公费、差旅费、财产保险费、检验试验费、工程保修费、劳动保护费、排污费及其他费用。

这里的施工单位，是指施工企业所属的直接从事施工生产的单位，如工程处、工区、不具备法人资格的分公司、项目经理部、施工队伍、相当于工业生产单位的车间等。这些单位为组织和管理施工工程所发生的全部支出应作为间接成本，计入工程成本。

4. 未完工程的计价

未完工程是指期末尚未办理工程价款结算的工程。对未完工程进行计价是施工企业计算已完工程成本的前提。对未完工程进行计价，可以采用“估量法”和“估价法”两种方法。

（1）估量法，也叫约当产量法，即根据施工现场盘点确定未完成预算定额规定工序的未完实物量，经过估计，折合成相当于已完分部分项工程量，再乘以该分部分项工程的预算单价，计算出未完工程预算成本。其计算公式如下：

$$\text{期末未完工程预算成本}=\text{期末未完工程折合成已完分部分项工程量}\times\text{该分部分项工程预算单价}$$

（2）估价法，即先确定分部分项工程内各个工序耗用的直接费占整个预算单价的百分比，并据以计算出每个工序的单价，然后乘以未完工程各工序的完成量，确定未完工程的成本。其计算公式如下：

$$\text{某工序单价}=\text{分部分项工程核算单价}\times\text{某工序耗用的直接费占预算单价的百分比}$$

$$\text{期末未完工程成本}=\Sigma\text{（未完工程中某工序完成量}\times\text{该工序单价）}$$

采用估价法计算未完工程成本，先要计算出每个工序的单价。如果工序过多，应将工序适当归并，先计算每一扩大的工序单价，然后乘以未完工程各扩大工序完成量。

二、施工企业工程成本计算

（一）人工费的分配

人工费的核算方法，一般应根据企业实行的具体工资制度而定。采用计件制的，一般都能分清所支付的工资是哪一个工程发生的，所以应根据“工程任务单”计算并计入各个成本计算对象的“人工费”项目。采用计时工资制的，计入各工程成本的工资，一般是按照当月工资总额和工人总的出勤工日计算的日平均工资及各工程当月实际用工数计算分配的。其计算公式如下：

$$\text{某施工队当月每工日平均工资}=\frac{\text{该队当月全部计时工资总额}}{\text{该队当月建安工人实际工日数}}$$

$$\text{某工程应分配的人工费工资数}=\text{该工程当月实际耗用工时}\times\text{某施工队当月每工日平均工资}$$

（二）材料费的分配

施工企业的材料，除了主要用于工程施工外，还可能用于临时设施、福利设施建设以及其他非生产性耗用等。因此，企业必须建立健全材料管理制度，严格区分工程耗用和其他耗用的界限，只有直接用于工程的材料，才能计入工程成本中的“材料费”项目。

建筑安装工程耗用的材料品种多，数量大，领用的次数频繁。企业在核算工程的材料费用时，应区别不同材料，采用不同的方法进行归集和分配。

（1）凡是领用时能够点清数量、分清用料对象的，应在领料凭证上填明受益对象的名称，财会部门据以直接计入受益对象的成本。

（2）领用时虽然能够点清数量，但属于集中配料或统一下料的，应当在领料凭证上注明“集中配料”的字样，月末由材料部门会同领料班组，根据配料情况，结合材料耗用定额编制“集中配料耗用计算表”，据以分配计入各受益对象成本。

（3）既不易点清数量又难以分清成本对象的，可以根据具体情况，先由材料员或施工生产班组保管（实行集中搅拌的混凝土或砂浆，由搅拌站验收保管），月末进行实地盘点，并根据“月初结存量+本月收入量-月末盘点结存量=本月耗用量”的公式确定本月实际耗用量。然后根据各工程对象应完成的实物工程量和材料耗用定额，编制“大堆材料耗用计算表”，据以分配计入有关工程成本。

（4）施工使用的模板、脚手架等周转材料，应按各工程成本计算对象实际领用数量及规定的摊销方法，编制“周转料具摊销计算表”，确定各工程成本计算对象应摊销的费用数额。

对于某些对周转材料实行内部租赁或向外部租赁使用的企业来讲，应当按实际支付的租赁费直接计入受益的工程成本。

上述各种不同的材料，采用不同的方法进行分配后，应根据各有关的分配计算表，编制“材料发出汇总分配表”，确定各受益成本计算对象应分配的总材料费用，计入各工程成本中的“材料费”项目。

（三）机械使用费的分配

工程成本中的机械使用费是指在施工过程中使用自有施工机械的台班费和使用从外单位租入施工机械的租赁费，以及支付的施工机械进出场费。

使用自有施工机械或运输设备进行机械作业所发生的各项费用，应通过“机械作业”账户，按机械类别或每台机械分别归集，月末再根据各个成本核算对象实际使用施工机械的台班数、预算数或作业量计算各工程成本计算对象应分摊的施工机械使用费。

（四）其他直接费的分配

其他直接费一般在发生时可以分清受益对象，直接计入对应的工程成本。

（五）间接成本的分配

间接成本是指施工企业各施工队、工程队、工区等这一级单位为组织管理施工生产而发生的支出，类似于工业企业车间这一级单位发生的各项生产管理费用。在实践中，由于一个施工队、工程队或工区往往同时从事多个工程项目的建设，有几个成本计算对象，所以间接成本一般不能由某一个工程成本计算对象负担，而应采用一定的分配方法计入各工程成本。

在分配间接成本时，可以选择各工程人工费用、直接费用为标准进行分配。其计算公式如下：

$$\text{间接成本分配率}=\frac{\text{实际发生的间接成本总额}}{\text{各工程人工费用（直接费用）总数}}$$

$$\begin{matrix}\text{某工程成本计算对象}\\\text{应负担的间接成本}\end{matrix}=\begin{matrix}\text{该工程成本计算对象}\\\text{的人工费用（直接费用）}\end{matrix}\times\begin{matrix}\text{间接成本}\\\text{分配率}\end{matrix}$$

（六）已完工程成本的计算

按照有关财务规定，建设工程价款的结算可以采用按月结算、分段结算、竣工后一次结算方式或者双方约定的其他结算方式。

采用按月结算工程价款方式的工程，应按月结转已完工程成本；采用竣工后一次结算或分段结算工程价款方式的工程，应按合同规定的工程价款期结转已完工程成本。已完工程成本可以根据以下公式计算：

已完工程成本＝期初未完工程成本+本期发生的施工生产费用−月末未完工程成本

上式中，期初未完工程成本是已知的，本期发生的施工生产费用经过归集、分配之后可以确定下来，只要计算出期末未完工程成本就可以确定本期完工工程成本。期末未完工程成本的计算可以采用前面介绍的“估量法”或“估价法”。

施工企业工程成本计算是在“工程施工”明细账内进行的，“工程施工”明细账的格式参见表 9−1。

表 9−1　工程施工明细账

工程名称：××工程　　　　　　　　　　　　　　　　　　单位：元

201×年		凭证编号	摘要	工程实际成本						工程	月末	已完工程	
月	日			材料费	人工费	机械使用费	其他直接费用	间接成本	合计	预算成本	未完施工成本	实际成本	预算成本
×	1	（略）	期初余额								80 000		
	31		分配材料费	720 000									
	31		分配人工费		47 000								
	31		分配机械费			20 000							
	31		分配其他费用				10 000						
	31		分配间接成本					50 000					
	31		合计	720 000	47 000	20 000	10 000	50 000	847 000	850 000	100 000	827 000	830 000

第二节　房地产开发企业成本计算

一、房地产开发企业成本划分的特点

房地产开发企业是指从事土地、房屋建设开发、销售、出租等生产经营活动的企业。

房地产开发企业从事开发产品的建设一般可以分为五个阶段：规划设计、征地拆迁、组织施工、竣工验收、产品销售。无论开发产品是建设场地还是房屋，从开工到产品最后建成出售，都要经过这五个阶段。

根据开发产品所经历的阶段和企业成本管理的需要，可以将房地产开发企业的整个成本费用划分为九个部分：土地征用及拆迁补偿费、前期工程费、基础设施费、建筑安装工程费、公共配套设施费、开发间接费、管理费用、销售费用、财务费用。

房地产开发企业同制造企业一样，也是采用制造成本法对开发产品进行成本核算的。在制造成本法下，可以将企业上述九个方面的成本费用划分为两大部分：开发产品的成本和企业的期间费用。开发产品的制造成本包括上述九个部分的前六项内容，后三项内容则归为期间费用。期间费用不再计入开发产品成本，而是同制造企业一样，直接计入当期损益。

二、开发产品成本计算的特点

开发产品成本是指企业在建设、开发过程中所发生的各种耗费，它综合地反映了房地产开发企业的生产经营管理水平，是制定开发产品价格的重要依据。

开发产品在成本构成上与一般产品不同，在成本计算上具有如下特点：

（一）成本计算对象的确定

开发产品的成本计算对象应根据开发项目的地点、用途、结构、装修、层高、施工队伍的管理等因素，按以下原则来确定：

（1）一般的开发项目，可以以每一独立编制的设计概（预）算，或者以每一独立的施工图预算所列的单项开发工程为成本计算对象，以利于分析工程概（预）算和施工合同的完成情况；

（2）同一开发地点、同一结构类型的群体开发建设项目，如果开工、竣工时间相近，并且由同一施工单位施工，可以合并作为一个成本计算对象，以简化核算手续和核算工作；

（3）对于规模较大、工期较长的开发项目，可以结合经济责任制的需要，按开发项目的一定区域或部分，划分为若干个分部开发项目，然后以若干个分部开发项目作为成本计算对象。

（二）成本计算期

开发产品的成本计算期，一般以开发产品的开发周期为准，以便计算出整个开发项目从开发建设直到竣工验收所发生的一切耗费，以利于同开发项目的设计概（预）算和施工合同相对比，考核其开发成果。

（三）开发产品的成本项目

开发产品在开发、建设过程中发生的各项费用，可以按照不同的标准分类。当开发、建设过程中的各项费用按照其经济用途，即开发产品经历的阶段来划分时，便构成开发产品成本项目。开发产品的成本项目主要有：

（1）土地征用及拆迁补偿费。土地征用及拆迁补偿费是指房地产开发企业按照城市建设总体规划进行土地开发而发生的各项费用，包括土地征用费、耗用占用费、劳动力安置费以及有关地上、地下附着物拆迁补偿的净支出（扣除拆迁旧建筑物回收的残值收入）和安置动迁用房支出等。

（2）前期工程费。前期工程费是指开发项目在前期工程阶段发生的各项费用，包括规划、设计、项目可行性研究、水文、地质、勘察、测绘、“三通一平”等支出。

（3）建筑安装费。建筑安装费是指开发项目在开发过程中发生的各种建筑工程费用，包括企业以出包方式支付给承包单位的建筑安装工程费和以自营方式发生的各种建筑安装工程费。

（4）基础设施费。基础设施费是指开发项目在开发过程中发生的各项基础性设施支出，包括开发小区内道路、供水、供电、供气、排污、排洪、通讯、照明、环卫、绿化等工程建设发生的支出。

（5）公共配套设施费。公共配套设施费是指不能有偿转让的开发小区内公共配套设施支出，包括居委会、派出所、幼儿园、消防、水塔、公共厕所等设施的支出。在确定公共配套设施支出的内容时应注意两点：一是公共配套设施必须限定在开发小区内；二是必须是不能有偿转让的公共配套设施。

（6）开发间接费。开发间接费是指房地产开发企业在开发现场组织、管理开发产品的开发建设所发生的工资、奖金、福利费、修理费、折旧费、办公费、水电费、劳动保护费以及周转房摊销等。开发间接费从性质上看，属于直接组织、管理开发项目而发生的支出，应计入开发产品的成本。

在实践中分清“开发间接费”和“管理费”的界限是重要的。如果开发企业不设立现场机构，而是由公司定期或不定期地派人到开发现场组织开发建设活动，则所发生的费用可以直接并入企业管理费用。

（四）开发产品在成本中预提公共配套设施费用的处理

一个住宅小区的开发建设，通常需要若干年的时间。房地产开发企业在开发进度安排上，一般是先建住宅，后建配套设施。所以，往往是住宅已经建成而配套设施尚未投入使用，或者是住宅已经销售，而道路、绿化等配套设施工程尚未完工。这种开发产品与配套设施建设的时间差，使得那些已具有使用条件并已出售的开发产品应负担的配套设施建设费用无法按照配套设施的实际建设成本进行分摊和计算。为此，房地产开发企业一般只能以未完配套设施概算（或预算）为基础，计算出已出售住宅应负担的数额，并以预提方式计入所出售住宅的开发成本，待小区正式竣工结算时，再调整预提数。

三、开发产品的成本计算

按照会计制度的规定，开发产品的成本计算应通过“开发成本”和“开发间接费用”两个成本类账户进行。

“开发成本”账户用来核算房地产开发企业在土地、房屋、配套设施和代建工程的开发建设过程中发生的各项费用。该账户下应按开发成本的种类，如“土地开发”“房屋开发”“配套设施开发”和“代建工程开发”等设置成本计算单，并按成本项目设专栏以反映成本结构。企业发生的土地征用及拆迁补偿费、前期工程费、基础设施费和建筑安装工程等开发费用，凡属于直接费用的，直接计入有关的成本计算单；凡应由开发产品成本负担的间接费用，应先在“开发间接费用”账户进行归集，期末再按一定的分配标准将汇总的开发间接费用分配计入有关开发产品成本计算单。“开发间接费用”账户可以按企业内部不同单位、部门设置明细账，进行明细核算。

企业开发土地、房屋、配套设施和代建工程等，采用出包方式的，应根据承包企业提出的“工程价款结算账单”，在承付工程款之后，计入有关开发产品成本计算单；采用自营方式的，发生的各项费用可以直接计入有关开发产品成本计算单。如果企业自营施工大型建筑安装工程，可以根据需要增设“工程施工”“施工间接费用”等账户，用来归集自营建筑安装费用，期末再按实际成本将其转入有关开发产品成本计算单。应由开发产品负担但不能有偿转让的公共配套设施费用等，应在计算开发产品的成本时及时地按规定及时计入有关开发产品成本计算单。

企业已经完成并验收合格的土地、房屋、配套设施、代建工程等，应及时根据开发产品成本计算单内的实际成本结转，以便将企业的收入和成本费用进行对比，确定损益。

不同的房地产开发项目有其特殊性，下面我们以土地开发、房屋开发项目为例说明房地产开发企业的成本计算。

（一）土地开发成本的计算

土地开发是房地产开发企业的主要业务之一，其开发产品为建设场地。土地开发主要有两个目的：一个是为销售或有偿转让而开发土地，即商品性建设场地；另一个是直接为企业兴建商品房和其他经营性用房而开发土地，即自用建设场地。

土地开发成本是指企业在开发土地过程中所发生的各种费用。土地开发过程中发生的直接费用，如土地征用补偿费和拆迁补偿费、前期工程费、基础设施费等费用，可以直接计入土地开发成本；土地开发过程中发生的各种间接费用，如开发现场机构发生的工资费用、福利费、折旧费、修理费、办公费、水电费、劳动保护费、周转房摊销等，先通过“开发间接费用”账户进行归集，期末再按一定的分配标准分配计入土地开发成本。土地开发的各项直接费用加上应负担的间接费用，就是土地开发的实际成本。

【例 9-1】华西房地产开发企业开发土地（甲地）100 亩（1 亩≈667 平方米，下同），支付征地拆迁费 3 000 000 元、耕地占用税 6 000 000 元、劳动力安置费 600 000 元，出售拆迁房屋回收材料 50 000 元，发生前期工程费 450 000 元，支付给施工单位甲地基础设施费 700 000 元，发生建筑安装工程费 300 000 元。经分配、计算，甲地应负担的开发间接费用为 400 000 元。甲地开发完成后经验收合格。其中，40 亩对外销售，60 亩留在企业，准备进一步开发为商品房。根据上述资料，计算该土地的开发成本。计算结果见表 9-2。

表 9-2　开发产品成本计算单

工程名称：甲地开发工程　　　　单位：元

201×年		凭证编号	摘　要	土地征用及拆迁补偿费	前期工程费	基础设施费	建筑安装工程费	公共配套设施费	开发间接费用	合计
月	日									
×	×	（略）	发生征地拆迁费	3 000 000						
			发生耕地占用税	6 000 000						
			发生劳动力安置费	600 000						
			回收拆迁房残值	50 000						
			发生前期工程费		450 000					
			发生基础设施费			700 000				
			发生建安费				300 000			
			应分配间接开发费						400 000	
			合　计	9 550 000	450 000	700 000	300 000		400 000	11 400 000
			结转开发成本	3 820 000	180 000	280 000	120 000		160 000	4 560 000
			期末余额	5 730 000	270 000	420 000	180 000		240 000	6 840 000

（二）房屋开发成本的计算

房屋开发也是房地产开发企业的主要业务之一。房屋开发分为四个方面：一是为销售而开发商品房；二是为出租经营而开发经营房；三是为安置拆迁居民周转使用而开发周转房；四是受其他单位委托而开发建设代建房。尽管这些开发建设的目的不同，但其费用支出和建设开发的过程基本上是相同的。

企业在房屋开发过程中发生的土地征用及补偿费、前期工程费、基础设施费，凡能分清成本计算对象的，应直接计入有关房屋开发成本计算单的对应成本项目；发生时分不清成本计算对象，由两个或两个以上成本计算对象负担的费用，应先通过“开发成本——土地开发”账户进行归集，待土地开发完成并用于房屋的建设开发时，再采用一定的方法分配之后结转到有关房屋开发成本计算单的对应成本项目。

在房屋建设开发过程中进行的建筑安装工程，有的采用出包方式，有的采用自营方式。采用出包方式的企业，其建安工程费用应根据承包企业的“工程价款结算账单”所列的建设工程款，计入有关房屋开发成本计算单的对应成本项目；采用自营方式的企业，其实际发生的建安工程费，一般可以直接计入有关房屋开发成本计算单。如果自行施工的工程较大，可以增设“工程施工”和“施工间接费用”两个账户，归集所发生的建安工程费，然后定期将所发生的建安工程费转到有关房屋开发成本计算单的对应成本项目。

房屋开发项目应负担的开发间接费用，平时通过“开发间接费用”账户进行归集，月末分配结转到有关房屋开发成本计算单的对应成本项目。

【例 9-2】接【例 9-1】，华西房地产开发企业将留下的 60 亩土地继续用于商品房开发，并将该商品房建设工程出包给本市某家建筑公司，承包合同规定的工程款为 40 000 000 元。按照规定，该房地产开发企业在建设与该商品房配套的公共设施过程中发生建筑安装费 3 160 000 元，在商品房建设中应负担的开发间接费用为 500 000 元。根据上述资料，计算房屋开发成本。计算结果见表 9-3。

表 9-3　房屋开发成本计算单

房屋开发——商品房（甲地）　　　　单位：元

201×年		凭证号数	摘　要	土地租用及拆迁补偿费	前期工程费	基础设施费	建筑安装工程费	公共配套设施费	开发间接费用	合计
月	日									
×	×	（略）	结转土地开发成本	5 730 000	270 000	420 000	180 000		240 000	6 840 000
			结转房屋建设费				40 000 000			40 000 000
			结转配套设施费					3 160 000		3 160 000
			结转开发间接费						500 000	500 000
			合计	5 730 000	270 000	420 000	40 180 000	3 160 000	740 000	50 500 000
			结转完工成本	5 730 000	270 000	420 000	40 180 000	3 160 000	740 000	50 500 000
			期末余额	—	—	—	—	—	—	

第三节　商品流通企业成本计算

一、商品流通企业经营特点

商品流通企业是指组织商品购销活动、自主经营和独立核算的企业，主要有商业、粮食、外贸企业，供销合作社，图书发行企业，物资供销企业以及以商品流通活动为主营业务的其他企业。商品流通企业的主要经营活动是商品的购进、销售、调拨和储存，将社会产品从生产领域转移到消费领域，从而实现商品的价值并获得盈利。

商品流通企业和制造企业等其他行业企业的经营活动相比较，商品流通企业有三个特点：一是经营活动的主要内容是商品购销，没有生产环节；二是商品资产在企业全部资产中占有较大的比例，是企业资产管理的重点；三是企业营运中资金活动的轨迹是从货币资金到商品再到货币资金转化。

商品流通企业的经营环节主要有两个：一个是商品采购；另一个是销售。商品采购过程中涉及商品进价成本计算，商品销售过程涉及商品销售成本计算问题。

二、商品进价成本的计算

商品进价成本就是商品采购成本。企业采购商品的途径不同，增值税纳税人不同，进价成本的构成也就不同。

（一）国内采购商品的进价成本

根据我国税法的规定，增值税纳税人分为一般纳税人与小规模纳税人。这两种纳税人的计税方法不同，因而商品进价成本的构成也不同。

1. 一般纳税人国内采购商品的进价成本

我国税法规定，增值税是价外税，应纳税额不包括在商品的价值之中。企业购进商品支付的增值税税额（简称进项税额）可以从销售商品时应纳的增值税税额（简称销项税额）中抵扣。因此，国内采购商品的进价成本应是增值税专用发票上列明的商品的货款，以及采购过程发生运输、仓储、保险、装卸、包装等采购费用，但不包括增值税税额。

2. 小规模纳税人国内采购商品的进价成本

我国税法规定，小规模纳税人不得抵扣购进商品时支付的增值税税额。这样，小规模纳税人国内采购商品的进价成本应由采购时支付的商品货款，采购环节发生运输、保险、装卸等采购费用，以及支付的增值税组成。

（二）国外采购商品的进价成本

企业从国外采购商品，即进口商品，其采购成本由进口商品的国外进价、进口关税和消费税组成。

进口商品的国外进价一律以到岸价格（CIF）为基础。倘若以离岸价格（FOB）成交，商品离开对方口岸后，应由我方负担的运杂费、保险费和佣金等费用，也应计入商品的进价。商品到达我国口岸目的港后发生的采购费用，均应计入商品进价成本。无论是按离岸价格结算还是按到岸价格结算，如果均以外币计价，则应按支付日中国人民银行公布的外币汇率折合成人民币计价。

进口关税是指海关对进入国境的商品征收的税。消费税是国家对某些特定商品进行特殊调节而征收的税。征收消费税的商品仅包括烟、酒及酒精、化妆品、护肤护发品、贵重首饰、鞭炮焰火、汽油、柴油、汽车轮胎、小汽车、摩托车等税目。

三、商品销售成本的计算

商品流通企业的库存商品可以采用进价或售价进行核算。采用进价核算的商品（如批发销售的商品），其库存商品成本按商品进价成本记账；采用售价核算的商品（如零售商品），其库存商品成本按商品的销售价格记账。由于库存商品计价、核算方法不同，从而导致商品销售成本的计算方法也有所不同。

（一）进价核算方法下商品销售成本的计算

采用进价核算方法时，企业应设置“库存商品”账户。该账户的借方记录入库商品的进价成本，贷方反映已销商品的销售成本或其他原因引起的库存商品的减少。

为了全面反映库存商品的增减变动情况，企业财会部门除了应按商品进价成本设置“库存商品”总账之外，还必须按商品的种类设置一套完整的商品数量、金额明细账，以提供库存商品增减变动情况的详细资料。明细账可以按商品的品种、等级、规模、规格分户设置，还可以在总账和明细账之间按商品大类设置二级账，以保证商品购进、储存以及核算的完整和及时。

商品销售之后，为了正确反映企业的销售利润，确定库存商品的余额，还必须对已销商品的成本进行计算和结转。这种计算和结转工作，一般是在月末进行，平时只在库存商品明细账内登记各种商品的销售数量（不记金额）。在月底计算销售成本时，由于各种商品的每一批进价成本不尽相同，因此有各种不同的计算方法。至于选择哪一种方法，企业应根据管理的要求，从企业经营业务的特点出发，本着既要简单适用又要尽可能准确的原则来选择。商品销售成本的计算和结转方法一经确定，年度内不得变更，以保证成本核算的可比性和一致性。

采用进价核算的商品，销售成本计算可以采用方法是先进先出法、移动加权平均法、全月一次加权平均法、个别计价法。此外，还可以采用：

1. 毛利率法

毛利率法就是根据本月销售总额和上季度实际毛利率计算出本月销售毛利，再求出本月商品销售成本。其计算公式如下：

销售毛利=本月销售总额×上季度实际毛利率

商品销售成本=本月销售额-销售毛利=本月销售额×（1-上季度实际毛利率）

2. 最后进价法

最后进价法就是根据当月最后进货的单价先确定库存商品成本，然后根据下列公式计算确认已售商品销售成本。

已售商品销售成本=期初库存商品成本+本期购进商品进价成本-期末库存商品成本

（二）售价核算方法下商品销售成本的计算

采用售价核算法时，财会部门应按实物负责小组设立库存商品明细账户。库存商品的增减变动，只记售价，不记数量，其账面余额就是实物负责小组所经营的商品。在售价核算法下，由于库存商品是按商品售价登记的，为了反映商品进价成本与售价之间的差异，应设置“商品进销差价”账户。该账户是“库存商品”账户的调整账户。库存商品进价与售价之差，按差价的方向分别计入该账户的借方或贷方。当销售商品结转其销售成本时，进销差价也同时结转，结转的进销差价一般计入该账户的借方。该账户的期末余额为期末库存商品的进销差价。

采用售价核算法时，期末库存商品的数量应通过实地盘点来确定。将库存商品的数量分别按种类乘以销售单价，就可以得到库存商品以售价计算的实有商品，可以与营业柜组库存商品明细账进行核对（营业柜组收货、销货时，其明细账是按售价记账的，商品售出之后，按售价交回货款），以保证账实相符，加强对实物的控制与管理。

在售价核算法下，一般是按营业柜组设置明细账，因而可以大大减少会计人员的工作量，简化销售手续，方便顾客和营业员。但是，从另一方面看，这种方法也存在着某些缺点：库存商品明细账只记金额，不记数量，如果各种商品在月末盘点结束之后发现溢缺情况，很难查明原因，因而不利于加强成本管理和实物管理。为了防止差错和弊端，可以采取一些补救措施，如对某些数量少、品种少、价格高的商品设立数量账，进行数量控制，定期盘点检查；对其他不设数量账的商品，也应加强盘点，确保账实相符。

采用售价核算的商品，可以采用一定的进销差价率将商品的售价调整为商品的进价成本，进而确定商品的销售成本和库存商品的进价成本。

所谓进销差价率，就是商品进销差价占商品售价的百分比。按照该百分比，分别计算出库存商品和已售商品应负担的进销差价，然后计算出库存商品和已售商品的进价成本。可以按零售商品的总额计算综合进销差价率，也可以按类（或柜组）计算分类进销差价率。二者的计算方法相同，只是计算所用的数额大小不同。

1. 综合差价率计算法

综合差价率计算法就是按整个商品的存销比例平均分摊进销差价的方法。其计算方法是：月末经过盘点，确定按售价计算的商品总额（本月销售总额加上月末库存商品售价总额），再除以月末库存商品进销差价余额（分配前的），求得综合平均差价率；然后求出已售商品和库存商品的进销差价，进而计算出已售商品的销售成本。

其计算公式为

$$\text{综合平均差价率}=\frac{\text{月末分配前“商品进销差价”账户余额}}{\text{月末库存商品余额}+\text{本月零售商品销售总额}}\times 100\%$$

已售商品应分摊的进销差价=本月零售商品销售总额×综合平均差价率

已售商品的销售成本=已售商品的售价-已售商品应分摊的进销差价

采用综合平均差价率，可以简化进销差价的计算工作。但是，当各类商品或各柜组商品的进销差价率和存销比例相差较大时，计算结果不够准确。

2. 分类（分柜组）进销差价率的计算

采用分类方法计算商品的进销差价率，不仅使计算出的差价率较为符合实际，而且有利于分类考核商品经营的经济效益。分类进销差价率的计算公式为

$$\text{某类商品的进销差价率}=\frac{\text{月末结转前某类“商品进销差价”账户余额}}{\text{月末某类库存商品的余额}+\text{本月该类商品的销售总额}}\times 100\%$$

某类已售商品应分摊的进销差价=某类商品本月销售总额×该类商品进销差价率

某类已售商品的销售成本=该类已售商品的售价-该类已售商品应分摊的进销差价

【例9-3】红艳百货零售超市201×年6月30日有关账户的分类核算资料见表9-4。

表9-4　　单位：元

商品大类	月末库存商品余额	本月商品零售额	月末结转前进销差价余额
百货类	60 000	80 000	16 800
针织类	100 000	150 000	35 000
鞋帽类	50 000	70 000	18 000
合计	210 000	300 000	69 800

根据上述资料，计算分类进销差价率和已售商品销售成本。计算过程见表 9-5。

表 9-5　分类进销差价率和已售商品销售成本计算表

红艳百货零售超市　　　　201×年 6 月 30 日　　　　单位：元

类别	月末结转前进销差价余额	月末库存商品余额	本月商品零售额	分类进销差价率	库存商品进销差价	已售商品进销差价	已售商品销售成本
	(1)	(2)	(3)	$(4)=\frac{(1)}{(2)+(3)}$	(5)=(2)×(4)	(6)=(3)×(4)	(7)=(3)-(6)
百货类	16 800	60 000	80 000	$\frac{16\ 800}{60\ 000+80\ 000}\times100\%=12\%$	7 200	9 600	70 400
针织类	35 000	100 000	150 000	$\frac{35\ 000}{100\ 000+150\ 000}\times100\%=14\%$	14 000	21 000	129 000
鞋帽类	18 000	50 000	70 000	$\frac{18\ 000}{50\ 000+70\ 000}\times100\%=15\%$	7 500	10 500	59 500
合计	69 800	210 000	300 000		28 700	41 100	258 900

采用售价核算的商品，年度内各月份可以采用综合平均差价率或分类（分柜组）差价率计算分摊商品的进销差价，年终应对各商品的差价进行一次核实、调整，以保证各商品全年进销差价计算的正确性。

第四节　运输企业成本计算

一、运输企业生产过程和成本计算的特点

（一）运输企业生产过程的特点

运输企业是通过具有劳动技能的人使用运输工具及设备，使旅客、货物的空间位置发生移动，而不创造新的物质产品的特殊物质生产部门。运输企业包括铁路、公路、水路、航空运输及机场、港口、外轮代理、理货等企业。运输企业生产过程的特点如下：

（1）运输企业是物质生产过程的有机组成部分。随着社会生产的分工，运输企业成为一个独立的物质生产部门 。但就其发挥的作用来看，运输企业是连接社会生产领域和消费领域的桥梁和纽带，仍然是生产过程的组成部分。

（2）运输企业生产活动的结果只能使劳动对象（旅客、货物）的空间位置发生移动，而不能像制造业那样，通过对劳动对象——原材料进行生产加工来创造新的物质产品。

（3）运输企业的产品不是以实物形态独立存在的，其生产过程就是消费过程，二者表现为时间上和空间上的统一。所以，运输产品不能储存。

（4）运输企业的生产过程流动而且分散，由此会产生大量的结算工作。

（5）运输企业的生产过程只消耗劳动工具（运输工具及设备），而不能消耗劳动对象（旅客、货物）。

（二）运输企业成本计算的特点

运输企业的以上特点，决定了运输企业成本计算也有自身的特点。

（1）运输企业由于不创造实物产品，在生产过程中没有消耗劳动对象，只是消耗劳动工具，所以其营运成本中运输工具的消耗、设备折旧费、修理费、燃料消耗以及营运生产过程中的营运性费用支出占较大比重。

（2）运输企业的成本计算对象分为客货综合运输业务、旅客运输业务和货物运输业务。企业根据管理的需要，可以按照车型将成本分为大型车组运输成本、集装箱车辆运输成本，按照船型将成本分为煤船运输成本、油品船运输成本、集装箱船运输成本，按照运输种类将成本分为班轮运输成本、租船运输成本等。对于港口企业而言，其成本核算对象主要划分为装卸业务、堆存业务、港务管理及其他业务等。

（3）运输企业的成本计算单位为周转量，分为换算吨千米、人千米和吨千米。对于远洋和沿海船舶运输企业而言，分为换算吨海里、人海里和吨海里。港口企业的成本计算单位为工作量，分为装卸工作量（吨）和堆存工作量（吨/天）。

（4）运输企业的成本计算期一般采用月历制。从事远洋运输业务的船舶运输企业，则以航次作为成本计算期。

（5）运输企业营运成本耗费的多少，主要取决于运输距离的长短，而与所完成的运量和周转量没有直接关系。

二、运输企业成本构成和成本计算程序

（一）运输企业的成本构成内容

运输企业在营运生产过程中实际发生的与运输、装卸和其他业务等直接相关的各项支出构成了运输企业的成本。具体包括以下内容：

（1）企业在营运生产过程中实际消耗的各种燃料、材料、备品配件、航空高价周转件、垫隔材料、轮胎、专用工器具、动力照明、低值易耗品等物质性支出；

（2）企业直接从事营运生产活动人员的工资、福利、奖金、津贴和补贴等支出；

（3）企业在营运生产过程中实际发生的固定资产折旧费、修理费、租赁费（不包括融资租赁费）、取暖费、水电费、办公费、差旅费、保险费、设计制图费、试验检验费、劳动保护费（包括制服费）、季节性和修理期间的停工损失、事故净损失等支出。

除上述费用外，还有以下规定：

铁路运输企业的成本还应当包括铁路线路灾害防治费、铁路线路绿化费、铁路

护路护桥费、乘客紧急救护费等营运性支出；

公路运输企业的成本还应当包括车辆牌照检验费、车辆清洗费、车辆冬季预热费、公路养路费、公路运输管理费、过桥费、过渡费、过隧道费、司机途中住宿费、行车杂费等营运性支出；

水路运输企业的成本还应当包括引水费、港务费、拖轮费、停泊费、代理费、理货费、开关舱费、集装箱费用、灯塔费、航道养护费、水路运输管理费、船舶检验费、旅客接送费以及航行于国外及港澳地区的船舶发生的吨税、过境税、运河费等营运性支出；

航空运输企业的成本还应当包括熟练飞行训练费、乘客紧急救护费等支出。

运输企业的成本项目一般包括：

（1）直接材料费。直接材料费具体包括的内容为上述第（1）项内容。

（2）直接人工费。直接人工费具体包括的内容为上述第（2）项内容。

（3）其他费用。其他费用具体包括的内容为上述第（3）项内容。

（二）运输企业的成本计算程序

运输企业在计算营运成本时应按各项运输业务设置成本计算单。成本计算单内应按成本项目进行分栏反映。

运输企业在经营业务（如运输企业、装卸业务、堆存业务、各种代理业务、各项港务管理及其他业务）时所发生的各项费用，应按成本计算对象和规定的成本项目予以归集。凡是能够直接计入成本项目的费用，应借记“运输支出”（“装卸支出”“堆存支出”“代理业务支出”“港务管理支出”以及“其他业务支出”等）账户，贷记“燃料”“材料”“轮胎”“应付职工薪酬”等账户。对于那些不能直接计入成本项目的其他费用，应先在“船舶固定费用”“船舶维护费用”“集装箱固定费用”“营运间接费用”“辅助营运费用”等账户核算，月末再将这些费用按规定的分配标准分配计入有关的成本计算对象。

因为运输企业的生产过程就是消费过程，企业的产品不是以实物形态独立存在的，所以不存在生产费用在完工产品与在产品之间分配的问题。一定时期的运输支出（或装卸支出、堆存支出、代理业务支出、港务管理业务支出和其他业务支出）即为该时期的运输（或装卸、堆存、代理业务、港务管理业务和其他业务）总成本。单位产品负担的运输支出，即为运输产品单位成本。

综上所述，运输企业的成本计算程序如图 9-1 所示。

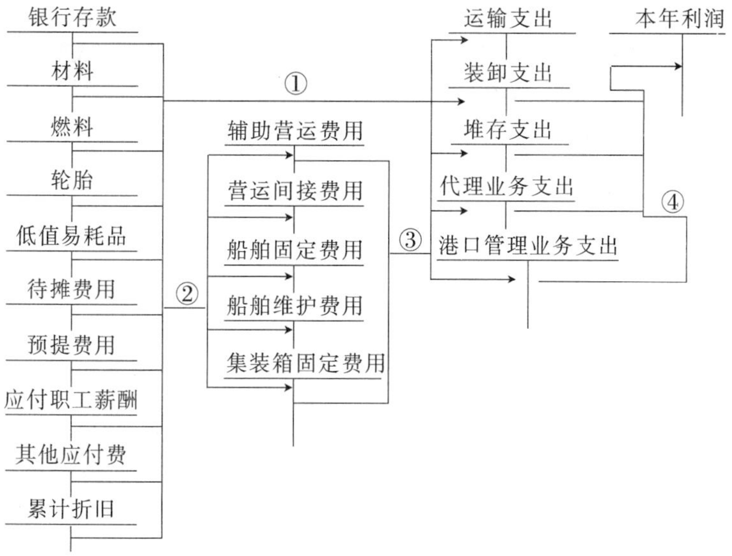

注：①归集各项直接费用；

②归集各项间接费用；

③按成本计算对象的受益程度选择合适的分配标准分配各项间接费用；

④期末结转各类营运业务成本。

图 9-1

三、运输企业成本的计算

（一）公路运输企业的成本计算

公路运输企业成本计算的对象是客车运输和货车运输，即会计上按客车和货车运输分别汇集费用计算成本，还可以进一步计算主要车型营运成本。一般采用复合计量单位作为核算单位，如元/千米、元/吨千米等，按月计算成本。

企业应设置“运输支出”账户，并在“运输支出”账户下分设“客车运输支出”“货车运输支出”等明细账户，用来核算公路运输企业客、货运输业务发生的直接费用；设置“营运间接费用”账户，用来核算营运过程中发生的间接费用。装卸业务成本在“装卸支出”账户中核算。

营运生产过程中发生的直接费用，直接记入“运输支出”账户及各成本计算对象的明细账户；发生的营运间接费用，先在“营运间接费用”账户中汇集，期末按各营运业务的直接费用比例分配给运输业务成本和装卸业务成本，记入“运输支出”和“装卸支出”账户。期末汇总“运输支出”“装卸支出”各明细账的金额，即为各运输业务的总成本，总成本除以运输周转量为单位成本。

（二）铁路运输企业的成本计算

铁路运输的主要生产任务是运送旅客和货物，由于运送距离远近的不同，消耗的费用差别也很大，因而采用复合单位如换算吨千米、旅客人千米、货运吨千米作为成本计算单位。铁路运输往往是跨铁路局、由几条铁路共同完成的，因此发生的一些由各铁路局共同负担的费用，需要进行合理的分配，铁路的固定设备大多是客货运共同的，所发生的客、货共同费用所占比重较大，在分别计算旅客运输和货物运输成本时需要按一定的分配标准分配。由于不同种类的货物在不同运输距离时，其运输成本不同，旅客乘坐不同种类的车辆、不同铁路区段、不同运输方向的运输成本也不同。因此，除了定期计算成本外，还要进行非定期的、具体条件下的运输成本计算，如计算软席、硬席客运成本等。

铁路运输企业的成本是指一定时期内的铁路运输支出。应设置“运输支出”总账账户，用来核算各项费用，并在该账户下设置“客运支出”和“货运支出”账户进行明细核算。凡是能够直接分清客运支出或货运支出的，直接将该项支出列入“客运支出”和“货运支出”账户，不能直接列入的共同性支出应采用适当的标准分配计入。

铁路运输生产是由许多部门共同协作完成的，其成本的核算分别由各铁路局、分局、基层站、段分级进行，逐级汇总，计算出运输总成本、复合单位成本。

（三）民航运输成本计算

民航运输企业的主要业务是实现社会产品空中位移和进行空中作业，吨千米、通用航空飞行小时或作业面积就是民航企业的产品成本计算单位。由于各种型号飞机的经济技术性能不同，所计算出来的成本差异也很大，因而航空公司的成本核算必须以每种机型为成本计算对象来归集和分配各类费用，在此基础上，进一步计算任务成本和航线成本。成本计算单位是吨千米。货物周转量和旅客周转量可按一定比例换算。

民航运输的成本主要有飞行费用、飞机维修费及经营业务费。应设置“运输成本”账户，用来核算航空运输业务中所发生的各项费用。在该账户下，按费用的项目或按机型设置明细账户进行核算。设置“飞机维修费”账户，用来核算飞机、发动机维护检修所发生的费用及零附件的修理费用。它包括人工费、材料费、间接维修费，月末再分配计入各机型成本。营业费用应按照各机型完成的运输周转量比例进行分配，计入各机型成本。期末，按机型编制运输成本计算表，计算运输总成本和单位成本。

本章小结：

国民经济中有许多非制造的行业，我们在本章主要对施工、房地产开发、商品流通、交通运输四个代表性行业经营业务特点，成本计算方法特点，成本项目设置方法，具体工程或作业费用分配方法等问题进行重点讨论分析。

可以发现，虽然这些行业的企业从事具体业务内容看同制造业相有很大差异性，但从成本计算方法核心要素看，依然是三个关键问题：成本计算对象确定、成本计算期划分，以及期末在产品计价问题。其中比较难也是比较灵活的是成本计算对象的确定，这是我们在学习中必须充分重视的问题。

尽管行业业务内容差异很大，但我们仍然需要根据行业企业经营特点、内部成本控制对成本信息需要来选择具体成本计算方法，这个规律同制造业是相同的。

与制造业相比，其他行业工程成本或服务成本计算复杂性没有制造业那么复杂。

本章思考拓展问题：

1. 施工企业成本由哪些内容组成？与制造企业相比有何异同？
2. 房地产开发企业成本计算对象确定依据是什么？开发成本构成有什么特点？
3. 商品流通企业为什么会出现进价核算法与售价核算法两种方法？
4. 运输企业成本计算是否就是物流成本计算？物流成本计算方法有哪些？

第十章
成本规划

【导入案例】

华晨齿轮厂是一家专业化齿轮设计、生产企业，主要原材料是从同城的某钢铁厂购进的铸件。201×年上半年企业共生产销售6万套，实现利润120万元。该齿轮市场平均售价180元/套，单位变动成本120元。

201×年下半年，估计企业面临的市场竞争会加剧，产品在技术上已不具备十分明显优势，管理层将市场售价预计调整为170元/套，以巩固扩大市场份额。与此同时，主要原材料供应商也要求提高原材料售价，使得单位变动成本会从120元上升到130元。为了应对上述因素变化，企业管理层要求挖掘成本降低潜力，重点控制企业制造费用支出，提高设备等固定资产利用效率。

201×年全年如果企业要实现年初预定的200万元目标利润：

问题：如果销量与上半年持平，固定成本最多不能超过多少？

如果固定成本与上半年持平，销量至少要达到多少？

学习目标：

我们曾经指出成本会计的内容是随着企业生产经营环境的变化而变化的。早期成本会计主要是为企业存货计价和损益计算提供依据。而现代成本会计的内容早已远远超出早期成本会计的范畴，强调成本会计为企业的经营决策提供有用的成本信息，将成本会计的职能扩展到成本的全面规划与控制。

在成本规划中，大量的数学方法被引入成本会计领域，运用预测理论和方法建立起一定数量模型，对成本的发展变化趋势做出预测；运用预算理论与方法，建立起全面成本计划；运用现代决策理论与方法，根据成本数据，做出最优成本方案选择。正是基于这种理解，在前面讨论了成本会计基础内容即成本核算之后，在本章我们将对成本的规划内容进行讨论，这部分内容有些与管理会计内容有交叉和联系，我们只是做最基本的讨论。

在学习本章的过程中同学们应当注意：

1. 了解成本预测的内容、基本程序、基本方法，能比较熟练地做简单的成本预测；
2. 了解成本决策基本要素、程序、方法，能比较熟练地进行成本方案选择；
3. 了解成本计划的内容、基本程序、基本方法，会编制小型企业成本计划表。

本章难点提示：

- 掌握成本预测模型、成本决策方法的选择，以及限制条件。
- 成本计划编制计算量大，过程复杂，前后步骤联系紧密，要求有较高理解力和计算能力。

第一节　成本预测

成本预测是以预测理论为基础，根据有关历史成本资料和成本信息，在分析目前技术经济条件、市场经营环境等内外条件变化的基础上，对未来成本水平及发展趋势所做的定性描述、定量估计和逻辑推断。

成本预测是企业经济预测的重要组成部分，是成本管理的重要环节。在市场经济下，竞争日益激烈。企业进行有效的成本预测，对于提高经济效益，降低成本，在竞争中求发展，有着十分重要的现实意义。

一、成本预测的基本内容

成本预测涉及企业生产经营的方方面面。按照企业成本预测涉及的时间长短划分，成本预测可以分为中长期成本预测和短期成本预测。

（一）中长期成本预测

中长期成本预测是指成本预测涉及的时间超过一个年度，涉及面比较广，内容比较复杂的一种预测。通常包括以下内容：

1. 企业投资项目的成本预测

企业投资项目，主要指企业的新建、扩建、改建和其他重大基建项目。这类项目投资大、回收期长、不确定性和风险大，往往要结合宏观产业政策和结构、货币时间价值等进行分析，需要对投产后的生产成本水平进行预测，对方案的可行性进行技术经济论证，以便为日后的成本管理奠定基础。

2. 新产品开发与老产品改造的成本预测

新产品的开发与老产品的改造，由于涉及开工前对产品生产的重大选择，需要在保证产品质量的前提下，以成本低、功能多为目标，对不同产品设计方案和改造方案的成本进行预测，以确定新产品开发和老产品改造是否能够满足市场需求。

（二）短期成本预测

短期成本预测主要解决日常生产经营过程中如何有效控制生产经营耗费的问题，所涉及的时间期限一般在一年以内。短期成本预测的内容比较单一，主要是测定成本耗费水平的高低，以及年度成本计划能否完成，以便为事中成本控制提供可靠的数据。

二、成本预测的基本程序

科学、合理的预测程序是保证预测结果准确性的必要条件。成本预测的程序通常可以分为以下五个步骤：

（一）确定预测目标

预测未来是为了决定当前如何行动。因此，首先要根据预测的对象和内容，明确预测的目标。成本预测的目标就是要在企业总体目标已定的条件下，通过预测寻求降低产品成本的途径。要通过最佳方案的选择，使产品成本降低到可能达到的水平。

（二）收集、分析、筛选所需的资料

要得到比较准确的预测结果，必须有足够的能揭示事物本质的资料，如历年成本水平、产品市场占有率、国内外竞争价格、目标利润等资料。在收集资料时，应随时分析资料的完整性和可靠性，补充必要资料，剔除虚假因素和偶然因素，保证预测结果的准确性和可靠性。

（三）建立预测模型

为了准确地进行预测，应当建立预测模型，使预测规范化和科学化。对于定性预测，应设定一些逻辑思维和推理程序；对于定量预测，则应建立数学模型，根据推导和模型进行成本预测。预测模型是对被预测事物过去和现在发展规律的一种模拟，它是否与实际相符直接关系到预测结果的准确程度。

（四）利用模型进行具体预测

建立成本预测模型后，就可以将有关历史成本资料或变动因素置于预测模型中进行成本计算。不过，预测模型是在一定的条件下建立起来的，它的应用也需要一定的条件。因此，必须对预测期内的具体条件加以分析，确认该时期是否具备模型的应用条件。

（五）分析预测结果

由于所建立的模型和利用的资料是过去与现在情况的反映，而所预测的未来情况只是近似于该模型反映的情况，而且在计算和推测过程中会产生一些误差，再加上模型本身又是在很多假定条件下建立起来的，因而预测结果的假定程度较高，不能直接使用，预测完成之后还必须对预测结果加以分析和评价。分析和评价的内容包括：一是检查、判断预测结果是否合理，是否可能与实际结果存在较大的误差，并判断未来的条件变化会对预测结果产生多大的影响；二是预测方案实施后，要及时将预测结果与实际结果相比较，以检验预测结果是否准确，如不准确，误差有多大。

三、成本预测方法

随着预测科学技术的发展，成本预测方法日益增多。按预测结果的性质分类，通常将成本预测方法分为定性预测分析法和定量预测分析法两大类。

（一）定性预测分析法

成本预测的定性预测分析法是指成本管理人员根据专业知识和实践经验，运用逻辑思维方法对未来成本变化趋势做出分析和判断。由于定性预测分析的各种具体方法都是利用现有资料，依靠管理人员的工作经验和分析能力进行的直观判断，因此定性预测分析法也称为直观判断法。

直观判断法简单易行，节省时间，应用范围广泛，但由于缺乏可依据的原始资料，需要主观判断，因而准确程度不高，有一定的片面性。

1. 德尔菲法

德尔菲法（Delphi Method）是由美国的兰德公司于20世纪40年代末首创和发展起来的一种有效预测方法。它的做法是：采用函询调查的方式，通过中间机构以匿名方式征求各个专家的意见，以消除专家之间在个性、感情等方面的相互影响，然后经过几轮反复调查和总结，取得专家们意见一致的预测结果。德尔菲法的特点是匿名调查、统计处理、信息反馈。其优点是能在模糊的领域求得对问题的一致判断，费用较低，用途广泛，花费的时间较少；其缺点在于可靠性不够，难以评判专家们意见的准确程度，无法考虑意外事件。

【例10-1】光辉机器厂准备投产一种新产品，估计市场承受价格为1 200元。现请A、B两类专家进行预测。A类专家为技术专家，拟定的加权权数为5；B类专家为管理专家，拟定的加权权数为3。另外，该厂直接生产人员预测的新产品单位成本为1 040元，拟定的加权权数为2。A、B两类专家对新产品单位成本的分析判断如表10-1所示。

表10-1　专家调查表

状　况	A类专家（权数5）			B类专家（权数3）		
	成本水平	概率/%	期望值	成本水平	概率/%	期望值
1	952	30	285.60	920	10	92
2	1 080	60	648	952	50	476
3	1 160	10	116	1 080	40	432
合　计		100	1 049.6		100	1 000

根据表10-1的资料，考虑该厂直接生产人员的意见，新产品的单位成本预测值为：

$$\text{新产品单位成本} = \frac{1\,049.6 \times 5 + 1\,000 \times 3 + 1\,040 \times 2}{5+3+2} = 1\,032.8\ (\text{元})$$

2. 主观概率法

主观概率法是指在调查个人对事件可能发生程度预测结果的基础上，用数值说明人们对事件可能发生程度的主观估计的方法。利用主观概率法能汇总并考虑不同专家的意见，得出一种量化的结果。

【例10-2】华晨电器股份公司在编制成本计划时需要对下一年度的可比产品成本降低率进行预测。为此，该公司计划部门将2014年1月—2015年9月共21个月的产量和单位成本资料分别寄给8位成本预测专家，要求他们根据前21个月的成本降低率趋势预测 2016 年的成本降低率，预测误差不能超过±1%。8 位专家填写的调查资料统计汇总表如表 10-2 所示。

表 10-2　主观概率汇总统计表　　单位:%

专家编号	累积概率								
	1%	12.5%	25%	37.5%	50%	62.5%	75%	87.5%	99%
	①	②	③	④	⑤	⑥	⑦	⑧	⑨
1	6.0	6.25	6.5	6.75	7.3	7.25	7.5	7.75	8
2	6.0	6.4	6.5	7	8.3	8.4	8.5	9.4	9.5
3	8	8.13	8.25	8.38	8.5	8.63	8.75	8.88	9
4	5	5.5	6	6.5	7.5	8	8.25	8.5	9.9
5	7.8	8	8.2	8.5	8.8	9	9.3	9.4	9.6
6	7.2	7.8	8.26	8.4	8.6	8.8	9.2	9.6	10
7	9.2	9.25	9.3	9.35	9.4	9.45	9.5	9.7	9.8
8	6.5	6.8	7.2	8.1	8.9	9	9.1	9.3	9.4
平均值	6.96	7.27	7.53	7.87	8.41	8.57	8.76	9.07	9.4

根据表 10-2 中的数据分析、说明如下：

（1）20×3 年的成本降低率最低可能为 6.96%，最高可能为 9.4%。

（2）取最低值与最高值之间的中间值，即累计概率为 50%时的降低率 8.41%作为 20×3 年的预测值。

（3）取误差为±1%的区间作为预测区间（7.41%~9.41%）。这个预测区间相当于第③栏到第⑨栏的范围，发生概率相当于 0.865（0.99~0.125）。也就是说，实际成本降低率在 7.41%~9.41%之间的可能性为 86.5%。

（二）定量预测分析法

定量预测分析法是指根据历史成本资料和其他相关资料，采用一定的数学模型对成本未来的发展趋势和水平进行预测。下面介绍几种常用的定量预测方法。

1. 移动平均法

移动平均法是一种最简单的时序预测方法。它是将统计资料按时间顺序划分为若干个数据点相等的组，并依次向前平均移动一个数据，计算各组的算术平均数，并组成新的时间序列进行预测。

移动平均法假定预测值与近期的观察值关系较密切，因此它在处理历史资料时不像简单平均法那样进行一次平均，而是顺次重叠分组求出该组的平均值，并逐步向后移动，用新的平均值修改原来的平均值，从而反映实际的增减变动趋势。该方法下的预测公式是：

$$预测值=\frac{最近一次}{移动平均数}+\frac{据预测的}{时期数}\times\frac{二次移动}{平均增长值}$$

【例 10-3】康红制药厂 201×年 1—12 月感冒灵产品的单位生产成本如表 10-3 所示。按 $n=5$ 计算的一次移动平均值见表 10-3 的第 3 列，则 10 月份的一次移动平均数值为：

$$\frac{46+47+52+45+55}{5}=49$$

表 10-3　感冒灵产品单位成本移动平均值

单位：元

月份	单位成本	一次移动平均值（五期移动平均）	变动趋势	二次移动平均增长值（三期移动平均）
1 月	33	—	—	—
2 月	34	—	—	—
3 月	37	35. 8	—	—
4 月	34	38	2. 2	—
5 月	41	41. 2	3. 2	2. 4
6 月	44	43	1. 8	2. 5
7 月	50	45. 6	2. 6	2. 2
8 月	46	47. 7	2. 1	1. 6
9 月	47	48	0. 3	1. 1
10 月	52	49	1. 0	
11 月	45			
12 月	55			

根据表 10-3，康红制药厂预测次年 1 月份感冒灵产品的单位成本如下：

感冒灵单位成本 = 49+3×1. 1 = 52. 3（元）

2. 盈亏平衡分析法

根据产品成本、销量、售价和利润的关系，会计上应当有以下公式：

利润 = 销量×（单价−单位变动费用）−固定费用

$$保本销售额=\frac{固定费用}{单价-单位变动费用}$$

如果要预测企业成本升降临界点（成本升降临界点是指未来期间单位成本与基期单位成本相等时的临界产量）的业务量，一般可以采用上述盈亏平衡分析模型，只需将其变为以下公式：

$$成本升降临界点=\frac{固定费用}{基期单位成本-单位变动费用}$$

【例 10-4】华光机械厂轴承产品的基期单位成本为 170 元，单位变动成本为 120 元，固定成本为 10 000 元。该企业下期准备扩大生产能力，增添新设备 4 000 元。由于生产效率提高可以使变动成本降低 5%，问产量至少要达到多少才能保持基期水平？

$$临界产量=\frac{1\ 000+4\ 000}{170-120\times(1-5\%)}=250（件）$$

第二节　成本决策

成本决策是指根据成本预测结果和其他相关资料，在多个备选的成本方案中选择最优方案过程。成本决策是企业成本管理的一个重要组成部分，其目的是通过各种决策方案优化寻求途径降低产品、工程或服务的成本。

一、成本决策的基本要素

按照决策原理，有效而合理的决策一般取决于三个基本要素：合理的决策目标、科学的决策方法和适当的评价标准。在成本决策中，同样要面对这三个基本要素。成本决策的过程，也就是在一定的决策目标下运用决策方法进行定性、定量分析，并对决策结果做出评价、判断的过程。

确立目标是决策的前提，它决定着决策的性质。同一个经营问题，如果确立的决策目标不同，则其决策的性质及所拟定的方案也会随之改变。成本决策目标通常有一定的附加约束条件，是一种有条件的决策目标。同时，成本本身也可能成为其他经营决策目标的约束条件。这些情况都是在确立决策目标时需要考虑的。

决策方法是进行决策的手段。方法本身是客观的，而方法的选择是主观的。不同方法的选择首先取决于决策目标的不同，其次取决于决策期的长短、预测资料的完备和可靠程度以及方案本身各变量的状况等。

为了便于对各种决策方案进行选择和评价，企业必须制定决策方案评价标准。从理论上讲，评价决策方案优劣的标准应与决策目标的要求一致。在成本决策中，评价的直接标准当然是成本耗费的高低。此外，还要注意坚持全面评价的原则，即要从经济、技术、社会等方面来综合评价。

二、成本决策的基本程序

决策的程序由若干相互联系的步骤组成。成本决策的基本程序为：

（一）提出决策目标

决策目标是决策的出发点和归宿点，没有明确的决策目标只会造成决策过程的混乱和决策的无效。成本决策的总目标是成本最低。在这个总目标下，企业要注意几点：一是需要与可能相结合；二是目标要具体化并尽可能量化；三是适当考虑目标的约束条件；四是正确处理多重目标之间的相互关系。

（二）拟定备选方案

备选方案是保证实现决策目标的可行性方案。拟定备选方案的过程实际上是根据决策目标的要求对预测资料及其他相关资料进行设想、分析的过程。一个成功的决策应有一定数量和质量的可行性方案作为保证，因此，一定要在可靠、充分的预测资料的基础上制订多个可行的备选方案。

（三）选择最优方案

拟定了各种备选方案之后，就应对各备选方案进行分析评价和效果对比，论证各方案所能达到的成本水平和经济效果。选择最优方案的关键是评价标准是否适当，特别是在多目标决策中更应该注意评价标准的多重性和综合性。

（四）方案的实施准备

方案确定之后，还要考虑其他不可计量的因素，如国家产业政策等。只有充分考虑了其他不可计量的因素后，才能作为最后方案加以实施。在实施前，还应根据所选定的方案，拟定落实实施方案的各项措施，以保证实现决策目标。

三、成本决策的方法

成本决策的方法很多，企业应根据决策性质、决策内容和取得资料的不同进行选择。一般可以将成本决策方法按决策的性质分为定性分析法和定量分析法。

（一）定性分析法

定性分析法又称非数量法，它是依靠专家和具有丰富知识、经验的专业人员的分析能力，利用直观材料和逻辑推理对所提出的各种备选方案做出正确评价和选择的方法。一般来说，定性分析法有单项评估法、关系估计法、权数估计法等方法。

1. 单项评估法

单项评估法即对某一因素的确定结果做出评估，如某种产品的单位成本、某项具体费用等。在进行单项评估时，必须统一指标的确切含义和计算口径，并对不同的评估结果做出统计，进行综合计算。

2. 关系估计法

关系估计法即向专家提供两个以上相关因素及有关资料，请专家对它们之间的关系做出估计，如总成本与产量的关系、工资费用与劳动生产率的关系等。当然，不可能要求专家直接提出一个带有各种参数的函数关系式来，而是要求他们根据变量之间的关系，采用点估计方法，在坐标图上描绘出一条曲线或推算出其经验公式。

3. 权数估计法

权数估计法即估计多个事件、变量、方案或指标的重要程度，据以决策。由于影响决策的因素很多，因此权数估计法是一种比较综合的定性决策方法。

（二）定量分析法

定量分析法是运用一定的数学原理，将决策所涉及的变量与决策目标之间的关系用一定的数学模型或公式表示并据以决策的分析方法。在实务中，可供使用的成本决策方法很多，下面讨论常用的几种方法。

1. 差量分析法

差量分析法是对两个备选方案的差量收入与差量成本进行比较，以确定最优方案的决策方法。在这里，所谓“差量收入”和“差量成本”，是指两个备选方案之间的预期收入或预期成本的差异数。决策时，若差量收入大于差量成本，则前一个方案较优；反之，则后一个方案较优。

【例 10-5】清江机器厂年产 A 半成品 1 000 件，该半成品售价为 10 元，单位变动成本为 6 元。A 半成品若进一步加工为 B 产品，则其单价为 15 元，单位变动成本增加 3 元，另外还需增加固定成本 1 000 元。问是否对 A 半成品进行进一步加工？

采用差量分析法进行分析，结果如表 10-4 所示。

表 10-4 差量分析表 单位：元

项目	进一步加工 A 产品	差异
相关收入	（15-10）×1 000=5 000	5 000
相关成本	3×1 000+1 000=4 000	4 000
相关利润	1 000	1 000

上述分析表明，进一步对 A 半成品进行加工可多获得 1 000 元利润，因此应决定进一步加工。表 10-4 中，相关收入 5 000 元按进一步加工前后的增量计算，相关成本 4 000 元包括增量总单位变动成本 3 000 元和增量固定成本 1 000 元。

2. 量本利分析法

量本利分析法是根据各备选方案的成本与业务量、利润的依存关系来确定何种方案为最优方案的决策方法。该方法的关键在于确定成本分界点，即确定两个备选方案预期成本相等时的业务量。

【例 10-6】清江机器厂甲产品可采用两种工艺进行生产：一种是自动化生产，另一种是机械化生产。在自动化生产条件下，产品的单位变动成本为 10 元，年固定成本为 26 000 元。在机械化生产条件下，产品的单位变动成本为 12 元，年固定成本为 20 000 元。问应选择哪种方案生产甲产品？

本例中，若采用自动化生产，则单位变动成本较低，年固定成本较高；若采用机械化生产，则年固定成本较低，单位变动成本较高。因此，当生产量较大时，虽然年固定成本较高，但分摊下来单位固定成本并不高，宜采用自动化生产；反之，则宜采用机械化生产。设甲产品的年计划产量为 x，当两方案的年成本相等时，可得到如下公式：

$10x+26\ 000=12x+20\ 000$

$x=3\ 000$（件）

因此，当甲产品的年计划产量小于 3 000 件时，应选择机械化生产；当甲产品的年计划产量等于 3 000 件时，两种方案均可行；当甲产品的年计划产量大于 3 000 件时，应选择自动化生产。

第三节 成本计划

成本计划是指以货币的形式预先规定企业在计划期内的生产消耗水平、产品成本水平，以及成本降低任务和措施的计划文件。编制成本计划，对加强成本管控，降低产品成本，提高经济效益具有重要意义。

一、成本计划的内容

成本计划的内容在不同行业、不同时期、不同企业和部门是有差别的。企业应当以满足企业内部成本管理需要为准，以有利于控制生产经营成本为原则设计成本计划。就一般制造企业来说，成本计划应当包括以下几个部分：

（一）主要产品单位成本计划

此项计划应根据企业管理当局确定的主要生产经营产品，按主要产品的成本项目编制，用以反映各主要产品在计划期内规定的单位成本水平以及单位成本降低任务。

（二）全部商品产品成本计划

全部商品产品成本计划反映企业在计划期内生产的全部商品产品总成本水平。在编制过程中，全部商品产品成本计划又可以分为两种：

1. 按产品品种（产品别）编制的全部商品产品成本计划

此项计划应按产品类别编制，用以反映全部商品产品的成本计划，包括可比产品的单位成本、总成本以及成本降低任务，不可比产品的单位成本和总成本，以及全部产品的总成本水平。

2. 按成本项目编制的全部商品产品成本计划

此项计划应按不同成本项目分别反映计划期内可比产品、不可比产品、全部产品的总成本，以及可比产品成本降低任务。此项计划的编制依据与按产品类别编制的全部商品产品成本计划的编制依据是相同的，因此两项计划所反映的全部产品总成本水平以及可比产品成本降低任务应完全一致。

（三）制造费用预算

制造费用是综合性间接费用，既包括固定资产折旧费、管理人员工资等固定制造费用，又包括消耗性材料、动力费等变动制造费用，以及一些混合性制造费用，如修理费等。制造费用不像直接人工、直接材料那样单一，因此，应先编制制造费用预算，即按费用项目反映计划期内各项费用的支出数。编制时可以按各项费用与业务量的关系来确定。

（四）期间费用预算

企业的期间费用是指直接计入当期损益的管理费用、财务费用和销售费用等。这些费用不计入产品成本，但影响企业利润水平。在整个成本费用计划体系中，离不开期间费用预算。

（五）降低成本的措施方案

降低成本的措施方案是在企业内部各个部门提出相应的技术组织措施的基础上，经过全厂综合平衡并加以汇总编制的。它主要提出企业在计划期内降低成本的方法和途径，反映成本降低的项目、内容、数额和所产生的经济效果。

二、成本计划的编制程序

不同的企业生产特点不同、规模不同，管理的要求也各有差异，不同企业编制成本计划的程序也不一样。一般小型企业与产品品种较少的企业采取集中编制法，由厂部直接编制全厂的成本计划，各车间不再编制本车间成本计划；大中型企业则通常采取分级编制的方法，由车间编制本车间成本计划，再由厂部汇总平衡编制全厂成本计划。综合两种方式，企业成本计划的一般编制程序为：

（一）收集、整理资料

为使成本计划先进、合理，企业应尽量收集有关成本的历史资料、同行业先进资料、市场调查资料和其他资料等，并结合管理当局对成本降低的要求对这些资料进行整理。

（二）确定目标成本和费用控制限额

在初步确定了成本降低的要求后，应在成本预测和成本决策的基础上，考虑各项消耗定额的降低和物价上涨因素，进行成本试算平衡，以确定可行的目标成本水平和费用控制额度。

（三）各车间、部门分别编制成本计划及费用预算

实行分级归口管理的企业，由厂部将成本费用目标下达给各相关职能部门、生产车间和辅助生产车间，由各部门和车间结合自身的具体情况加以修正，连同成本降低的措施方案上报厂部。集中编制成本计划的小型企业，应组织生产一线的人员对成本费用目标进行调整、修正。这样，成本计划的执行者参与了成本计划的修订，成本计划的可行性得到加强，盲目性减少。

（四）厂部综合平衡，正式确定计划

在各职能部门、生产车间、辅助生产车间反馈的成本费用计划和预算的基础上，厂部应从全局出发对计划数进行综合平衡，并尽量考虑局部要求，动员职工深入挖掘降低成本的潜力，使成本计划既不激进又不保守，使之有利于贯彻成本管理责任制。

三、成本计划的编制方法

（一）制造费用预算的编制方法

制造费用是企业为生产产品和提供劳务而发生的各项间接费用。它们是生产成本中除直接材料和直接人工以外的一切生产性费用。制造费用主要有工资和福利费、折旧费、修理费、办公费、水电费、机物料消耗、劳动保护费、季节性或修理期间的停工损失、非融资性租赁费、低值易耗品、差旅费等。

制造费用预算是一种能反映直接人工预算和直接材料使用与采购预算以外的所有产品成本的预算计划。为了编制该预算，通常可按其成本性态可分为变动性制造费用、固定性制造费用和混合性制造费用三部分。固定性制造费用可在上年的基础上根据预期变动加以适当修正进行预计；变动性制造费用根据预计生产量乘以单位产品预定分配率进行预计；混合性制造费用则可利用公式 $Y=A+BX$ 进行预计（其中，A 表示固定部分，B 表示随产量变动部分，可根据统计资料分析而得）。对于制造费用中的混合成本项目，应将其分解为变动费用和固定费用两部分，并分别列入制造费用预算的变动费用和固定费用。

制造费用预算编制通常都是先分析上一年度有关报表，制定总体成本目标（通常是营业收入的百分比），再根据下一年度的销售预测和成本目标，制定各项运营成本，汇总具体市场举措所需的额外成本的基础上编制。

为了全面反映企业资金收支，制造费用预算通常包括各费用方面预期的现金支出。需要注意的是，固定资产折旧费是非付现项目，在计算时应予剔出。制造费用预算为两个步骤，首先计算预计制造费用，然后再计算预计需用现金支付的制造费用，各自的计算公式是：预计制造费用=预计直接人工小时×变动性费用分配率+固定性制造费用；预计需用现金支付的制造费用=预计制造费用-折旧。

企业只有编制了制造费用预算，然后在直接材料预算、直接人工预算基础上才可能编制年度产品成本计划或预算。制造费用预算的编制方法有固定预算法、弹性预算法等。

1. 固定预算法

固定预算法是按某一预定业务水平确定相应的固定预算数的方法。其预算计划额一般是由厂部根据经验提出一个固定的数额。固定预算法适用于编制与日常经营业务量无关或关系不大的费用预算，如办公费用预算（参见表 10-5）。

表 10-5　办公费用固定预算

（201×年×月）　　单位：元

费用项目	预算数
办公纸张	3 000
办公会议费	8 000
取暖费	2 000
……	
年办公费用	18 000

2. 弹性预算法

弹性预算法是与固定预算法相对应的一种预算编制方法，它是根据可以预见的不同业务量水平分别确定相应的预算额的方法。编制弹性预算时应注意两点：其一，确定适当的业务量范围，因为费用的变动性和固定性是在一定业务量范围内成立的；其二，正确确定混合费用中固定性费用的总额和变动性费用的变动率，以便确定不同业务量水平下的预算数额。其编制方法参见表 10-6。

表 10-6　制造费用预算

（201×年×月）　　金额单位：元

生产量	35 000	40 000	45 000	50 000	55 000
生产能力百分比/%	70	80	90	100	110
变动费用					
间接材料（3 元/件）	105 000	120 000	135 000	150 000	165 000
间接工资（2 元/件）	70 000	80 000	90 000	100 000	110 000
……					
变动费用小计	175 000	200 000	225 000	250 000	275 000

表10-6(续)

混合费用： 维修费 (15 000+1 元/件) 水电费 (30 000+0.8 元/件) ……	 50 000 58 000	 55 000 62 000	 60 000 66 000	 65 000 70 000	 70 000 74 000
混合费用小计	128 000	143 000	161 000	176 000	189 000
固定费用： 折旧费 管理人员工资及福利费 保险费	 230 000 62 000 18 000	 230 000 62 000 18 000	 230 000 62 000 18 000	 230 000 62 000 18 000	 230 000 62 000 18 000
固定费用小计	310 000	310 000	310 000	310 000	310 000
总　计	613 000	653 000	696 000	736 000	774 000

表 10-6 所列示的预算包括制造费用的弹性预算和固定预算。

(二) 产品成本计划的编制方法

产品成本计划包括主要产品单位成本计划、全部商品产品成本计划等内容。

产品成本计划的编制方法很多，主要有直接计算法等方法。

直接计算法就是根据各消耗定额和费用预算，按成本核算的程序和方法，分成本项目详细计算各种产品的计划成本，最后汇总编制全部产品成本计划。

直接计算法与成本核算的口径一致，有利于日常成本控制。小型企业财务部门直接集中编制成本计划。大中型企业一般分级编制成本计划，编制程序如图 10-1 所示。

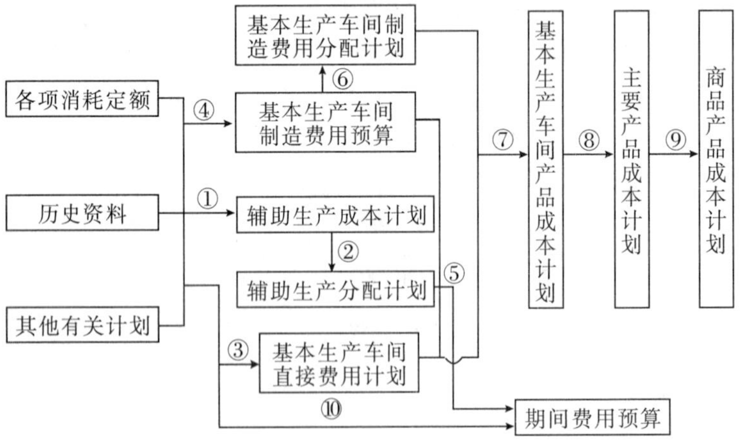

图 10-1　大中型企业的成本计划

四、直接计算法编制产品成本计划案例

【例10-7】清江机器厂有两个基本生产车间生产甲、乙两种可比产品和不可比产品丙，还有一个机修车间。原材料分次投入，按从一车间到二车间的顺序生产完工，采用平行结转分步法计算产品成本。间接费用按生产工时比例分配。该厂2015年10月份编制下年度2016年成本计划，该企业采用按分级方式编制成本计划。

2015年度的有关资料如下：

（1）甲产品预计全年产量为4 000件，乙产品为3 000件。其中，1~3季度实际生产甲产品2 800件，乙产品2 200件。

（2）甲产品1~3季度平均单位成本为400元，乙产品单位成本为680元，预计第四季度甲产品单位成本为385元，乙产品单位成本为660元。

（3）成本项目构成如下：原材料60%，燃料6%，动力4%，工资8.77%，福利费1.23%，制造费用20%。

计划年度（2016年）的有关资料如下：

（1）各产品消耗定额及计划单价（见表10-7）。

表10-7　各产品消耗定额及计划单价

项　目	单位	计划单价/元	单位消耗量定额					
			甲产品		乙产品		丙产品	
			一车间	二车间	一车间	二车间	一车间	二车间
原材料：								
甲料	千克	5	20	10	20	20	60	20
乙料	千克	2	30	15	60	65	60	0
燃料	立方米	0.06	150	350	300	600	300	800
动力	千瓦·时	0.05	150	120	250	200	100	250
工资	工时	0.5	50	30	80	40	40	40
福利费	工时	0.07	基本工资的14%					

（2）各车间材料、燃料、动力一般消耗（见表10-8）。

表10-8　各车间一般消耗

项　目	单　位	计划单价/元	一车间	二车间	机修车间	
					生产用	管理用
材料：						
甲料	千克	5	700	1 100	1 800	300
乙料	千克	2	1 000	1 500	700	250
动力	千瓦·时	0.05	20 000	18 000	30 000	9 000
燃料	立方米	0.06	8 000	1 000	2 500	500

（3）各车间一般费用计划（见表 10-9）。

表 10-9　各车间一般费用计划　　　　单位：元

项目	一车间	二车间	机修车间	
			生产用	管理用
工资	140 000	9 000	24 000	17 600
福利费	19 600	12 600	3 360	2 464
折旧费	64 000	50 000	22 000	6 000
办公费	30 000	24 000		2 000
劳保费	6 600	7 000	4 200	
低值易耗品	5 000	2 200	1 600	500
修理费	30 000	26 000	16 000	2 000
其他支出	1 000	600		400

（4）生产工时消耗资料（见表 10-10）。

表 10-10　生产工时消耗

部　门	单位产品工时定额			机修总工时		
	甲产品	乙产品	丙产品	一车间	二车间	企业管理部门
一车间	50	80	40			
二车间	30	40	40			
机修车间	—	—	—	16 000	23 000	1 000

（5）其他情况：

①年初、年末在产品、自制半成品余额相同，本期生产量等于完工量；

②计划期投料按生产任务进行；

③原材料、燃料、动力外购；

④计划期甲产品计划产量为 5 000 件，乙产品计划产量为 4 000 件，丙产品计划产量为 2 000 件。

清江机器厂编制 2016（计划期）成本计划如下：

（1）计算 2015 年度（基期）预计平均单位成本。

$$甲产品预计平均单位成本=\frac{2\ 800\times400+1\ 200\times385}{4\ 000}=395.50（元）$$

$$乙产品预计平均单位成本=\frac{2\ 200\times680+800\times660}{3\ 000}=674.67（元）$$

（2）按 2015 年预计平均单位成本计算计划年度可比产品总成本。

甲产品总成本 = 5 000×395.50 = 1 977 500（元）

乙产品总成本 = 4 000×674.67 = 2 698 680（元）

（3）编制辅助生产车间成本计划。

①编制辅助生产车间生产费用预算（见表 10-11）。

表 10-11　机修车间生产费用预算　　单位：元

费用项目	费用要素							
	外购材料	外购燃料	外购动力	工资	福利费	折旧费	其他	本年预算
直接材料：								
甲料	9 000							9 000
乙料	1 400							1 400
燃料		150						150
动力			1 500					1 500
直接工资：				24 000				24 000
福利费					3 360			3 360
制造费用：								
工资				17 600				17 600
福利费					2 464			2 464
折旧费						2 800		28 000
办公费	1 200		200				600	2 000
劳保费	4 200							4 200
低值易耗品	2 100							2 100
修理费	10 000		1 000				7 000	18 000
物料消耗	2 000							2 000
燃料动力消耗		30	450					480
其他支出							400	400
合　计	29 900	180	3 150	41 600	5 824	28 000	8 000	116 654

②编制辅助生产车间费用分配表（见表 10-12）。

表 10-12　机修车间生产费用分配表

单位：元

受益单位	分配标准（修理工时）	分配率（元/工时）	分配金额
一车间	16 000	116 654÷40 000=2. 916 35	46 662
二车间	23 000		67 076
企业管理部门	1 000		2 916
合　计		2. 916 35	116 654

（4）编制基本生产车间成本计划。

①分车间编制直接费用计划（见表 10-13、表 10-14）。

表 10-13　第一基本生产车间直接费用计划　　　　金额单位：元

费用项目	单价	甲产品 5 000 件			乙产品 4 000 件			丙产品 2 000 件		
		消耗定额	单位成本	总成本	消耗定额	单位成本	总成本	消耗定额	单位成本	总成本
原材料：										
甲料	5	20	100	500 000	20	100	400 000	60	300	600 000
乙料	2	30	60	300 000	60	120	480 000	60	120	240 000
燃料	0.06	150	9	45 000	300	18	72 000	300	18	36 000
动力	0.05	150	7.5	37 500	250	12.5	50 000	180	9	18 000
工资	0.50	50	25	125 000	80	40	160 000	40	20	40 000
福利费	0.07	50	3.5	17 500	80	5.6	22 400	40	2.8	5 600
产品总成本			205	1 025 000		296.10	1 184 400		469.80	939 600

表 10-14　第二基本生产车间直接费用计划　　　　金额单位：元

费用项目	单价	甲产品 5 000 件			乙产品 4 000 件			丙产品 2 000 件		
		消耗定额	单位成本	总成本	消耗定额	单位成本	总成本	消耗定额	单位成本	总成本
原材料：										
甲料	5	10	50	250 000	20	100	400 000	20	100	200 000
乙料	2	15	30	150 000	60	130	520 000	0	0	0
燃料	0.06	350	21	105 000	600	36	144 000	800	48	96 000
动力	0.05	120	6	30 000	200	10	40 000	250	12.5	25 000
工资	0.5	30	15	75 000	40	20	80 000	40	20	40 000
福利费	0.07	30	2.1	10 500	40	2.8	11 200	40	2.8	5 600
产品总成本			124.1	620 500		298.8	1 195 200		183.30	366 600

②分别编制第一、二基本生产车间制造费用预算及分配表（见表 10-15、表 10-16、表 10-17、表 10-18）。

表 10-15　第一基本生产车间制造费用预算表　　　　单位：元

费用项目	费用要素								
	外购材料	外购燃料	外购动力	工资	福利费	折旧费	其他支出	分配费用	全年预算
工资				140 000					140 000
福利费					19 600				19 600
折旧费						64 000			64 000
办公费	8 000	16 000	2 000				4 000		30 000
劳保费	6 000						600		6 600
低值易耗品			5 000						5 000
修理费	20 000	8 000	2 000					46 662	76 662
物料消耗：									
甲料	3 500								3 500
乙料	2 000								2 000

表10-15(续)

费用项目	费用要素								
	外购材料	外购燃料	外购动力	工资	福利费	折旧费	其他支出	分配费用	全年预算
燃料		480							480
动力			1 000						1 000
其他							1 000		1 000
合　计	39 500	24 480	10 000	140 000	19 600	64 000	5 600	46 662	349 842

表 10-16　第一基本生产车间制造费用分配表

产品	计划产量	单位定额工时	生产总工时	分配率（元/工时）	单位产品分配额	总分配额
甲产品	5 000	50	250 000	349 842÷650 000 =0. 538 2	26. 91	134 550
乙产品	4 000	80	320 000		43. 06	172 224
丙产品	2 000	40	80 000		21. 53	43 068
	—	—	650 000	0. 538 2	—	349 842

表 10-17　第二基本生产车间制造费用预算表　　单位：元

费用要素 / 费用项目	外购材料	外购燃料	外购动力	工资	福利费	折旧费	其他支出	分配费用	全年预算
工资									90 000
福利费									12 600
折旧费									50 000
办公费			2 000				12 000		24 000
劳保费	6 000	10 000					1 000		7 000
低值易耗品	2 200								2 200
修理费	16 000		6 000	90 000	12 600				93 076
物料消耗：		4 000				50 000			
甲料	5 500								5 500
乙料	3 000							67 076	3 000
燃料									60
动力		60	900						900
其他							400		400
合　计	32 700	14 060	8 900	90 000	12 600	50 000	13 400	67 076	288 736

表 10-18　第二基本生产车间制造费用分配表　　单位：元

分配对象	分配标准（生产工人工时）	分配率	分配金额	
			单位产品	合　计
甲产品	5 000×30＝150 000	0. 740 3	22. 21	111 045
乙产品	4 000×40＝160 000	0. 740 3	29. 61	118 448
丙产品	2 000×40＝80 000	0. 740 3	29. 62	59 243
合　计	390 000	0. 740 3	—	288 736

$$分配率=\frac{待分配费用}{分配标准总计}=\frac{288\ 736}{390\ 000}\approx 0.740\ 3$$。误差是四舍五入引起的。

③分车间编制基本生产车间产品成本计划（见表 10-19、表 10-20）。

表 10-19　第一基本生产车间产品成本计划　　单位：元

费用项目	甲产品 5 000 件		乙产品 4 000 件		丙产品 2 000 件	
	单位成本	总成本	单位成本	总成本	单位成本	总成本
直接材料						
其中：甲料	100	500 000	100	400 000	300	600 000
乙料	60	300 000	120	480 000	120	240 000
燃料	9	45 000	18	72 000	18	36 000
动力	7.5	37 500	12.5	50 000	9	18 000
直接工资	25	125 000	40	160 000	20	40 000
福利费	3.5	17 500	5.6	22 400	2.8	5 600
制造费用	26.91	134 550	43.06	172 224	21.53	43 068
产品合计	231.91	1 159 550	339.16	1 356 624	491.33	982 668

表 10-20　第二基本生产车间产品成本计划表　　单位：元

费用项目	甲产品 5 000 件		乙产品 4 000 件		丙产品 2 000 件	
	单位成本	总成本	单位成本	总成本	单位成本	总成本
直接材料						
其中：甲料	50	250 000	100	400 000	100	200 000
乙料	30	150 000	130	520 000	0	0
燃料	21	105 000	36	144 000	48	96 000
动力	6	30 000	10	40 000	12.5	25 000
直接工资	15	75 000	20	80 000	20	40 000
福利费	2.1	10 500	2.8	11 200	2.8	5 600
制造费用	22.21	111 045	29.61	118 448	29.62	59 243
产品合计	146.31	731 545	328.41	1 313 648	212.92	425 843

（5）汇总编制全厂产品成本计划。

①编制全厂主要产品单位成本计划（见表 10-21）。

表 10-21　主要产品单位成本计划表

201×年　　　　　　　　　　　单位：元

项　目	计量单位	计划单价	甲产品		乙产品		丙产品	
			消耗量	单位成本	消耗量	单位成本	消耗量	单位成本
直接材料								
其中：甲料	千克	5	30	150	40	200	80	400
乙料	千克	2	45	90	125	250	60	120
燃料	立方米	0.06	500	30	900	54	1 100	66
动力	千瓦·时	0.05	270	13.5	450	22.5	430	21.5
直接工资	工时	0.50	80	40	120	60	80	40
福利费	工时	0.07	80	5.6	120	8.4	80	5.6
制造费用				49.12		72.67		51.15
产品制造成本				378.22		667.57		704.25

②编制全厂商品成本计划表（按品种别），见表 10-22。

表 10-22　商品产品成本计划表（按品种别）

201×年　　　　　　　　　　　单位：元

项　目	计量单位	计划单价	单位成本		总成本			
			上年计划	本年计划	按上年预计单位成本计算	按计划单位成本计算	计划降低额	计划降低率
一、可比产品								
其中：甲产品	件	5 000	395.50	378.22	1 977 500	1 891 100	86 400	4.37%
乙产品	件	4 000	674.67	667.57	2 698 680	2 670 280	28 400	1.05%
二、不可比产品								
其中：丙产品	件	2 000		704.25		1 408 500		
全部商品产品成本					4 676 180	5 969 880	114 800	2.46%

③编制全厂商品成本计划表（按项目别），见表 10-23。

表 10-23　商品产品成本计划表（按项目别）

201×年　　　　　　　　　　　单位：元

成本项目	可比产品总成本				不可比产品计划总成本	全部商品产品计划总成本
	按上年平均成本计算	按计划单位成本计算	计划降低额	计划降低率		
直接材料						
其中：原材料	2 805 708	3 000 000	-194 292	-6.92%	1 040 000	4 040 000
燃料	280 570.8	366 000	-85 429.2	-30.45%	132 000	498 000
动力	187 047.2	157 500	29 547.2	15.80%	43 000	200 500
直接工资	410 100.99	440 000	-29 899	-7.30%	80 000	520 000
职工福利费	57 517.01	61 600	-4 083	-7.30%	11 200	72 800
制造费用	935 236	536 280	398 956	42.66%	102 300	638 580
产品制造成本	4 676 180	4 561 380	114 800	2.46%	1 408 500	5 969 880

本章小结：

本章将企业的成本预测、决策、计划这三部分内容统称为成本规划，都是事前成本控制内容。

成本预测是以经济预测理论为基础，根据有关的历史成本资料和相关信息，在分析目前市场环境、经济技术条件下，对企业未来成本水平及发展趋势所做的定性描述、定量估计与推断。成本预测涉及企业生产经营的各个方面，按照成本预测涉及的时间长短，一般将其分为短期成本预测和中长期成本预测。具体成本预测应根据预测内容、要求、目的，选择定性或定量的预测方法。

成本决策是根据成本预测结果和相关其他资料，在多个备选的成本方案中选择最优成本方案的过程。同任何决策一样，成本决策必须解决好三个基本要素：第一是成本决策的目标，第二是成本决策的方法，第三是成本决策方案评价的标准。成本决策的方法很多，常用的定量决策方法有差量分析法、量本利分析方法。

成本计划是以货币形式预先规定企业在计划期内生产消耗水平、产品成本水平，以及成本降低任务和措施的计划文件。行业不同，成本计划种类和内容有一定差异。就制造业而言，一般有：主要产品单位成本计划；商品产品成本计划；制造费用预算等。产品成本计划编制方法主要是直接计算法。

本章思考拓展问题：

1. 成本预测基本步骤有哪些？各步骤之间是什么关系？这些步骤是否受预测方法的影响而有改变？

2. 成本决策有三个基本要素，各要素彼此间是什么关系？

3. 成本决策中的差量分析法，本质上是在比较各种备选方案的成本大小还是利润大小，为什么？

4. 在市场经济条件下，企业处于自由竞争，为什么还要编制成本计划？

第十一章
成本控制

【导入案例】

20 世纪 80 年代日本公司控制成本的顺序是：目标成本→产品设计→成本预算→计划成本。在新产品设计前先制定目标成本，是日本公司成本管理的特点之一。以汽车制造商为例，汽车的每一项功能都被视为产品成本的一个组成部分，从汽车的挡风玻璃到引擎滑轮箱企业都会事前制定一个目标成本。在日产汽车公司做了 8 年成本计划员的山本一田说，制定目标成本“这只是成本核算战役的开始”。这一“战役”的过程就是公司同外部供应商之间，以及负责产品不同方面的各部门之间紧张的谈判过程。最初的成本预算结果也许高出目标成本 20%左右，或是一个更高比例，但通过成本计划人员、工程设计人员以及营销专家之间协商和利益权衡后，最终制定出与当初制定的目标成本最为接近的计划成本，并以此作为日常成本控制与评价依据①。

问题：目标成本控制方法与传统成本控制思维方式有何变革？

学习目标：

成本控制是所有企业都必须面对的一个重要管理课题，成本领先是企业在竞争中取胜的关键战略之一。企业无论采取何种改革、激励措施始终都代替不了强化成本管理、降低成本这一工作，它是企业成功最重要的方面之一。有效的成本控制是每个企业都必须重视的问题，抓住它就可以带动全局工作。

在学习本章的过程中同学们应注意：

1. 了解成本控制的概念、内容、原则、程序，以及基本方法。
2. 熟悉目标成本、标准成本、责任成本控制成本的基本原理与共同性。
3. 能利用倒算法、公式法、对比法测定企业的目标成本，并对其分解。

本章难点提示：

- 目标成本分解与控制
- 标准成本差异计算与分析

① 陈良华. 成本管理［M］. 北京：中信出版社，2005.

第一节　成本控制内容、原则与程序

成本控制是成本经营管理的核心内容，它主要是根据成本预测和成本决策所确定的成本目标，在成本规划的基础上，对企业生产经营活动中的各种耗费进行指导、限制和监督，以及时发现偏差，采取纠正措施，使各项生产经营耗费被控制在目标所规定的范围之内，保证成本目标的实现。

一、成本控制的内容

成本控制的内容非常广泛，但是这并不意味着事无巨细地平均使用力量，成本控制应该有计划有重点地区别对待。各行各业不同企业有不同的控制重点。控制内容一般可以从成本形成过程和成本费用分类两个角度加以考虑。

（一）按照成本形成过程

成本控制在不同行业的企业的经营过程中可能有所差异。就制造业看，成本控制按照企业成本在经营过程中的形成可以分为：

1. 产品投产前的控制

这部分控制内容主要包括产品设计成本、加工工艺成本、物资采购成本、生产组织方式、材料定额与劳动定额水平等。这些内容对成本的影响最大，可以说产品总成本的60%取决于这个阶段的成本控制工作的质量。这项控制工作属于事前控制方式，在控制活动实施时真实的成本还没有发生，但它决定了成本将会怎样发生，它基本上决定了产品的成本水平。

2. 制造过程中的控制

制造过程是成本实际形成的主要阶段。绝大部分的成本支出在这里发生，包括原材料、人工、能源动力、各种辅料的消耗、工序间物料运输费用、车间以及其他管理部门的费用支出。投产前控制的种种方案设想、控制措施能否在制造过程中贯彻实施，大部分的控制目标能否实现和这个阶段的控制活动紧密相关，它主要属于始终控制方式。由于成本控制的核算信息很难做到及时，会给事中控制带来很多困难。

3. 流通过程中的控制

这部分控制内容包括产品包装、厂外运输、广告促销、销售机构开支和售后服务等费用。在目前强调加强企业市场管理职能的时候，很容易不顾成本地采取种种促销手段，反而抵消了利润增量，所以也要做定量分析。

（二）按照成本构成

制造企业的成本按照构成可以分为：

1. 原材料成本控制

在制造业中原材料费用占了总成本的很大比重，一般在60%以上，高的可达90%，是成本控制的主要对象。影响原材料成本的因素有采购、库存费用、生产消耗、回收利用等，所以控制活动可从采购、库存管理和消耗三个环节着手。

2. 工资费用控制

工资在成本中占有一定的比重，增加工资又被认为是不可逆转的。控制工资与效益同步增长，减少单位产品中工资的比重，对于降低成本有重要意义。控制工资成本的关键在于提高劳动生产率，它与劳动定额、工时消耗、工时利用率、工作效率、工人出勤率等因素有关。

3. 制造费用控制

制造费用开支项目很多，主要包括折旧费、修理费、辅助生产费用、车间管理人员工资等。虽然它在成本中所占比重不大，但因不引人注意，浪费现象十分普遍，是不可忽视的一项内容。

二、成本控制的原则

成本控制的原则是指进行成本控制的行为规范和准则，是成本控制特点的高度概括和总结。成本控制的一般原则有：

（一）全面介入原则

全面介入原则是指成本控制的全方位、全员、全过程的控制。

全方位是对产品生产的全部费用要加以控制，不仅对变动费用要控制，对固定费用也要进行控制，成本控制一定要兼顾产品的不断创新并保证和提高产品的质量，绝不能片面地为了降低成本而忽视产品的品种和质量，更不能通过偷工减料和粗制滥造等来降低成本；否则，其结果不仅会坑害消费者，最终也会使企业丧失信誉，破产倒闭。

全员控制是要发动领导干部、管理人员、工程技术人员和广大职工建立成本意识，参与成本的控制，认识到成本控制的重要意义，才能付诸行动。

全过程控制，是企业对产品的设计、制造、销售过程等进行控制，并将控制的成果在有关报表上加以反映，借以发现缺点和问题。

（二）例外管理原则

成本控制要将注意力集中在超乎常规的情况。因为实际发生的费用往往与预算有差异。如果发生的差异不大，也就没有必要一一查明其原因，而只要把注意力集中在非正常的例外事项上，并及时进行信息反馈。

（三）经济效益原则

提高经济效益，不单是依靠降低成本的绝对数，更重要的是实现相对的节约，取得最佳的经济效益，以较少的消耗，取得更多的成果。

（四）分级控制原则

分级控制原则是指统一领导、分级管理原则，它是指成本控制应在厂长（经理）的领导下实行归口分级管理。具体做法是：财务部门将成本控制指标分解为各项具体指标并层层分解和落实，各业务部门根据其业务范围对所承担的具体指标实行归口管理，保证成本控制目标的实现。

四、成本控制的程序

制造企业的成本控制，就是在产品的制造过程中，企业对成本形成的各种因素，按照事先拟定的标准严格加以监督，发现偏差就及时采取措施加以纠正，从而使生产过程中的各项资源的消耗和费用开支限在标准规定的范围之内。

成本控制按照控制行为的先后顺序分为如下环节：

（一）制定控制标准

成本标准是成本控制的准绳，成本标准包括成本计划中规定的各项指标。但成本计划中的一些指标都比较综合，还不能满足具体控制的要求，这就必须规定一系列具体的标准。确定这些标准的方法，大致有三种：

（1）计划指标分解法，即将大指标分解为小指标。分解时，可以按部门、单位分解，也可以按不同产品和各种产品的工艺阶段或零部件进行分解，若更细致一点，还可以按工序进行分解。

（2）预算法，即用制订预算的办法来制订控制标准。有的企业基本上是根据季度的生产销售计划来制订较短期的（如月份）的费用开支预算，并把它作为成本控制的标准。采用这种方法特别要注意从实际出发来制订预算。

（3）定额法，即建立起定额和费用开支限额，并将这些定额和限额作为控制标准来进行控制。在企业里，凡是能建立定额的地方，都应把定额建立起来，如材料消耗定额、工时定额等。实行定额控制的办法有利于成本控制的具体化和经常化。

企业在采用上述方法确定成本控制标准时，一定要进行充分的调查研究和科学计算。同时还要正确处理成本指标与其他技术经济指标的关系（如和质量、生产效率等关系），从完成企业的总体目标出发，经过综合平衡，防止片面性。必要时，还应搞多种方案的择优选用。

（二）监督实施标准

监督实施标准就是根据控制标准，对成本形成的各个项目，经常地进行检查、评比和监督。不仅要检查指标本身的执行情况，而且要检查和监督影响指标的各项条件，如设备、工艺、工具、工人技术水平、工作环境等。所以，成本日常控制要与生产作业控制等结合起来进行。成本日常控制的主要方面有：

（1）材料费用的日常控制。供应部门材料员要按规定的品种、规格、材质实行限额发料，监督领料、补料、退料等制度的执行。生产调度人员要控制生产批量，合理下料，合理投料，监督期量标准的执行。车间材料费的日常控制，一般由车间材料核算员负责，它要经常收集材料消耗信息，分析对比，追踪原因，并会同有关部门和人员提出改进措施。

（2）工资费用的日常控制。这主要是车间劳资员对生产现场的工时定额、出勤率、工时利用率、劳动组织的调整、奖金、津贴等的监督和控制。此外，生产调度人员要监督车间内部作业计划的合理安排，要合理投产、合理派工，控制窝工、停工、加班、加点等。车间劳资员（或定额员）对上述有关指标负责控制和核算，分析偏差，寻找原因。

（3）间接费用的日常控制。生产单位间接费用的项目很多，发生的情况各异。有定额的按定额控制，没有定额的按各项费用预算进行控制，如采用费用开支手册、企业内费用券（又叫本票、企业内流通券）等形式来实行控制。各个部门、车间、班组分别由有关人员负责控制和监督，并提出改进意见。

上述各生产费用的日常控制，不仅要有专人负责和监督，而且要使费用发生的执行者实行自我控制。还应当在责任制中加以规定。这样才能调动全体职工的积极性，使成本的日常控制有群众基础。

（三）检查考评

检查考评属于事后成本控制环节。检查考评就是阶段性地集中查找和分析成本差异产生的原因，判明责任归属，对成本目标和标准的执行情况进行考核评价，奖优罚劣，并采取措施，防止不利因素再次产生，总结和推广经验，为修订标准提供可靠的参数，使成本控制的方法标准化。

以上三个步骤相互联系，循环往复，构成成本控制循环。每一次循环，成本控制标准都应有所改变，成本控制手段应更加科学、合理。

五、成本控制的方法

成本控制的方法主要是解决怎样控制成本的问题，成本控制的方法多种多样。

从成本控制所依据的标准来看，有目标成本控制法、标准成本控制法、责任成本控制法等。目标成本控制法是以目标成本作为成本控制的依据，标准成本控制法是以标准成本作为成本控制的依据，责任成本控制法是以责任成本作为控制成本的依据。

从成本控制的技术方法来看，有对比法、差异因素分析法、量本利分析法、回归分析法、ABC 分析法、价值工程法等等。

第二节　目标成本控制

一、目标成本控制的特点

目标成本是根据产品的性能、质量、价格和目标利润确定的企业在一定时期内应达到的成本水平，是企业目标管理的重要组成部分。目标管理在美国、日本、西欧等地的企业广泛使用，在 20 世纪 80 年代初传入我国，并在邯钢等企业中推广运用，取得较好成效。

目标成本控制是成本控制的一种重要方法。它是根据目标成本来控制成本活动，使实际成本符合目标成本的要求，并不断地降低成本。作为控制方法，它具有以下几个特点：

（1）目标成本控制以价格和利润为基础，改变了以实际消耗为基础的传统成本控制观念。以实际消耗为基础的成本控制，要么把费用支出转嫁给消费者，损害消费者的利益，要么把费用支出归属企业，导致企业亏损；而以价格和利润为基础的目标成本控制则认为，只有建立在消费者能够接受的价格和企业能实现的目标利润基础上的费用支出，才是必要的，这为降低成本指明了方向。

（2）目标成本控制以目标管理理论为基础强化了成本控制的理论依据。目标管理是一种现代的、民主的和科学的管理理论与方法，目标成本控制正是这一理论与方法在成本控制中的具体体现和运用。目标成本控制，能够把目标管理具体化，把民主管理、全员管理具体化，把以提高经济效益为中心和建立责任制具体化。

（3）目标成本控制以全时序控制为基础，改变了以事后控制为基础的传统成本控制观念。目标成本控制将事前控制、事中控制和事后控制有机地融为一体，增强了成本控制的预见性、目的性和科学性。

目标成本控制是一个系列的行动过程。这一行动过程就是目标成本控制的一般程序，它包括制定目标成本、分解目标成本、控制目标成本、考评目标成本。企业为了加强目标成本控制，与目标成本控制的一般程序相适应，要采用一系列目标成本控制的技术方法，它包括制定目标成本的方法、分解目标成本的方法、控制目标成本的方法、考评目标成本的方法。

二、目标成本制定的程序

目标成本的制定是目标成本控制的起点，目标成本制定的科学性和合理性直接影响到目标成本控制的有效性。

目标成本的制定要依照一定的程序进行，这一程序由下列步骤构成：

（1）收集成本信息。制定目标成本需要的信息包括两个方面：一是预测销售量和价格。以新产品来说，价格是一个未知数，要进行市场调查和预测，进行分析，并与同类产品相比较，确定消费者对价格的接受程度；对产品而言，要对现行销售价格进行分析，特别是结合产品市场寿命周期和产品竞争能力，预测出价格上下波动的趋势和幅度。二是取得先进企业成本资料，可以按成本项目来收集。先进企业的成本水平是制定目标成本的重要依据。

（2）确定目标利润。根据企业经营目标规定的目标利润进行分解，确定某产品在计划期内应完成的目标利润。目标利润水平应考虑产品市场预测的销售量和价格水平。

（3）初定目标成本。目标成本可采取倒算的方法进行匡算，即

目标总成本=预测销售收入-税金-目标利润

目标单位成本=预测单价×（1-税率）-预测单位销售量的目标利润

（4）确定目标成本。在初定目标成本之后，要发动群众讨论匡算的目标成本指标，提出降低成本的措施，根据降低成本的主要措施对未来成本进行预测，寻找降低成本的方向和途径，经过目标成本的综合平衡，即可确定企业为之奋斗的目标成本。

三、目标成本制定的方法

制定目标成本的方法较多，下面介绍几种基本方法：

（一）公式法

公式法就是根据目标成本的计算公式确定目标成本，它一般用于新产品目标成本的制定。由于消费者可以接受的价格及销售数量不可能预测得十分准确，所以用公式法制定目标成本，应把目标成本与产品的设计成本联系起来用目标成本校正设计成本，用设计成本调整目标成本。公式法用于产品目标成本制定时，可采用以下公式：

$$目标成本=\frac{有竞争能力的市场价格}{销售单价}\times实际成本$$

例如，某企业生产的甲产品实际成本为 600 元，售价为 960 元，有竞争能力的价格是 900 元，则目标成本为 562.5 元（$\frac{900}{960}\times600$）。这样，售价降低到 900 元以后，企业仍可获得相同的成本利润率。

（二）倒算法

倒算法是以产品销售收入减去产品销售税金及附加和目标利润来制定目标成本的方法。其公式如下：

$$目标成本=产品销售收入-税金-目标利润$$

$$单位产品目标成本=产品单价\times(1-产品税率)-\frac{目标利润}{销售数量}$$

（三）对比法

对比法就是比较本企业的成本水平与先进企业成本水平，来确定目标成本。此方法主要用于老产品。对比的标准可以是国内外同种产品的先进成本水平或历史上最好水平，或按平均先进水平制定的标准成本、定额成本。

例如，某企业成本项目如下：直接材料为 29 元，直接工资为 7 元，制造费用为 16 元。同类先进企业直接材料为 26 元，直接工资为 8 元，制造费用为 13 元。则本企业目标成本为 46 元（26+7+13）。这样，确定的目标成本实际上可低于先进企业的成本。

四、目标成本的分解

目标成本确定出来以后，就要进行分解，层层落实到责任单位和个人，成为各个单位和个人奋斗的目标。

目标成本的分解要有利于明确经济责任和加强成本控制，不仅要使各个单位和个人明确自己的责任，而且要给予相应的管理权力和经济利益，目标成本才能够落到实处；同时，企业分解给各个单位和个人的目标成本必须是该单位与个人可以控制的成本，将不可控成本分给他们，是毫无意义的。不仅要自上而下地分解目标成本，而且要自下而上地提出保证措施。此外，要结合企业工艺技术过程和企业组织机构特点分解目标成本。

目标成本分解的方法主要有以下几种：

（一）按组织结构分解目标成本

按企业组织结构分解目标成本是一种广泛适用的目标成本分解方法。这种方法是首先把全厂的目标成本分解给各个车间和职能科室，成为这些车间和职能科室的目标成本；然后，各个车间和职能科室再将其目标成本分解给各个班组，成为该班组的班组目标成本；最后各个班组将其负责的目标成本分解落到个人头上，形成岗位目标成本。个人对岗位目标成本提出个人保证措施，班组对班组目标成本提出班组保证措施，车间和科室对车间和科室目标成本提供车间、科室保证措施，全厂对总的目标成本提出保证措施。这样就形成了自上而下的层层分解和自下而上的层层保证的纵横交错的目标成本分解控制体系。

（二）按产品结构分解目标成本

在机械制造企业中，产品的生产首先要对各种不同的材料进行加工，制成各种零件；然后经过组装装配成部件；最后对部件进行装配形成产成品。在这种情况下，目标成本的分解可以按产品的结构进行，即把产品的目标成本分解到零件、部件和产成品上去，从而构成零件的目标成本、部件的目标成本和产成品的目标成本。然后，将零部件、产成品的目标成本按责任中心再分解。

（三）按成本形成过程分解目标成本

由于产品成本的形成要经过供应过程、生产过程和销售过程，在每一过程中成本有不同的表现形式，即供应过程的采购成本、生产过程的制造成本、销售过程的销售成本，因此，产品目标成本可以按成本的形成过程进行分解。这种分解方法有利于按成本形成过程来控制成本。

（四）按成本项目和成本特性分解目标成本

这种分解方法是以成本项目为主并参照成本特性来分解目标成本。其具体分解方法是：将目标成本分解为直接材料成本、直接工资成本和制造费用。其中：直接材料成本又具体分为由生产中用量引起的成本和由供应中价格变动引起的成本；直接工资成本具体分为由工时定额变动引起的成本和由于小时工资率变动引起的成本；制造费用则按其与产量的关系，分为变动制造费用和固定制造费用。

五、目标成本的控制

目标成本分解落实以后，就进入了目标成本的实际执行过程，在这一过程中，进行成本控制尤其重要。

目标成本控制就是要根据目标成本的要求，规定各种定额和标准，采取各种控制方法和手段，按照定额和标准进行控制，并且要经常对比检查，发现差异，及时加以调节。

目标成本控制的手段和方法是多种多样的。对于材料成本来说，要严格材料的验收入库和领退制度；加强发出外加工材料的管理；降低单位产品的材料用量；建立健全材料核算制度和定期盘点制度，做到账实相符。对于工资成本而言，要编制工资基金计划；严格工资开支范围；审核工资核算的主要原始记录，正确计算和支付工资，划清资金渠道分配工资。对费用成本来讲，要建立费用定额管理制度，严格费用开支，为了便于群众参加管理，便于监督，企业可采用厂内货币、费用手册、内部结算券等手段，加强费用控制。

在目标成本的控制中，对于符合目标成本要求的行为，企业可以不予干预。对于超标准、超定额的支出，企业就必须加以限制。对于违反国家财经制度规定的支出，企业就要实行监督，加以纠正。对于达不到目标成本的行为，企业则要加以指导和帮助，分析原因，采取措施，促使其达到目标成本。如果目标成本本身确实存在着不合理的地方，或者在执行中客观条件发生了重大变化，企业就应进行必要的修改，使目标成本能够真正成为职工奋斗的方向。

六、目标成本的考评

为了使成本控制起到指导和督促使用，企业必须经常检查各个单位和个人对目标成本的执行情况。检查可以定期进行，每旬、每月或每季检查一次，特别是对于那些占成本比重很大、经常发生波动并且控制比较困难的目标成本更要经常性地进行检查。在检查过程中，不仅要检查目标成本的实现程度，而且要检查成本核算的真实性和正确性。特别要检查有无任意扩大成本开支范围和标准，人为地抬高成本的现象，对于乱摊乱挤成本的行为，必须严肃处理。在检查的基础上还要进行分析，通过分析，分清主观因素和客观因素、有利因素和不利因素以及主要因素和次要因素，对比差距，揭露矛盾，充分挖掘企业内部潜力，为今后制定目标成本提供新的依据。最后，以目标成本为依据对成本控制工作进行考核和评价，表扬先进，惩罚落后，贯彻多劳多得的按劳分配原则，从而调动企业各方面降低成本的积极性。

第三节　标准成本控制

标准成本制度最早可追溯到 20 世纪 20 年代的泰罗制。当时只是根据标准化原理来控制生产工人的生产效率，后来逐渐将标准化原理运用于人工成本、材料成本和制造费用的控制。

所谓标准成本，就是在一定的条件下，企业根据科学的方法预先制定的、用以衡量实际成本高低的一种成本尺度，是一种预定的目标成本。

标准成本控制由标准成本的制定、差异的计算和分析以及差异的账务处理三个部分组成。其中，制定标准成本是控制的起点。

一、标准成本的制定

标准成本通常按制造成本制定，即分别制定直接材料、直接人工和制造费用的标准成本。对于非制造成本，一般采取编制预算的方法实行预算控制。

标准成本的基本形式是：

单位产品标准成本＝单位产品耗用数量标准×单位价格标准

数量标准包括直接材料、直接人工和制造费用的用量标准，价格标准包括材料价格标准、工资率标准和制造费用分配率标准。

（一）直接材料标准成本的制定

直接材料标准成本是直接材料的标准用量和标准价格的乘积。

直接材料的标准用量是由生产技术部门根据设计图纸和工艺特点并参照实际生产情况，通过分析研究，采用工程标准确定的单位产品需耗用的材料数量。它包括有效材料用量与生产中的废料和损失。

直接材料的标准价格是由采购部门和财会部门共同根据材料供货单位的价格和运输等因素确定的材料单价。它包括买价和采购费等。

（二）直接人工标准成本的制定

直接人工标准成本是直接工资数量标准和价格标准的乘积。

直接人工数量标准是生产技术部门根据历史资料或技术测定的单位产品必须消耗的时间。它包括产品直接加工时间、必要的停工时间以及必要的废品工时。

直接人工价格标准就是工资率标准，它是以当时实际支付的工资率或预计支付的工资率为依据，结合工资形式来制定的。在计时工资制下，直接人工价格标准就是每一标准工时应分配的工资；在计件工资制下，直接人工价格标准就是单位产品直接支付的工资。

（三）制造费用标准成本的制定

制造费用标准成本就是制造费用数量标准和价格标准的乘积。

制造费用数量标准是指生产单位产品所需要的直接人工工时或机器小时。

制造费用价格标准是指制造费用分配率标准，即单位生产能量应负担的制造费用。在制定制造费用价格标准时，应注意两点：一是根据制造费用与生产能量的关系，将全部制造费用分为变动制造费用和固定制造费用；二是生产能量应该是实际生产能量，即企业充分利用现有生产能力可以达到的生产能量。由于企业一般生产多种产品，因此，为了便于汇总，生产能量一般用直接人工小时或机器小时表示。

可见，单位产成品的标准成本就是单位产品的直接材料标准成本、直接工资标准成本和制造费用标准成本之和。

二、标准成本差异的计算和分析

标准成本制定之后，在实际生产过程中就要按照标准成本实施控制。实际成本与标准成本之间的差异称为成本差异。当实际成本大于标准成本时，所产生的差异称为不利差异（或逆差）；当实际成本小于标准成本时，所产生的差异称为有利差异（或顺差）。标准成本控制的目的就在于努力扩大有利差异，缩小不利差异，降低产品成本。

成本差异的通用计量模型是：数量差异按标准价格计算，价格差异按实际数量计算，即

数量差异=（实际数量-标准数量）×标准价格

价格差异=实际数量×（实际价格-标准价格）

下面分别讨论标准成本各种差异的计算和分析。

（一）直接材料成本差异

直接材料成本差异是指一定量的直接材料的实际成本与标准成本之间的差异。它按不同的材料，从用量差异和价格差异两方面计算。

材料用量差异=（实际用量-标准用量）×标准价格

材料价格差异=实际用量×（实际价格-标准价格）

价格差异的计算可以采用两种处理方法：一种是在购入材料时计算购入材料的价格差异，即将材料的标准成本计入“材料”账户，价格差异计入“材料价格差异”账户；另一种是在领用材料时计算领用材料价格差异，即材料账户按实际成本记账，领用材料时计算价格差异，领用材料的标准成本由“材料”账户转入“生产成本”账户，然后把价格差异由“材料”账户转入“材料价格差异”账户。

（二）直接人工成本差异

直接人工成本差异是一定产量的直接人工的实际成本与标准成本之间的差异。它主要从人工效率差异和工资率差异两个方面计算。

人工效率差异=（实际工时-标准工时）×标准工资率

工资率差异=实际工时×（实际工资率-标准工资率）

直接人工效率差异产生的原因有：工人经验不足，操作不熟练；设备发生故障或设备生产能力降低；材料品种、规格不符，质量不高；等等。直接人工效率差异除材料质量下降因素外，基本上应由生产部门负责。

直接人工工资率差异一般是由高级技术工从事普通工作以及工人调度不当等原因引起的。它主要应由生产部门和人事部门负责。

（三）变动制造费用成本差异

变动制造费用成本差异是一定产量的实际变动制造费用与标准变动制造费用之间的差额。它要分别按变动制造费用效率差异和分配率差异计算。变动制造费用效率差异是一种数量差异，它类似于直接材料数量差异和直接人工效率差异；变动制造费用分配率差异是一种价格差异，它类似于直接材料价格差异和直接人工工资率差异，所以又称为开支差异。其计算公式是：

$$\text{变动制造费用效率差异}=(\text{实际工时数}-\text{标准工时数})\times\text{变动制造费用标准分配率}$$

$$\text{变动制造费用开支差异}=\text{实际工时数}\times(\text{变动制造费用实际分配率}-\text{变动制造费用标准分配率})$$

变动制造费用效率差异与变动制造费用的耗用无关，它实际上反映的是产品制造过程中的工时利用率，因此应结合人工效率差异进行分析。变动制造费用开支差异产生的原因主要是费用预算控制不当，或者是多耗用了间接材料和间接人工，或者是由于制造费用超支。它主要应由生产部门负责。

（四）固定制造费用差异

固定制造费用差异是一定期间的实际固定制造费用与标准固定制造费用之间的差额。其中，标准固定制造费用是标准工时数与固定制造费用标准分配率的乘积。固定制造费用差异具体包括三种：

（1）效率差异。效率差异是实际工时数同标准工时数相比所引起的固定制造费用差异。实际工时数与标准工时数之间的关系反映了工人的操作效率。生产同样多的产品，实际工时比标准工时越少，说明操作效率越高；反之，说明操作效率越低。

（2）能量差异。它说明即使固定制造费用的实际数和预算数相等，只要实际和预算的生产工时总时数不同，也会产生固定制造费用分配率方面的差异。

（3）开支差异。它反映了固定制造费用实际支出数与预算数之间的差异，体现了制造费用预算规划的结果。

固定制造费用三种差异的计算公式是：

固定制造费用开支差异=实际固定制造费用－预算固定制造费用

固定制造费用能量差异＝（预算工时数－实际工时数）×固定制造费用标准分配率

固定制造费用效率差异＝（实际工时数－标准工时数）×固定制造费用标准分配率

固定制造费用能量差异产生的主要原因是：产品销路不好，订货减少；原有生产能量过剩，利用不充分；原材料供应不足，设备损耗或出现故障；人工不足；等等。这些因素应由企业管理部门负责。固定制造费用开支差异和效率差异产生的原因，则与变动制造费用开支差异和效益差异产生的原因相同。

三、标准成本的账务处理

在标准成本控制中，各种成本差异反映了有关部门成本控制的业绩。为了便于进行成本控制和考核，必须在会计系统中设置各种差异账户，分别记录各种成本差异，为成本控制和考核提供必要的信息。

标准成本控制在账务处理上具有以下几个特点：

（1）“材料”“生产成本”“产成品”等账户的借方和贷方都按标准成本入账。

（2）实际成本和标准成本之间的各种差异都要设置专门的账户来归集。在各个成本差异账户中，借方登记不利差异，贷方登记有利差异。

（3）各种成本差异在账务上的处理有三种方法可供选择：

第一种方法：各种成本差异按月结转，为了均衡各期产品成本负担，应对本期生产产品的各种差异在销货成本、产成品和在产品成本之间按比例进行分配。

第二种方法：各种成本差异在每月月末不办理结转手续，而是在成本差异账户中积累下来，直到年底才将当年积累的各种成本差异一次结转。在这种情况下，如果成本差异数量较大，可以按比例分配到销货成本、产成品和在产品成本中去，这时产品的实际成本等于标准成本加上该产品应负担的差异；如果成本差异数量较小，可以全部结转到销售成本账户中去，这时产品的标准成本就是产品的实际成本。

第三种方法：各种成本差异按月全部结转到销货成本账户，不再分配给产成品和在产品负担。在这种情况下，产成品和在产品都按标准成本记账，产品的标准成本就是产品的实际成本。其优点是账务处理简单，同时本期发生的各种差异是本期成本控制的结果，将它反映在本期利润中也合乎情理。因此，这种处理方法在西方国家被广泛采用。

四、标准成本控制的案例

【例 11-1】金峰机器厂是一家专门化生产企业，有关资料如下：

（一）产品标准成本与各种费用预算

该厂全年只生产一种专业化产品，预算月份生产能力标准总工时为 4 800 小时，单位产品标准成本卡如表 11-1 所示。

表 11-1 单位产品标准成本卡

项 目	标准用量	标准单价/元	金额/元
直接材料	8 千克	2	16
直接人工	6 小时	4	24
变动制造费用	6 小时	1.50	9
变动成本合计			49
固定制造费用	6 小时	1.20	7.20
单位产品标准成本			56.20

预算月份预计生产产品 800 件，全月需用直接人工工时 4 800 小时。全月各项费用预算经确定如下：

制造费用预算：

变动制造费用：7 200 元。

固定制造费用：5 760 元。

制造费用标准分配率：

变动制造费用：$\frac{7\ 200}{4\ 800}=1.50$

固定制造费用：$\frac{5\ 760}{4\ 800}=1.20$

销售费用预算：

变动销售费用：按销售产品计算每件 4 元。

固定销售费用：6 500 元。

行政管理费用预算：3 500 元。

（二）材料和人工成本差异计算与分析

（1）××材料实际采购数量	8 000 千克
（2）实际单价	2.20 元
（3）标准单价	2.00 元
（4）价格差异（2）-（3）	0.20 元
（5）材料价格差异总额（4）×（1）	1 600（元）（借方）

生产部门业绩报告之一：

（1）××材料实际用量	5 800 千克
（2）标准用量 8×800	6 400 千克
（3）标准单价	2 元
（4）数量差异（1）-（2）	-600 千克
（5）材料数量差异总额（4）×（3）	-1 200 元（贷方）

生产部门业绩报告之二：

(1) ××工种实际工时 5 200 小时
(2) 实际工资率 4.50 元
(3) 标准工资率 4.00 元
(4) 工资率差异 (2) - (3) 0.50 元
(5) 人工工资率差异总额 (4) × (1) 2 600 元 (借方)

生产部门业绩报告之三:

(1) ××工种实际工时 5 200 小时
(2) 标准工时 4 800 小时
(3) 标准工资率 4.00 元
(4) 工时差异 (1) - (2) 400 小时
(5) 人工效率差异总额 (3) × (4) 1 600 元 (借方)

(三) 制造费用成本差异计算与分析

表 11-2 生产部门业绩报告 金额单位: 元

制造费用	实际数	弹性预算		耗费差异	效率差异
	5 200 小时	4 800 小时	5 200 小时		
明细项目	(1)	(2)	(3)	(4)=(1)-(3)	(5)=(3)-(2)
间接材料	3 500	3 315.70	3 592.0	92.0	276.3
间接人工	2 800	2 652.70	2 873.8	73.8	221.1
动 力	1 300	1 231.60	1 334.2	34.2	102.6
合 计	7 600	7 200	7 800	200 (贷方)	600 (借方)

生产部门变动制造费用效率差异的计算:

(1) 变动制造费用标准分配率 1.50 元/小时
(2) 实际工时 5 200 小时
(3) 标准工时 4 800 小时
(4) 变动制造费用实际分配率
(7 600÷5 200) 1.461 5 元/小时
(5) 工时差异 (2) - (3) 400 小时
(6) 耗费差异 [(4) - (1)] × (2) 200 元 (贷方)
(7) 效率差异 (1) × (5) 600 元 (借方)

假定该企业固定制造费用的有关资料如下:

本月预计产量标准工时 4 800 小时
实际工时 5 200 小时
实际产量应耗标准工时 4 800 小时
固定制造费用预算总额 5 760 元
固定制造费用实际支出总额 5 000 元

根据以上资料计算该企业固定制造费用差异额为：

(1) 固定制造费用实际支出总额	5 000 元
(2) 固定制造费用预算总额	5 760 元
(3) 标准生产能量工时	4 800 小时
(4) 标准固定制造费用分配率 (2) ÷ (3)	1.20 元/小时
(5) 实际产量应耗标准工时	5 000 小时
(6) 实际耗用工时	5 200 小时
(7) 耗费差异 (1) - (2)	-760 元（贷方）
(8) 能量差异 (4) × [(3) - (6)]	-480 元（贷方）
(9) 效率差异 (4) × [(6) - (5)]	240 元（借方）

为便于对各个预算项目进行控制与考核，根据固定性制造费用静态预算与实际发生额的对比，可以编制企业固定性制造费用实绩报告（见表 11-3）。

表 11-3 金额单位：元

固定制造费用实际支付总额	固定制造费用预算总额	标准固定制造费用分配率	预计产量标准生产能量工时/小时	实际耗用工时/小时	实际产量应耗标准工时/小时	耗费差异	能力差异	效率差异
(1)	(2)	(3)	(4)	(5)	(6)	(7)=(1)-(2)	(8)=(4)×[(3)-(6)]	(9)=(4)×[(6)-(5)]
5 000 元	5 760 元	1.2 元/小时 (5 760÷4 800)	4 800	5 200	5 000	-760 (贷方)	-480 (贷方)	240 (借方)

假定企业预算月份生产产品 800 件，本期出售 750 件（无期初余额），单位售价为 100 元。

(四) 账务处理

根据以上资料，按照标准成本控制的要求，对发生的经济业务作会计分录如下：

(1) 购进材料。

借：原材料	16 000	
材料价格差异	1 600	
贷：应付账款		17 600

(2) 生产领用材料。

借：生产成本	12 800	
贷：原材料		11 600
材料数量差异		1 200

(3) 生产耗用人工成本。

借：生产成本	20 800	
直接人工工资率差异	2 600	
直接人工效率差异	1 600	
贷：应付职工薪酬		25 000

(4) 实际支出变动制造费用。

借：变动制造费用　　7 600

　贷：各有关账户　　7 600

(5) 生产中耗用变动制造费用。

借：生产成本　　7 200

　　变动制造费用效率差异　　600

　贷：变动制造费用　　7 600

　　　变动制造费用耗费差异　　200

(6) 实际支付固定制造费用。

借：固定制造费用　　5 000

　贷：各有关账户　　5 000

(7) 生产中耗用固定制造费用。

借：生产成本　　6 000

　　固定制造费用效率差异　　240

　贷：固定制造费用　　5 000

　　　固定制造费用耗费差异　　760

　　　固定制造费用能量差异　　480

(8) 产品完工入库。

借：产成品　　44 960

　贷：生产成本　　44 960

(9) 出售产成品。

借：银行存款（或应收账款）　　75 000

　贷：产品销售收入　　75 000

(10) 转销出售产品销售成本。

借：产品销售成本　　42 150

　贷：产成品　　42 150

(11) 销售费用与行政管理费的账务处理。

这两项费用的预算执行情况如表 11-4 所示。

表 11-4　预算执行情况　　单位：元

	预算数	实际数	预算差异
变动销售费用	3 200	3 360	+160
固定销售费用	6 500	6 400	−100
行政管理费	3 500	3 600	+100
合　计	13 200	13 360	160

借：变动销售费用　　3 360

　　固定销售费用　　6 400

行政管理费　　　　3 600
　贷：各有关账户　　　　13 360

（五）汇总成本差异

月终根据各个成本差异账户的月末余额编制“成本差异汇总表”（见表 11-5）。各项成本差异账户应予以结清。如果差异不大，可以全部计入本期销售产品成本，作为销售毛利的调整项目；如果差异大，则可以在在产品、产成品和本期已售产品之间进行分配，以便把它们的年终余额由标准成本调整为实际成本。

表 11-5　成本差异汇总表　　单位：元

账户名称	借方余额（逆差）	贷方余额（顺差）
材料价格差异	1 600	—
材料数量差异	—	1 200
直接人工工资率差异	2 600	—
直接人工效率差异	1 600	—
变动制造费用耗费差异	—	200
变动制造费用效率差异	600	—
固定制造费用耗费差异	—	760
固定制造费用能量差异	—	480
固定制造费用效率差异	240	—
合　计	6 640	2 640
差异净额	4 000	—

（六）将已发生差异转入本月产品销售成本

借：产品销售成本　　　　4 000
　　材料数量差异　　　　1 200
　　变动制造费用耗费差异　　　　200
　　固定制造费用耗费差异　　　　760
　　固定制造费用能量差异　　　　480
　贷：材料价格差异　　　　1 600
　　　直接人工工资率差异　　　　2 600
　　　直接人工效率差异　　　　1 600
　　　变动制造费用效率差异　　　　600
　　　固定制造费用效率差异　　　　240

（七）编制损益表

月终根据以上有关资料按完全成本法编制损益表（见表 11-6）。

表 11-6 损 益 表（按完全成本计算）

201×年×月　　　　单位：元

（按完全成本计算）		
产品销售收入（100×750）		75 000
产品销售成本（标准）：		
期初存货	0	
加：本期生产成本（56.20×800）	44 960	
可供销售的成本	44 960	
减：期末存货（56.20×50）	2 810	
销售成本合计		42 150
毛利		32 850
减：成本差异净额		(4 000)
调整后的毛利		28 850
减：变动销售费用	3 360	
固定销售费用	6 400	
行政管理费	3 600	13 360
税前利润		15 490

第四节　责任成本控制

一、责任成本控制的特点

责任成本是以成本责任单位为控制对象，根据“谁负责，谁承担”的原则归集和分配的可控成本。所谓可控成本，是指责任单位能够预测、计算和控制的各种成本。可控成本必须具备以下特征：责任单位可以预测的各种耗费；责任单位有办法计量的耗费；责任单位可以控制并调节的耗费。凡不符合这些特征的成本，即为不可控成本。

责任成本控制是在企业内部确定责任成本层次，建立责任中心，并对各责任成本层次和责任中心的责任成本进行核算和考评的一种内部控制制度。具体地讲，责任成本控制的特点是：

（1）责任成本控制以成本责任单位作为成本核算和控制的对象；

（2）责任成本控制以“谁负责，谁承担”作为成本计算和控制的基本原则；

（3）责任成本控制以可控成本作为成本控制的内容，而将不可控成本作为参考指标；

（4）责任成本控制以内部管理为目的，服从于经济责任制的要求。

进行责任成本控制，首先要划分责任层次，建立责任中心，明确各责任中心的成本责任和权限；其次，要根据可控性原则将责任成本目标分解到各成本责任中心，作为考核和评价各成本中心实绩的标准；最后，要建立一套完整的计量、记录和报告责任成本的核算体系，通过责任成本实际发生数和控制标准的对比，检查和考核各责任成本层次和责任中心的实绩。

二、成本责任中心的建立

划分成本责任层次，建立成本责任中心，是进行责任成本控制的前提。成本责任层次就是企业对责任成本的管理层次。责任层次的数目应根据企业的具体情况和管理需要而定。成本责任中心就是负责控制成本和保证完成成本控制任务的责任单位。

在责任成本控制的实践中，划分责任层次，建立责任中心应遵循以下原则：

（1）必须使责任中心对其职能范围内可以控制的经济责任负责；

（2）必须明确各责任单位的经济权力、经济责任和经济利益；

（3）必须与企业组织结构的特点相适应。

三、责任成本核算与报告

（一）责任成本的内容

不同的责任层次和不同的责任中心，其责任成本的内容也各不相同。假设某公司由制造部、销售部和财务部组成。其中，制造部下属的成本中心有班组、车间两个层次。则其责任成本的内容如下：

1. 班组责任成本由班组长负责

$$\text{班组责任成本}=\text{可控直接材料成本}+\text{可控直接人工成本}+\text{可控制造费用成本}\pm\text{经济责任转账}$$

2. 车间责任成本由车间主任负责

$$\text{车间责任成本}=\sum\text{各班组责任成本}+\text{车间的可控成本}\pm\text{经济责任转账}$$

3. 制造部责任成本由制造部副总经理负责

$$\text{制造部责任成本}=\sum\text{各车间责任成本}+\text{制造部门可控成本}\pm\text{经济责任转账}$$

4. 公司责任成本由公司总经理负责

$$\text{公司责任成本}=\text{制造部责任成本}+\text{销售部责任成本}+\text{财务部责任成本}$$

（二）责任成本的核算

责任成本的控制和考评离不开责任成本的核算，因为责任成本核算所提供的信息是进行责任成本控制和考评的重要依据。由于责任成本和产品成本本质上都是生产经营过程中的各种耗费，因此，责任成本和产品成本可以结合起来进行核算。就其结合的方式而言，一般有“双轨制”和“单轨制”两种核算方式。

“双轨制”就是在现有产品成本核算体系之外另行建立一套责任成本核算体系，两个体系所提供的指标可以相互补充、相互利用，但在核算中这是两个不同的体系，执行着不同的任务：产品成本核算体系依据有关财务规定进行核算，以满足财务规定的有关要求；责任成本核算体系则依据责任成本的原理进行核算，以满足内部管理的要求。

“单轨制”就是将责任成本核算和产品成本核算结合起来，形成一套既能满足财务规定的要求又能为内部管理服务的核算体系。这种核算方法简便易行，同样可以获得有关责任成本核算的资料。

（三）责任成本报告

责任成本报告是提供责任成本控制信息的媒介，也是成本控制工作的成果。

在实行责任中心成本控制的企业中，根据企业所建立的责任制度要求，对各责任中心责任成本完成情况予以报告是成本中心的最高职责。责任成本报告主要是为企业内部提供信息，因此与财务报告相比，无论是在报告对象、报告内容、报告时间等方面都有其自身的特点。概括地讲，责任成本报告具有如下特征：

1. 报告对象是各责任中心的责任成本

关心责任目标完成情况的主要是各责任中心和企业最高管理部门，因此，需要为每一个责任中心编制一份与其业绩相关的责任报告，同时为企业最高管理部门编制一份总括的责任成本报告。由于责任中心往往划分为几个层次，所以对某些处在中上层的责任中心来说，其责任报告的编制常常是对下属责任中心责任成本报告的汇总。

2. 报告形式

责任成本报告的形式主要有报表、数据分析和文字说明等。将责任成本目标、实际履行情况及所产生的差异用报表予以列示是责任成本报告的基本形式。由于责任成本报告是对各责任中心责任履行情况所做的专门报告，因此，在揭示差异的同时，必须对重大差异予以分析，查明其产生的原因，并做出说明或提出改进建议，以便各责任中心和最高管理部门进一步予以控制。所以，责任成本报告的形式除报表外，还必须采用数据分析和文字说明等形式。

3. 报告时间

责任成本报告的编制时间在每个企业一般都是定期的，但由于各个责任中心的特点不一样，所以各责任中心的报告期可能不一致，应根据企业组织结构和内部责任控制需要确定。

4. 报告内容

责任成本报告的基本要求是各责任中心必须报告其责任目标实际执行情况及所产生的差异，以便各责任中心进行自我控制，以及上层责任中心对下属责任中心进行控制。除此之外，还应根据例外管理原则对重要成本差异做进一步的定量分析和定性分析。定量分析主要是确定差异发生程度，定性分析主要是分析差异产生的原因，以便明确责任，评价各责任中心的工作业绩。

由于各责任中心是逐级设置的，因而报告也应自下而上，从最基层的成本中心逐级向上汇编，直到最高管理层。每一级责任报告除了最基层的只含有本身的可控成本外，都应包括下属单位转来的责任成本、本身的可控成本以及有关经济责任的转账，从而形成“责任连锁”。

责任成本报告的内容与格式参见表 11-7。

表 11-7　责任成本业绩报告

单位：W 公司　　　　201×年×月　　　　单位：元

	计划	实际	差异	原因分析
甲班组业绩报告：				
直接材料	2 200	2 000	-200	单耗下降
直接人工	580	545	-35	人数减少
制造费用	450	498	+48	辅助材料费用超支
经济责任转账	—	100	+100	零件质量差使成本升高
甲班组责任成本合计	3 230	3 143	-87	
A 车间业绩报告：				
甲班组责任成本	3 230	3 143	-87	单耗下降
乙班组责任成本	2 560	2 400	-160	劳动效率提高
A 车间可控成本	1 800	2 000	+200	辅助材料费用超支
经济责任转账	—	-200	-200	材料质量差转出责任成本
A 车间责任成本合计	7 590	7 343	-247	
制造部业绩报告：				
A 车间责任成本	7 590	7 343	-247	主要是劳动效率提高
B 车间责任成本	5 510	6 137	627	主要是单耗上升
制造部可控成本	3 000	2 500	-500	主要是费用降低
经济责任转账	—	—	—	
制造部责任成本合计	16 100	15 980	-120	
W 公司业绩报告：				
制造部责任成本	16 100	15 980	-120	主要是费用降低
销售部责任成本	2 450	3 180	+730	费用超支
财务部责任成本	1 500	1 200	-300	费用节约
W 公司可控成本	1 950	1 140	-810	费用节约
W 公司责任成本合计	22 000	21 500	-500	主要是费用节约

注：乙班组和 B 车间的计算过程同甲班组和 A 车间，故略。

本章小结：

成本控制是根据成本预测和决策所确定的成本目标为前提，在成本计划或预算基础上，对企业生产经营活动中各种耗费进行引导、限制、干预、监督，及时发现偏差，纠正偏差，使各种生产经营耗费被控制在成本目标所规定的范围之内，保证成本目标的实现过程。

成本控制按生产经营的时序，可以分为事前、事中、事后三个环节；按照控制内容，可以分为材料燃料费用控制、人工费用控制、制造费用和其他费用的控制；按照成本控制的标准，可以分为目标成本控制、标准成本控制、责任成本的控制等。从我国企业过去实践看，目标成本控制方法应用较为普遍，以邯郸钢铁公司为代表的一大批企业历史上较为成功地采用目标成本管理实现了企业效益的提高。

本章复习拓展问题：

1. 成本控制需要遵守的原则很多，你认为最根本的原则是什么？为什么？

2. 目标成本制定方法很多，除了公式法、倒算法之外，你了解的方法还有哪些？试举例说明。

3. 你认为标准成本控制方法与品种法、分批法、分步法根本差异在哪些地方？为什么在国内使用此方法的企业不多？

4. 责任成本核算是一种专业成本计算，怎样与产品、服务的实际成本计算相结合？

第十二章
成本报表的编制与分析

【导入案例】

江苏某药业股份有限公司（以下简称“公司”）是由连云港某制药有限责任公司整体变更设立。公司于2002年9月在上交所挂牌交易。

截至202×年12月31日，公司注册资本为人民币41 564.669 1万元，许可经营项目为：片剂、硬胶囊剂、软胶囊剂、颗粒剂、糖浆剂、丸剂、滴丸剂、合剂、茶剂、酊剂（内服）、小容量注射剂、大容量注射剂、冻干粉针剂、中药前处理及提取、原料药制造。公司医药产品分为胶囊、口服液、颗粒冲剂、片丸剂、注射液几大类。

202×年公司年度报告中，在董事会报告部分讨论公司当年经营状况时披露如下重要信息：

表12-1　主营业务分行业情况

分行业	营业收入/元	营业成本/元	毛利率/%	营业收入比上年增减/%	营业成本比上年增减/%	毛利率比上年增减/%
医药工业	1 860 147 826	492 923 153	73.50	18.76	21.18	-0.71

表12-2　主营业务产品成本结构表

	产品成本构成项目	本期金额/元	本期占总成本比例/%	上年同期金额/元	上年同期占总成本/%	本期金额较上年同期末变动比例/%
主营业务成本	原材料	278 359 308	56.47	227 082 887	55.82	22.58
	包装物	34 064 997	6.91	28 935 075	7.11	17.72
	燃料及动力	36 245 138	7.35	37 471 743	9.21	-3.27
	工资及福利费	26 444 391	5.36	22 000 237	5.40	20.20
	制造费用	117 809 319	23.91	91 256 428	22.46	29.09
	合计	492 923 153	100.00	406 746 370	100.00	22.18

问题：（1）该公司202×年产品成本比收入增加更快的原因？

（2）该公司总体的毛利率高吗？为什么？

学习目标:

成本报表是综合性反映企业一定时期内总成本和单位成本状况的书面总结性文件，为企业成本规划与控制分析提供直接的信息。按照国际惯例，由于成本信息是商业秘密范畴，企业对外不需要披露成本信息，企业会计准则中也不对成本报表做统一规定。

作为服务于内部规划与控制使用的成本报表，种类与具体格式从理论上讲都应由企业自行决定。但是由于长期习惯和行业管理需要，在许多行业仍然要汇总成本指标和相关成本信息，便于做行业内部的规划与控制。因此，不管是基于行业管理还是企业内部管理，仍然需要编制格式基本一致的成本报表。各行业成本报表内容与格式有一定差异。制造业常用的成本报表有商品产品成本表、主要产品单位成本表、制造费用预算表等。

成本分析是将企业实际成本与计划成本相比较，揭示实际成本与计划成本的差异，并对差异进行分析，查明原因，提出改进措施，达到降低成本目的的一项成本管理工作。成本分析主要包括商品定品总成本分析和主要产品单位成本分析两大部分。成本分析的方法主要有比较法、连锁替代法、差量分析法、比率分析法等。

在学习本章的过程中同学们应当注意:

1. 市场经济下企业为什么还需要编制成本报表，都需要编制哪些成本报表?
2. 了解商品产品成本表的基本结构，掌握其编制具体的方法。
3. 了解主要产品单位成本表结构，掌握其编制的具体方法。
4. 熟悉商品产品成本表分析的基本内容，掌握全部商品产品总成本计划完成情况分析的方法，理解可比产品成本分析的原理与方法。
5. 熟悉主要产品单位成本分析的内容，掌握主要产品单位成本分析的方法。

本章难点提示:

- 怎样理解商品产品成本表的结构与用途，以及它与主要产品单位成本表之间的关系?
- 掌握可比产品成本降低额与降低率的计算，以及可比产品成本计划完成情况分析。

第一节　成本报表种类、特征与编制要求

一、编制成本报表的意义

成本报表是用以反映企业生产费用与产品成本构成及其升降变动情况，以考核各项费用与生产成本计划执行结果的会计报告性文件，是企业会计报表体系的重要组成部分。成本报表从实质上看，它是企业内部成本管理的报表，是为企业内部管

理需要而编制，对加强成本管理，提高经济效益有着重要的作用。

（1）成本报表可以综合反映报告期内的产品成本。产品成本是反映企业生产经营各方面工作质量的一项综合性指标。也就是说，企业的供、产、销的各个环节的经营管理水平，最终都直接、间接地反映到产品成本中来，通过成本报表资料，能够及时发现在生产、技术、质量和管理等方面取得的成绩和存在问题。

（2）成本报表可以评价和考核各成本环节成本管理的业绩。实践中，管理层利用成本报表上所提供的资料，经过有关指标计算、对比，可以明确各有关部门和人员在执行成本计划、费用预算过程中的成绩与差距，以便总结工作的经验和教训，奖励先进，鞭策后进，调动广大职工的积极性，为全面完成和超额完成企业成本费用计划预算而努力奋斗。

（3）成本报表可以利用成本资料进行成本分析。通过成本报表资料的分析，可以揭示成本差异对产品成本升降的影响程度以及发现产生差异的原因和责任，从而可以有针对性地采取措施，把注意力放在解决那些属于不正常的、对成本有重要影响的关键性差异上，这样对于加强日常成本的控制和管理就有了明确的目标。

（4）成本报表资料可以为制订成本计划提供依据。任何企业要制订成本计划，必须明确成本计划目标。这个目标是建立在报告年度产品成本实际水平的基础上，结合报告年度成本计划执行的情况，考虑计划年度中可能变化的有利因素和不利因素，来制订新年度的成本计划。所以，本期成本报表所提供的资料是制定下期成本计划的重要参考资料。同时，管理部门也根据成本报表资料来对未来时期的成本进行预测，为企业制定正确的经营决策和加强成本控制与管理提供必要的依据。

二、成本报表的种类

成本报表主要是为了满足企业内部经营管理需要编制的对内报表，因此，从报表的种类、格式、编制报表项目、编制方法、报送时间、报送对象等，国家都没有统一规定，而是由企业根据自身生产经营过程的特点和内部成本控制需要设置的，并随着生产经营环境条件，企业组织机构改变，以及管理要求提高适时进行修改调整。

（一）成本报表按照反映的内容分类

根据成本报表归集对象反映的内部在成本管理中的用途不同，可以分为反映成本结构与水平的报表，反映费用发生规模与结构的报表，以及专项成本管理的报表。

1. 反映成本结构与水平的报表

这类报表主要是反映报告期内企业各种产品、服务的实际成本水平与结构，通过本期实际成本与前期平均成本、与本期计划成本对比，了解企业成本发展水平和变动趋势，考察成本计划完成情况，为深入分析成本升降原因提供线索与路径。这类成本报表主要包括：

（1）商品产品成本表；

（2）主要产品单位成本表。

2. 反映企业费用发生情况的报表

这类报表主要是反映企业在报告期内某些费用支出总额与结构的报表。通过此类报表可以分析费用支出合理性及其变动趋势，有利于费用预算编制与考核。这类报表主要包括：

（1）制造费用明细表；

（2）管理费用明细表；

（3）销售费用明细表；

（4）财务费用明细表。

3. 用于专项成本管理的报表

这类报表主要反映报告期内某些专项成本、费用发生的具体情况，是为了满足专项成本管理而专门设置的成本报表，不一定每个企业都实施。比如，有些企业在搞质量成本专项活动，管理上为了反映产品或服务的质量成本发生情况，需设置质量成本专项报表。

（二）成本报表按编制时间分类

成本报表根据企业内部管理上的要求，按照编制的时间，一般可以分为月报、季报、年报。但对内部管理的特殊需要，也可以按日、按旬、按周，甚至按工作班来编报，目的在于满足日常、临时、特殊任务的需要，使成本报表资料及时服务于生产经营的全过程。

（三）成本报表按其编制范围分类

成本报表按照编制的范围可以分为工厂成本报表、分厂（部）成本报表、车间成本报表、班组成本报表等。一般来说，商品产品成本表、主要产品单位成本表、三个期间费用明细表都是全厂成本报表，制造费用明细表既可以是全厂成本报表，也可以是车间、部门的成本报表。

三、成本报表的特点

成本报表与财务报表相比较，有以下几个特征：

（1）服务于企业内部管理。在市场经济下，成本报表主要为企业内部管理服务，满足企业管理层、成本控制者对成本信息的需求，有利于观察、分析、考核成本的动态，有利于控制计划成本目标的实现，也有利于预测工作。

（2）报表内容灵活。财务报表的内容，由国家统一规定，强调完整性。内部成本报表主要是围绕着成本管理需要反映的内容，没有明确规定一个统一的内容和范围，不强调成本报告内容的完整性，往往从管理出发对某一问题或某一侧面进行重点反映，揭示差异，找出原因，分清责任。因此，内部成本报表的成本指标可以是多样化，以适应不同使用者和不同管理目的对成本信息的需求，使内部成本报表真正为企业成本管理服务。

（3）报表适应性强。财务报表格式与内容都由国家统一规定，企业不能随意改动。而内部成本报表的格式是随着反映的具体内容，可以自己设计，允许不同内容可以有不同格式，同一内容在不同时期也可以有不同格式。总之，只要有利于为企业成本管理服务，可以拟订不同报表格式进行反映和服务。

（4）报表的不定时性。财务报表一般都是定期的编制和报送，并规定在一定时间内必须报送。而内部成本报表主要是为企业内部成本管理服务，所以，内部成本报表可以根据内部管理的需要适时地、不定期地进行编制，使成本报表及时地反映和反馈成本信息，揭示存在的问题，促使有关部门和人员及时采取措施，改进工作，提高服务效率，控制费用的发生，达到节约的目的。

（5）报表报送体系差异性。对外财务报表一般是按规定时间编报的，主要是报送股东、财政、税务、银行和主管部门。而内部成本报表是根据企业生产经营组织体系逐级上报，或者是为解决某一特定问题的权责范围内进行传递，使有关部门和成本责任者及时掌握成本计划目标执行的情况，揭示差异，查找原因和责任，评价内部环节和人员的业绩。

四、编制成本报表的基本要求

为了充分发挥成本报表在加强企业内部经营管理、提高经济效益中的重要作用，在具体编制报表时，应做到数字真实、计算正确、内容完整、编报及时，以提供真实、可靠的成本资料。

（1）数字真实。数字真实是指编制成本报表时必须客观、如实地反映企业的费用、成本水平，报表内容所提供的各项指标必须真实、可靠。这要求企业在编制成本报表之前必须将所有有关成本的经济业务登记入账，做到先结账后编表，不得为赶编报表而提前结账；要进行财产清查，核对账目，做到账实相符、账账相符，以保证成本资料的真实、可靠，不得以估计数字编表；要保证报表内有关指标的一致性，做到表表相符，严禁弄虚作假，不得人为改动报表中的数字。总之，报表所提供的数据资料必须客观、真实地反映企业生产经营的实际情况。

（2）计算正确。计算正确是指在编制成本报表的过程中，表内各项指标数据的计算必须准确无误，不得出现计算、书写错误。如果成本报表在填列过程中产生错误，或者账、证等资料中出现计算错误，则据以编制的报表同样不准确，也就不能客观、真实地反映企业在一定时期内的费用、成本水平。

（3）内容完整。内容完整是指在编制成本报表时，报表种类必须齐全，表内的指标、项目、报表附注资料必须填列完整，不得少填漏填，任意取舍。但是，也要注意报表内容的实用性，注意指标项目的简化，不拘泥于形式。

（4）编报及时。编报及时是指企业应按规定的时间编制并报送各种成本报表，及时进行成本信息资料的传递、反馈；否则时过境迁，即使指标非常准确，也将因此而丧失其应有的作用。

五、编制成本报表的依据

成本报表在编制过程中，涉及企业财务部门、统计部门、生产计划部门等职能部门，还涉及各生产车间、班组等，需要在以下资料的基础上，按照一定组织体系具体完成其编制汇总工作，并报送相关管理层和部门。一般来说，编制成本报表的主要依据有：

（1）报告期的成本账簿资料；

（2）本期成本计划及费用预算等资料；

（3）以前年度的成本报表资料；

（4）企业有关的统计资料和其他资料等；

（5）收集同行业代表性企业的成本信息资料。

第二节　成本报表编制

一、商品产品成本表的编制

商品产品成本表是反映企业在报告期内生产的全部商品产品的总成本及各种主要商品产品的单位成本和总成本的报表。

企业管理层使用商品产品成本表，可以考核全部商品产品和各种主要商品产品成本计划的执行结果，对商品产品成本节约或超支情况进行评价；可以考核可比产品成本降低计划的执行结果，计算各种因素对计划执行结果的影响程度，分析其中有利的因素和不利的因素，挖掘进一步降低产品成本的潜力，探索降低成本的途径和方法。

（一）商品产品成本表结构和内容

商品产品成本表是反映企业在一定时期内生产商品产品而发生的全部成本费用的报表。该报表可以按产品别设计，也可以按产品成本构成（项目）设计。

1. 按产品类别反映的商品产品成本表的结构与内容

按产品类别反映的商品产品成本表的结构包括表首、基本部分（正表）和补充资料三大部分。其内容与格式参见表 12-3。

（1）“表首”部分，主要列示报表名称、编报单位、编报时间、计量单位、报表的编号等。

（2）“基本部分”（正表），列示企业在一定时期内生产的全部商品产品的总成本及各种主要产品的单位成本资料。其中，“全部商品产品”包括企业生产的可比产品和不可比产品。所谓可比产品，是指企业过去正式生产过的产品；所谓不可比产品，是指企业本年度初次生产的新产品，或者虽非初次生产，但以前仅属试制而未正式投产的产品。

（3）补充资料部分主要有两项成本降低指标：一个是可比产品成本降低额；另一个是可比产品成本降低率。这两项指标都反映其计划数和实际数。

表 12-3　商品产品成本表（按产品类别反映）

编制单位：××企业　　　　201×年 12 月　　　　单位：元

产品名称	规格	计量单位	实际产量		单位成本				本月总成本			本年累计总成本		
			本月	本年累计	上年实际平均	本年计划	本月实际	本年累计实际平均	按上年实际平均单位成本计算	按本年计划单位成本计算	本月实际	按上年实际平均单位成本计算	按本年计划单位成本计算	本年实际
			①	②	③	④	⑤=⑨÷①	⑥=⑫÷②	⑦=①×③	⑧=①×④	⑨	⑩=②×③	⑪=②×④	⑫
可比产品合计									19 400	19 100	18 850	270 000	266 000	269 400
其中：甲产品	略	件	50	500	84	82	83	81	4 200	4 100	4 150	42 000	41 000	40 500
乙产品		件	20	300	760	750	735	763	15 200	15 000	14 700	228 000	225 000	228 900
不可比产品合计										2 110	2 119		23 550	23 780
其中：丙产品		件	8	70		125	128	126		1 000	1 024		8 750	8 820
丁产品		件	3	40		370	365	374		1 110	1 095		14 800	14 960
全部商品产品										21 210	20 969		289 550	293 180

补充资料：①可比产品成本实际降低额 600，计划降低额 2 800。

②可比产品成本实际降低率 0.22%，计划降低率 1.51%。

2. 按成本项目反映的商品产品成本表的结构与内容

按成本项目汇总反映企业在一定时期内生产的全部商品产品成本，可以揭示企业在一定会计报告期内产品成本结构的全貌和各成本项目在全部成本中的比重，有利于按成本构成分析全部商品产品成本计划的执行情况，了解产品成本升降的原因，挖掘降低成本的潜力。

该表的基本结构是按成本项目列示商品产品总成本，并按上年实际数、本年计划数、本月实际数和本年累计数分栏反映。其内容与格式参见表 12-4。

表 12-4　商品产品成本表（按成本项目反映）　　　　单位：元

成本项目	上年实际	本年计划	本月实际	本年累计
直接材料	146 300	144 900	10 485	146 590
直接人工	58 500	57 956	4 190	58 636
制造费用	87 780	86 924	6 294	87 954
合计	292 580	289 780	20 969	293 180

（二）商品产品成本表的编制方法

1. 按产品类别反映的商品产品成本表的编制

为了充分发挥商品产品成本表的作用，企业应按照有关规定正确填报该表。在编制该表时，不得将本属于可比产品的费用转作不可比产品成本，以确保商品产品成本表的真实、准确。同时，该表中商品产品的品种，应按企业内部主管部门的有关规定填列，不得随意变更。

商品产品成本表基本部分（正表）各有关项目的具体填列方法如下：

（1）实际产量（第1、2栏）反映本月和从年初起至本月末止各种商品产品的累计实际产量。本栏目应根据报告期的成本计算单或产成品明细账的资料计算填列。

（2）单位成本（第3、4、5、6栏）反映各种主要商品产品的上年实际平均、本年计划单位成本、本月实际单位成本和本年累计实际平均单位成本。其中：

上年实际平均单位成本（第3栏）反映各种可比产品的上年实际平均单位成本，应根据上年度的商品产品成本表所列各种可比产品的全年实际平均单位成本资料填列；

本年计划单位成本（第4栏）反映各种主要商品产品的本年计划单位成本，应根据本年度成本计划的有关资料填列；

本月实际单位成本（第5栏）反映本月有关主要商品产品的实际单位成本，应根据本月各主要产品成本计算单或产品成本明细账的实际单位成本填列，也可以根据本月实际总成本（第9栏）除以本月实际产量（第1栏）计算填列；

本年累计实际平均单位成本（第6栏）反映企业从年初起至本月末止的累计实际平均单位成本，应根据本年累计实际总成本（第12栏）的资料除以本年累计实际产量（第2栏）计算填列。

（3）本月总成本（第7、8、9栏），反映各种主要商品产品本月实际产量的上年实际平均成本、本年计划成本和本月实际总成本。

按上年实际平均单位成本（第3栏）和本月实际产量（第1栏）计算的本月总成本（第7栏），即

本月总成本=上年实际平均单位成本×本月实际产量

按本年计划单位成本（第4栏）和本月实际产量（第1栏）计算的本月总成本，即

本月总成本=本年计划单位成本×本月实际产量

本月实际总成本（第9栏）根据本月实际产量（第1栏）和本月实际单位成本（第5栏）计算填列，也可以根据本月产品成本计算单的有关资料填列。

（4）本年累计总成本（第10、11、12栏）反映企业生产的各种主要商品产品本年累计实际产量的上年实际成本、本年计划成本和本年累计实际总成本。

按上年实际平均单位成本（第3栏）和本年累计实际产量（第2栏）计算的本年累计总成本（第10栏），即

本年累计总成本=上年实际平均单位成本×本年累计实际产量

按本年计划单位成本（第4栏）和本年累计实际产量（第2栏）计算的本年累计总成本（第11栏），即

本年累计总成本=本年计划单位成本×本年累计实际产量

按本年累计实际平均单位成本（第6栏）和本年累计实际产量（第2栏）计算的本年累计总成本（第12栏），应根据本表第2栏和第6栏计算填列，即

本年累计总成本=本年累计实际平均单位成本×本年累计实际产量

商品产品成本表补充资料有关项目的计算填列方法如下：

“可比产品成本降低额”和“可比产品成本降低率”反映企业截至本月可比产

品成本降低计划的实际完成情况。其计算公式如下：

可比产品成本降低额＝可比产品按上年实际平均单位成本计算的本年累计总成本（第 10 栏）－可比产品本年累计实际总成本（第 12 栏）

可比产品成本降低率＝可比产品成本降低额÷可比产品按上年实际平均单位成本计算的累计总成本×100%

例如，表 12-3 中的可比产品成本降低额和降低率的计算如下：

可比产品成本降低额＝270 000－269 400＝600（元）

可比产品成本降低率＝600÷270 000×100%＝0.22%

其中，可比产品成本降低率的计划数，应根据企业内部主管部门下达的降低率指标填列。

2. 按成本项目反映的商品产品成本表的编制

按成本项目反映的商品产品成本表的编制相对于按产品别反映的商品产品成本表的编制要简单一些。具体方法是：

（1）“上年实际”成本栏应按照该表上年“本年实际”成本栏填制；

（2）“本年计划”成本栏应按照企业本年度成本计划中的有关数据填制；

（3）“本月实际”成本栏应按照本月基本生产明细账即产品成本计算单中有关完工入库产品成本构成数字填列；

（4）“本年累计”成本栏应根据上月“本年累计”成本栏的数字加上本月“本月实际”成本栏的数字填列。

商品产品成本表是企业成本报表体系中的一种主要报表。利用商品产品成本表可以分析全部商品产品成本计划的完成情况，可比产品成本降低计划的完成情况，以及企业成本结构变动趋势和方向，以便企业采取措施，努力降低产品成本。关于商品产品成本表的分析和利用，将在第十三章“成本分析与评价”中具体讲述。

二、主要产品单位成本表的编制

主要产品单位成本表是反映企业在报告期内生产的各种主要产品单位成本构成情况的报表。该表应按主要产品分别编制。该表是对商品产品成本表所列主要产品成本的补充说明。

企业管理层通过主要产品单位成本表，可以分析和考核主要产品单位成本计划的执行结果，分析主要产品单位成本升降的具体原因；可以按照成本项目将本月实际和本年累计实际平均单位成本与上年实际平均、历史上先进的单位成本进行对比，了解企业核心产品与上年平均和历史先进水平之间的差距；可以分析和考核主要产品的主要技术经济指标的执行情况；可以为修订各种消耗定额，编制下一期主要产品单位成本计划提供参考资料。

（一）主要产品单位成本表的结构和内容

主要产品单位成本表分为表首、基本部分（正表）和补充资料三大部分，如表 12-5 所示。

表首部分主要列示报表名称、编制单位、编报时间，以及主要产品名称、规格、计量单位、销售单价、本月实际产量和本年实际产量等资料。

基本部分（正表）主要按成本项目反映各种主要产品单位成本的构成和水平，以及主要经济技术指标的完成情况。

补充资料部分提供主要产品的合格率资料。

主要产品单位成本表实质上是对商品产品成本表中主要产品“单位成本”栏的补充说明，以更加完整地反映产品单位成本状况。

表 12-5　主要产品单位成本表

编制单位：××企业　　201×年 12 月　　计量单位：元

产品名称：甲产品　　规格：

计量单位：件　　单位售价：96

本月实际产量：50　　本年累计产量：500

成本项目	行次	历史先进水平 19××年	上年实际平均	本年计划	本月实际	本年累计实际平均
直接材料	1	40	44	43	44	41
直接人工	2	21	22	22	22	23
制造费用	3	20	18	17	17	17
产品生产成本	4	81	84	82	83	81
主要经济技术指标	计量单位	耗用量	耗用量	耗用量	耗用量	耗用量
A 材料	千克	24	29	28	27	30
B 材料	千克	35	38	36	38	39

补充资料

项　　目	上年实际	本年实际
1. 可以出售的不合格品产量		
2. 不合格品的百分比	%	%

（二）主要产品单位成本表的编制方法

1. 表首有关项目的填列

（1）“产品名称”是指主要产品的名称。所谓主要产品，是指企业经常生产且在全部产品中所占比重较大，能从主要方面反映企业生产经营面貌的那些产品。

（2）“本月实际产量”反映企业本月生产的各种主要产品的合格品的产量，不包括可以出售的不合格品的产量。本栏目应根据产品成本计算单填列。

（3）“本年累计实际产量”反映自年初至本月止的累计实际产量。本栏目应根据产品成本计算单计算填列。

2. 基本部分（正表）有关项目的填列

（1）“成本项目”应按有关制度规定的项目填列。现行制度规定的成本项目一般包括“直接材料”“直接人工”和“制造费用”三项。

（2）“历史先进水平”是指企业历史上同种产品单位成本最低的实际平均成本

水平，应根据本企业同种产品单位成本最低的有关资料按成本项目分别填列。

（3）“上年实际平均”是指企业上年实际平均单位成本水平，应根据企业上年度本表的有关资料填列。

（4）“本年计划”应根据企业本年度单位成本计划填列。

（5）“本月实际”是指企业本月生产的各种主要产品的实际单位成本水平，应根据企业本月产品成本计算单的有关资料填列。

（6）“本年累计实际平均”是指截至本月各种主要产品的实际平均单位成本，应根据自年初至本月止的完工产品成本计算单的有关资料加权平均计算后填列。

本年累计实际平均单位成本＝本年累计实际总成本÷本年累计实际产量

主要经济技术指标应根据有关规定和统计资料填列。

3. 补充资料有关指标的计算填列

（1）“可以出售的不合格品产量”由于在会计核算上仍包括在商品产品范围内，因而应作为补充资料单独反映。该指标应根据产品成本计算单的有关资料计算填列，并加上自年初至本月止的累计实际产量。

（2）“不合格品的百分比”反映企业所生产的不合格品的比例，它从另一个角度反映企业产品的合格率。该指标根据不合格品的产量除以该种产品的产量计算得出。

利用主要产品单位成本表，可以分析、考核企业生产的主要产品单位成本计划的完成情况，比较各种主要产品成本构成和成本水平，查明产品成本升降的原因。关于主要产品单位成本表的分析内容与方法，我们将在第十三章“成本分析与评价”中具体讨论。

三、制造费用明细表的编制

制造费用明细表是反映企业在报告期内制造费用发生总额及各项费用明细数额的一种成本报表。

通过编制制造费用明细表，可以考核制造费用计划的执行结果，可以分析各项费用的构成情况和增减变动原因，可以为编制下期制造费用预算提供可靠的参考资料。

（一）制造费用明细表的结构

制造费用明细表的结构分为表头和基本部分（正表）。表头主要列示报表名称、编制单位、编报时间及计量单位等报表的基本要素，基本部分反映各项制造费用的“本年计划数”“上年同期实际数”及“本年累计实际数”。制造费用明细表的内容与格式参见表 12-6。

表 12-6　制造费用明细表

编制单位：　　　　　　　　201×年×月　　　　　　　　计量单位：元

项目	行次	本年计划数	上年同期实际数	本年累计实际数
工资	1	（略）	（略）	（略）
福利费	2			
折旧费	3			
修理费	4			
办公费	5			
水电费	6			
运输费	7			
保险费	8			
消耗材料	9			
其他	10			
合 计				

（二）制造费用明细表的编制

制造费用明细表按制造费用项目分别反映该费用的本年计划数、上年同期实际数和本年累计实际数。其中："上年同期实际数"应根据上年该表的数字填列；"本年计划数"应根据本年度报审后的"制造费用计划（预算）"填列；"本年累计实际数"反映本年制造费用的累计发生数额，应根据"制造费用明细账"的记录资料计算填列。

企业通过编制"制造费用明细表"可以分析制造费用计划的执行情况，以及各个费用项目的增减变动情况，便于企业对增减变动幅度较大的项目进行深入分析，并采取相应措施，力求节约支出，降低产品成本。

第三节　成本分析内容、程序与方法

成本分析与评价在企业的日常管理中起着十分重要的作用，通过成本分析与评价，不仅可以检查成本计划的完成情况，还可以为下期编制成本计划提供信息。

一、成本分析的内容

成本分析是指将企业的实际成本与计划成本（或标准成本）相比较，揭示实际成本与计划成本（或标准成本）的差异，并对差异进行分析，查明原因，提出改进措施，达到降低成本目的的一种成本管理工作。

成本分析的内容主要包括商品产品总成本分析和主要产品产品单位成本分析两大部分。从商品产品总成本分析来看，主要包括商品产品总成本计划完成情况分析、影响商品产品总成本升降的客观因素分析、可比产品成本分析。

从产品单位成本分析来看，主要包括产品单位成本计划完成情况分析、产品单位成本项目分析等内容。

成本分析是一项深入细致的管理工作。为了保证这一工作的顺利进行，使分析结果能够恰如其分地反映成本管理的实际情况，所提出的建议、措施对改进企业工作富有成效。开展成本分析时应注意以下问题：

（1）把事前预测分析、事中控制分析和事后核查分析结合起来，实行全时序成本分析；把产品投产前的设计、工艺的确定以及生产过程中各环节的成本分析结合起来，实行全过程成本分析；把专职分析和群众分析结合起来，实行全员成本分析。

（2）把定量分析和定性分析结合起来，既不能以纯粹的数学计算代替经济分析，又不能毫无根据地凭主观想象做出结论。只有在定量分析的基础上进行科学的定性分析，才能得出正确结论。

（3）遵循例外管理和目标管理的原则。成本分析一定要有目标，它是分析的标准和评价的依据。重点抓住对成本影响较大的项目进行分析，贯彻例外管理的原则，才能收到事半功倍的效果。

二、成本分析的程序

企业管理上进行成本分析，一般应遵循下列程序：

（1）掌握情况，拟定分析提纲。首先必须全面了解情况，分析所依据的资料，如计划和核算资料、实际情况的调查研究资料、企业历史资料以及同类企业的先进水平资料等。同时，应明确分析的要求、范围，结合所掌握的情况，拟定分析内容和步骤，逐步实施。

（2）研究比较，揭示差距。根据分析的目的，将有关指标的实际数与计划数或同类型企业的数据相比较。其中，实际数与计划数的比较是最重要的，可据以初步评价企业工作，指出进一步分析的重点和方向。

（3）分析原因，挖掘潜力，提出措施，改进工作。查明影响计划完成的原因，才能提出改进措施。影响计划完成的原因是多方面的、相互联系的，要采用一定的方法，了解有关因素的各自影响，并找出主要因素。在分析了影响计划完成的因素之后，应初步明确哪些环节还有潜力可挖。要根据实际情况，提出挖掘潜力的措施并落实到有关岗位，使企业的生产经营工作不断得到改进。

上述程序即所谓的“明情况，找差距，查原因，提措施”。其中，以第二步和第三步最为重要，必须使用专门的方法计算并取得正确数据。

三、成本分析的方法

企业进行成本分析的方法很多，具体采用哪一种方法取决于成本分析目的、成本管理要求，以及分析者收集掌握的资料，依据成本形成过程与特点进行。也就是说，分析方法必须切合所分析的内容、特点和要求。

企业进行成本分析时采用的方法主要有以下几种：

（一）比较法

比较法是分析的基本方法。有比较才有鉴别，才有发展。通常利用当期同一指标的计划数与实际数相比较，检查计划完成情况；本期实际数与上期或企业历史上最好时期的数据相比较，了解企业工作的改进情况；本企业与先进企业的同一指标相比较，明确本企业的水平，找出客观存在的差距，指明挖掘潜力的方向。

需要注意的是，比较法必须重视指标的可比性。只有口径相同，进行比较才有意义。

（二）连锁替代法

这是用以测定一个经济指标的各个因素影响计划完成情况的一种方法，也称为简易的因素分析法或因素替换法。其计算程序为：以计划指标各个因素的计算式为基础，依次将各因素替代为实际数（每次只能替代一个因素），替代后计算式的乘积与替代前计算式乘积的差额，就是所替代因素对计划指标完成情况的影响数额，各因素影响数额的综合结果，就是该项指标计划数与实际数的差额。

我们以材料费用为例，说明连锁替代法的运用。比如，某企业材料费用的有关资料如表 12-7 所示。

表 12-7　材料费用的计划数和实际数资料

项　目	计量单位	计划数	实际数
产品产量	件	1 000	1 200
单位产品的材料用量	千克	20	18
材料单价	元	4	5
材料费用总额	元	80 000	108 000

从上述资料中可以看出，影响材料费用总额变动的因素有三个：产品产量、单位产品的材料用量和材料单价。它们之间的关系可以用下列公式表示：

材料费用总额＝产品产量×单位产品的材料用量×材料单价

利用这个公式逐项替代和测定各因素的影响，就可以较为清楚地看到材料费用总额以及实际数多出计划数的 28 000 元是怎样形成的。其计算过程如下：

（1）计划数　　　　（2）－（1）

1 000×20×4＝80 000（元）　　　　+16 000（元）

（产量影响）

（2）替代产量　　　　（3）－（2）

1 200×20×4＝96 000（元）　　　　−9 600（元）

（单耗影响）

（3）替代单耗　　　　（4）－（3）

1 200×18×4＝86 400（元）　　　　+21 600（元）

（单价影响）

（4）替代单价

1 200×18×5 元＝108 000（元）

综合结果　　　　+28 000（元）

通过上述计算可以明确：材料费用总额超支的主要原因是材料单价升高；单位耗用量减少是生产工作的成绩；产量增加从而增加材料耗用量属于正常现象，不能视为费用超支。

采用连锁替代法，在计算上并不困难，比较困难的是因素排列顺序即替代顺序的确定。两项因素就有两种排列顺序，因素越多，排列顺序就越多，每一种排列顺序的综合结果与该项指标的计划数和实际数总的差额一致。但是，排列顺序不同，替代的顺序不同，所得出的各个因素的影响数额就不同。因此，确定因素的排列顺序，是连锁替代法所要解决的重要问题。

一般来说，因素的排列顺序为：先数量因素后质量因素，先实物指标后价值指标，先基本因素后从属因素。

（三）差量分析法

差量分析法是利用某因素实际数与标准数之间的差量直接计算各因素变动对经济指标差异的影响程度和方向的方法。它的计算程序是：首先确定各因素实际数与标准数之间的差量，然后在该差量的前面乘以有关因素的实际数，在该差量的后面乘以有关因素的标准数，就可以得到各因素的影响数额。

仍沿用前例的资料，可以得到：

产量影响＝（1 200－1 000）×20×4＝+16 000（元）

单耗影响＝1 200×（18－20）×4＝－9 600（元）

单价影响＝1 200×18×（5－4）＝+21 600（元）

综合结果　　　　　　　　+28 000（元）

从上述计算可知，差量分析法实质上是连锁替代法的简化形式。其计算原理可以表述为：计算某一因素时，将该因素放在括号里面，用“实际数减标准数”表示，括号前面的因素用实际数，括号后面的因素用标准数。

（四）比率分析法

比率分析法是利用两个经济指标的相关性，通过计算比率来考察和评价企业经营活动效益的一种技术方法。所谓比率，就是一个指标与另一个指标的比率。比率数字计算简便，并且由于它把两项指标的绝对数变成了相对数，从而使一些条件不同、不可比的指标成为可比的相对数，拓宽了比较的基础和比较分析法的应用范围。比率分析法是经济分析中广泛采用的一种方法。

由于分析的内容和要求不同，比率分析法也有不同的表现形式。

（1）相关比率分析。它是将某经济指标与其他相关但不相同的经济指标加以比较，计算出比率，以便于从指标之间的相互联系出发深入考察该指标的有关情况。例如，将总产值、销售收入、利润等指标与成本联系起来，计算出产值成本率、销售成本率、成本利润率，就可以从不同角度观察企业成本指标的效益情况。

（2）结构比率分析。它是通过计算某一经济指标各个组成部分占总体的比重来观察该经济指标构成内容及其变化的合理性。例如，通过计算各项生产费用要素在生产费用总额中所占的比重，可以考察生产费用构成的合理性及生产费用的结构效益。

（3）趋势比率分析。它是将几个时期同类指标的数字进行对比，求出比率，分析该项指标的增减速度和发展趋势。趋势比率的计算可以采取直比和环比两种方式。所谓直比，是将几个时期同一指标的数字分别与某一固定时期同类指标的数字进行比较；所谓环比，是在几个时期内将相邻两个时期的同一指标进行比较。

成本分析除了以上方法外，还有许多具有专门用途的方法，如直接法、余额法、成本性态分析法等，所有这些方法共同构成了成本分析的方法体系。

第四节　商品产品总成本分析

一、商品产品总成本计划完成情况分析

检查全部商品产品成本计划完成情况，是为了对企业成本计划完成情况进行一般性的了解。这是成本分析的第一步，这项工作通常称为成本分析的总评价。

分析内容包括：商品产品总成本计划完成情况的检查和成本计划完成情况的综合分析，各成本项目计划完成情况的综合考察。企业通过分析做出初步评价，明确进一步分析的问题。

分析资料主要是成本计划表和成本报表，当然也要利用有关成本的明细资料。由于成本报表反映的情况比较集中、全面，而且利用成本报表的资料可以减少分析中计算的工作量，因此，对成本进行综合分析时应多利用成本报表。

【例 12-1】华光机械厂 201×年有关的商品产品成本报表见表 12-8 和表 12-9，该企业商品产品成本计划表见表 12-10。

表 12-8　按产品别计算的商品产品成本表

201×年 12 月 31 日

产品名称	计量单位	产量		单位成本/元			按实际产量计算的总成本/元		
		计划	实际	上年实际平均	本期计划	本期实际	按上年实际平均单位成本计算	按本期计划单位成本计算	本期实际成本
可比产品合计							285 000	269 500	269 000
甲产品	件	100	100	1 200	1 100	1 150	120 000	110 000	115 000
乙产品	件	100	110	1 500	1 450	1 400	165 000	159 500	154 000
不可比产品合计								25 000	20 000
丙产品	件	30	25		1 000	800		25 000	20 000
商品产品总成本	—	—	—	—	—	—	285 000	294 500	289 000

补充资料：可比产品成本实际降低率为 5.614%，实际降低额为 16 000 元。

表 12-9　按成本项目计算的商品产品成本表

201×年 12 月 31 日

成本项目	按实际产量计算的全部商品产品成本/元		其中：按实际产量计算的可比产品成本/元		
	按计划单位项目成本计算	本期实际	按上年实际平均单位项目成本计算	按计划单位项目成本计算	本期实际
直接材料	181 000	178 500	174 000	165 000	164 600
直接人工	28 000	28 000	27 000	25 500	25 500
制造费用	85 500	82 500	84 000	79 000	78 900
合计	294 500	289 000	285 000	269 500	269 000

表 12-10　商品产品成本计划表

201×年

产品名称	计量单位	计划产量	单位成本/元		计划总成本/元		计划成本降低指标	
			上年实际平均	本期计划	按上年实际平均单位成本计算	本期计划	降低额/元	降低率/%
可比产品合计					270 000	255 000	15 000	5. 556
甲产品	件	100	1 200	1 100	120 000	110 000	10 000	8. 333
乙产品	件	100	1 500	1 450	150 000	145 000	5 000	3. 333
不可比产品合计						30 000		
丙产品	件	30		1 000		30 000		
商品产品总成本						285 000		

补充资料：可比产品成本计划降低率为 5. 556%，计划降低额为 15 000 元。

按成本项目计算的成本计划表（略去）的格式与表 12-9 相同，数额与表 12-10 相同。

华光机械厂 201×年商品产品成本报表分析的程序和内容分述如下：

（一）商品产品总成本计划完成情况分析

总成本是一个重要的综合指标，它从总的方面反映企业在一定时期的费用总额。考察总成本计划是否完成以及完成程度，需要比较计划总成本与实际总成本。由于计划总成本是按计划产量与计划单位成本计算的，而实际成本是按实际产量与实际单位成本计算的，因而两者的差异额既受产量变动的影响，又受单位成本变动的影响。在成本分析中，为了突出成本因素，以单位成本变动的影响来评价商品产品成本计划完成情况，就需要在总成本中把产量因素固定下来，用实际产量计算成本差异额（率）。用公式表示如下：

$$\text{按实际产量计算的成本差异额} = \sum(\text{实际产量} \times \text{实际单位成本}) - \sum(\text{实际产量} \times \text{计划单位成本})$$

$$\text{按实际产量计算的成本差异率}=\frac{\text{按实际产量计算的成本差异额}}{\sum(\text{实际产量}\times\text{计划单位成本})}\times 100\%$$

公式中的有关数据资料可直接取自成本报表。商品产品成本表的各项成本都是以分析期的实际产量计算的，这与上述公式的要求相一致。引用成本报表（见表 12-8）中的有关资料计算如下：

表 12-11 单位：元

商品产品名称	按实际产量计算的总成本	
	按计划单位成本计算	按实际单位成本计算
全部商品产品总成本	294 500	289 000

将有关资料代入上式，可以得知产品成本有了降低。

降低额 = 289 000 - 294 500 = -5 500（元）

$$\text{降低率}=\frac{-5\ 500}{294\ 500}\times 100\%=-1.9\%$$

这说明，按实际产量计算的商品产品总成本计划已完成，实际总成本占计划总成本的 98.1%，产品成本有一定程度的降低，共节约 5 500 元，降低幅度为 1.9%。

上面的分析和评价从经济意义上讲实际上是单位成本变动对总成本影响的分析。为了考察商品产品总成本计划完成情况，需要利用成本计划表（见表 12-10）中的总成本与实际总成本进行比较。成本计划表中的总成本为 285 000 元，实际总成本为 289 000 元，则商品产品总成本计划完成情况是超支。

超支额 = 289 000 - 285 000 = +4 000（元）

$$\text{超支率}=\frac{+4\ 000}{285\ 000}\times 100\%=+1.4\%$$

这表明该企业商品产品总成本与计划成本比较不是节约而是超支。联系上述单位成本变动对总成本影响的分析，我们知道单位平均成本是节约。由此，可以断定企业总成本超支是由产量超额完成计划所致。由于产量增加，总成本也相应地增加，而且增加额大于单位成本的降低额，使得总成本出现超支。这种情况合乎增产节约的要求，从总的方面来说，一般应予以好评。

以上分析说明，考察商品产品总成本计划完成情况，不能只分析单位成本变动对总成本的影响，还要联系产量因素进行综合分析。评价时，要以增产节约的原则来衡量。

（二）商品产品总成本中客观因素的影响分析

分析商品产品总成本计划完成情况，要正确反映企业生产和管理的成绩。因此，分析时有必要排除与企业生产和管理无关的客观因素的影响。

影响企业成本变动的客观因素是多方面的。就计划分析的要求来讲，大致可以分为两类：一类是企业制订计划时已经考虑到的客观因素。分析成本计划完成情况时，可以不考虑这类因素对成本的影响。另一类是企业制订成本计划时没有考虑到的客观因素。例如，国家产业政策发生重大调整，出口退税政策改变，税率发生突然变更等，导致市场物价和原材料价格发生重大变动。由于这类因素是企业无法控制的，在分析成本计划完成情况时应排除它们的影响。

【例 12-2】中，如果华光机械厂由于受不可控的宏观经济原因导致原材料价格变动，使商品产品总成本增加 4 400 元，则：

（1）排除不可控客观因素的影响后，商品产品总成本计划完成情况如下：

降低额＝（289 000－4 400）－285 000＝－400（元）

$$降低率=-\frac{400}{285\ 000}\times 100\%=-0.14\%$$

（2）排除不可控客观因素的影响后，按实际产量计算的商品产品总成本计划完成情况如下：

降低额＝（289 000－4 400）－294 500＝－9 900（元）

$$降低率=\frac{-9\ 900}{294\ 500}\times 100\%=-3.36\%$$

以上计算表明，在排除不可控客观因素的影响后，企业成本计划完成情况比报表资料所反映的情况要好。

（三）各种产品成本计划完成情况综合分析

上面就商品产品总成本进行了分析，知道该企业在剔除不可控因素之后商品产品总成本完成了计划，但是各种产品成本是否都符合计划的要求，需要进一步分产品进行分析。

企业对各种产品成本进行分析时，要注意剔除各种产品中有关客观因素的影响。

【例 12-3】中，华光机械厂共生产甲、乙、丙三种产品，受不可控因素的影响各产品原材料价格变动如下：

甲产品原材料价格变动使成本增加——+5 100（元）

乙产品原材料价格变动使成本增加——+100（元）

丙产品原材料价格变动使成本减少——-800（元）

合　计　　　　　　　　　　　　+4 400（元）

企业根据按产品别编制的成本报表和有关计划资料，结合客观因素的变动，可以按产品别编制分析表（见表 12-12）。

表 12-12　产品成本分析表

产品名称	计划总成本/元	按实际产量计划单位成本计算的总成本/元	实际总成本/元	总差异		其中			
						产量影响		单位成本影响	
				金额/元	%	金额/元	%	金额/元	%
可比产品	255 000	269 500	269 000−5 200＝263 800						
甲产品	110 000	110 000	115 000−5 100＝109 900	−100	0.1			−100	−0.1
乙产品	145 000	159 500	154 000−100＝153 900	+8 900	+6.14	+14 500	+10	−5 600	−3.86
不可比产品									
丙产品	30 000	25 000	20 000+800＝20 800	−9 200	−30.61	−5 000	−16.67	−4 200	−13.94
商品产品总成本	285 000	294 500	289 000−4 400＝284 600	−400	−0.14	+9 500	+3.33	−9 900	−3.47

从表 12-12 中可以看出，在排除客观因素的影响后，三种产品中，丙产品的节约额最多，共 9 200 元；其次是甲产品，节约额为 100 元；而乙产品超支 8 900 元。但是，不能就此简单地认为三种产品中丙产品的成本计划完成得最好，而乙产品的成本计划完成得最不好，必须分析具体情况，做出评价。

从影响因素来看，丙产品的节约额 9 200 元中，减少产量占 5 000 元，单位成本降低占 4 200 元，这说明丙产品成本的降低主要是因为生产计划没有完成，不能认为这种节约是一项好成绩。乙产品恰恰相反，其成本超支是由于增产，在增产的同时单位成本亦有较大幅度的降低，符合增产节约的要求，这种超支一般是正常的，应予以好评。甲产品产量刚好完成计划，单位成本略有降低，成绩一般。通过对影响因素的初步分析可知，按产品分析各产品成本计划完成情况，最好的应是乙产品，其次是甲产品，而丙产品较差。

丙产品虽然产量没有完成计划，但单位成本降低的幅度最大，远远超过其他两种产品，对这种情况需要联系丙产品单位成本计划进行检查。由于丙产品是新产品，其成本降低幅度过大，可能与单位成本计划偏高有关，需要进一步对该计划本身进行必要的审查。

（四）成本项目计划完成情况的综合分析

企业除了按产品分析总成本的变动外，还必须从成本项目方面进行分析，以查明节约项目是哪些，超支项目是哪些，节约或超支的主要项目又是哪些，做出初步评价，为进一步按成本项目进行分析提供线索。

从总的方面去分析成本项目的变动情况，其中产量因素的影响在前面已分析过，在进行成本项目分析时不再重复。因此，分析所需要的资料，可以直接引用按产品成本项目编制的报表。分析时，如有客观因素的影响，应予以排除。运用对比分析法，编制产品成本项目分析表（见表 12-13）。（如果没有按产品成本项目编制的报表，可以利用有关成本核算资料进行成本项目汇总。）

表 12-13　产品成本项目分析表

成本项目	全部商品产品成本/元				可比产品成本/元			
	计划数	扣除客观因素后的实际数	差异		计划数	扣除客观因素后的实际数	差异	
			金额	占全部差异的%			金额	占全部差异的%
直接材料	181 000	174 100	-6 900	-69. 70	165 000	159 400	-5 600	-98. 25
直接人工	28 000	28 000			25 500	25 500	0	
制造费用	85 500	82 500	-3 000	-30. 30	79 000	78 900	-100	-1. 75
合计	294 500	284 600	-9 900	-100	269 500	263 800	-5 700	-100

按实际产量计算的商品产品总成本在排除客观因素的影响后，其实际总成本与计划成本比较所产生的差异是节约。节约的原因，从成本项目看有直接材料和制造费用的节约，其中主要是直接材料的节约，该节约额占总节约额的 69. 70%。而直接材料和制造费用的节约额中，又以可比产品直接材料的节约额为最多，其节约额

占直接材料总节约额的81%。这表明总成本的节约主要是可比产品材料费用的节约，这是企业的成绩。

分析至此，对该企业全部商品成本计划完成情况便有了一个综合的了解：

（1）商品产品总成本在排除不可控客观因素的影响后，实际完成计划。

（2）取得成绩的原因，从产品来看，主要是乙产品，其次是甲产品；从成本项目来看，主要是直接材料的节约。

（3）在进一步的分析中，要分析丙产品没有完成生产计划的原因，以挖掘增产节约的潜力。

二、可比产品成本分析

可比产品是上年度或以前年度正式生产过的产品。由于这类产品以前生产过，企业在降低成本上有一定的经验，并且有上年成本资料可以进行比较，因此一般在计划中不仅对可比产品规定了计划成本，还规定了计划成本与上年成本相比应降低的任务。为此，在分析中除了对全部产品成本计划完成情况进行分析外，还需要对可比产品成本降低任务完成情况进行分析。

分析的指标有二，即成本降低额和成本降低率。计算公式如下：

$$\text{计划（实际）降低额}=\sum\left[\text{计划（实际）产品产量}\times\text{计划（实际）单位成本降低额}\right]$$

$$\text{计划（实际）降低率}=\frac{\text{计划（实际）降低额}}{\sum\text{计划（实际）产量}\times\text{上年单位产品成本}}\times 100\%$$

将两个指标的实际数与计划数相比较，可以检查可比产品成本降低任务完成情况。至于完成或没有完成的原因，需要分析影响降低额和降低率的因素。

（一）影响降低额的因素

在生产一种产品的情况下，影响降低额的因素有产量和单位成本。产量变动与降低额的变动成正比例关系。单位成本降低额的高低取决于本期单位成本与上年单位成本的差额。由于上年单位成本在分析期内是一个不变的定数，因此，单位成本降低额的变动实际上受本期单位成本的影响。这样，在生产一种产品的情况下，影响降低额的因素应该是产量与本期单位成本。

在生产多种产品的情况下，影响降低额的因素除了产量和本期单位成本外，还有产品结构。产品结构是指各种产品产量占总产量的比重。它的变动是由各种产品产量的变动引起的。可见产品结构这一因素实际上也是产量因素，只不过这种产量是指各种产品产量。产品结构变动虽然来源于各种产品产量的变动，但各种产品产量的变动不一定引起产品结构发生变动。因为各种产品产量的变动有两种情况：一种情况是各种产品产量呈等比的变动；另一种情况是各种产品产量呈非等比的变动。只有当各种产品产量呈非等比的变动时才能引起产品结构发生变动。产品结构变动对降低额产生影响，是因为各产品降低率不尽相同的缘故。如果各产品降低率相同，则此时虽产品结构发生变动，但对降低额无影响。

（二）影响降低率的因素

可比产品成本降低率是一个相对数。从计算式来看，它的分子和分母中都有产量因素，而且是一致的，或同为计划数或同为实际数。从分数的意义上讲，产量因素的影响已消除。因此，在生产一种产品时，影响降低率的因素只有本期单位成本；在生产多种产品时，影响降低率的因素除本期单位成本外，还有产品结构因素。这两个因素影响降低率与降低额的道理基本相同。

我们明确影响降低额和降低率的因素之后，就可以对可比产品成本降低任务完成情况进行因素分析。

【例 12-4】我们仍然使用华光机械厂 201×年商品产品成本报表（见表 12-8、表 12-9）中的资料，说明分析的程序和方法如表 12-14 所示。

表 12-14　可比产品成本资料

可比产品名称	产量/件		按实际产量计算的总成本/元		
	计划	实际	按上年单位成本计算	按计划单位成本计算	按实际单位成本计算
甲产品	100	100	120 000	110 000	115 000
乙产品	100	110	165 000	159 500	154 000
合　计			285 000	269 500	269 000

可比产品成本降低任务完成情况如下：

计划降低率为 5. 556%　计划降低额为 15 000 元

实际降低率为 5. 614%　实际降低额为 16 000 元

分析对象：实际与计划的差异

降低额 = 16 000 − 15 000 = +1 000（元）

降低率 = 5. 614% − 5. 556% = +0. 058%

（三）计划完成差异分析

根据产量、产品结构、单位成本三种因素相互依存的关系，利用连锁替代法的原理，测定各因素对降低率和降低额的影响，并予以评价。

分析方法主要有两种：

1. 直接法

此法是根据成本报表（见表 12-8）和成本计划表（见表 12-10）中的资料直接计算各因素的变动对成本降低额的影响，因此称为直接法。

（1）产量变动对成本降低额的影响

产量变动对成本降低额的影响可以用下列公式计算：

$$\text{产量变动对降低额的影响} = \sum\left(\text{实际产量} \times \text{上年单位成本} - \text{计划产量} \times \text{上年单位成本}\right) \times \text{计划降低率}$$

按上年单位成本计算的计划总成本为

甲产品计划产量 100 件×甲产品上年成本 1 200 元＝120 000（元）

+）乙产品计划产量 100 件×乙产品上年单位成本 1 500 元＝150 000（元）

计划总成本　　270 000（元）

按上年单位成本计算的实际总成本为

甲产品实际产量 100 件×甲产品上年单位成本 1 200 元＝120 000（元）

+）乙产品实际产量 110 件×乙产品上年单位成本 1 500 元＝165 000（元）

实际总成本　　285 000（元）

按计划降低率 5.556%计算，产量增加对成本降低额的影响为

（285 000－270 000）×5.556%＝+833（元）

产量变动不影响成本降低率，故产量增加对成本降低率无影响。

（2）产品结构变动对降低额和降低率的影响

产品结构变动对降低额的影响可以用下列公式计算：

$$\frac{\text{产品结构变动对}}{\text{降低额的影响}}=\sum\left[\frac{\text{按上年单位成本}}{\text{计算的实际总成本}}\times\left(\frac{\text{各产品实际}}{\text{产品结构}}-\frac{\text{各产品计划}}{\text{产品结构}}\right)\times\frac{\text{各产品计划}}{\text{降低率}}\right]$$

根据前面的计算已知按上年单位成本计算的实际总成本为 285 000 元。由成本计划表中的资料可知甲产品的计划降低率为 8.333%，乙产品的计划降低率为 3.333%。甲、乙两种产品的实际和计划产品结构计算如下：

甲产品计划结构：$\frac{120\ 000}{270\ 000}\times100\%\approx44.444\%$

乙产品计划结构：$\frac{150\ 000}{270\ 000}\times100\%\approx55.556\%$

甲产品实际结构：$\frac{120\ 000}{285\ 000}\times100\%\approx42.105\%$

乙产品实际结构：$\frac{165\ 000}{285\ 000}\times100\%\approx57.895\%$

将以上资料代入公式，计算甲、乙两种产品结构变动对降低额的影响如下：

甲产品：285 000×（42.105%－44.444%）×8.333%＝－555

+）乙产品：285 000×（57.895%－55.556%）×3.333%＝+222

产品结构变动对降低额的影响　　－333（元）

产品结构变动对降低率的影响＝$\frac{-333}{285\ 000}\times100\%\approx-0.117\%$

（3）单位成本变动对降低额和降低率的影响

单位成本变动对降低额的计算可以直接用下列公式计算：

$$\text{单位成本变动对降低额的影响}=\sum \text{实际产量}\times(\text{上年单位成本}-\text{计划单位成本})-\sum \text{实际产量}\times(\text{上年单位成本}-\text{实际单位成本})$$

$$=\sum(\text{实际产量}\times\text{计划单位成本})-\sum(\text{实际产量}\times\text{实际单位成本})$$

$$\text{单位成本变动对降低率的影响}=\frac{\text{单位成本变动对降低额的影响}}{\sum(\text{实际产量}\times\text{上年单位成本})}\times100\%$$

根据成本报表资料，取得成本总额，计算单位成本变动对降低额的影响如下：

单位成本变动对降低额的影响=269 500-269 000=+500（元）

已知降低额，则降低率为：

$$\text{单位成本变动对降低率的影响}=\frac{+500}{285\ 000}\times100\%\approx+0.175\%$$

根据以上计算结果，汇总三因素的影响如下：

	降低额	降低率
产量增加	+833	-
产品结构变动	-333	-0.117%
单位成本降低	+500	+0.175%
合　计	+1 000（元）	+0.058%

2. 余额法

余额法是指利用全体减去部分等于另一部分的原理测定剩余因素对差异的影响。它的要求是：计算要正确，否则一步出错，后面推算出的结果也错。其程序是：先求出某一个因素或某几个因素对分析对象的影响，再利用余额法推出其他因素对分析对象的影响。通常先求出比较容易计算的因素，较复杂的因素用余额法确定。例如，在上例中可以先求出单位成本这一因素对降低额和降低率的影响，再用余额求出产品结构和产量变动对降低额和降低率的影响。

【例 12-4】中，我们采用余额法计算差异如下：

（1）单位成本变动对降低额、降低率的影响

降低额=269 500-269 000=+500（元）

$$\text{降低率}=+\frac{500}{285\ 000}\times100\%=+0.175\%$$

（2）产品结构变动对降低额、降低率的影响

降低率=0.058%-0.175%=-0.117%

降低额=285 000×（-0.117%）=-333（元）

（3）产量变动对降低额的影响

降低额=1 000-（500-333）=+833（元）

分析结果汇总如表 12-15 所示。

表 12-15　因素影响汇总表

影响的因素	对总差异的影响	
	降低额/元	降低率/%
产品增加	+833	—
产品结构变动	-333	-0.117
单位成本降低	+500	+0.175
总差异	+1 000	+0.058

分析结果表明，可比产品成本降低任务超额完成。从降低额来看，主要是由于增产，其次是单位成本降低；从降低率来看，主要是由于单位成本降低。分析取得这种成绩的原因，还需要对各个因素的变动情况做进一步的考察。

对于单位成本的降低，企业不仅需要从总的方面去看，还需要了解各种产品单位成本是否有所降低。从本例来看，单位产品成本总的来看是降低了，但两种产品中，乙产品完成了单位成本降低计划，甲产品则没有完成，这是总成绩下存在的缺点。如果克服这一缺点，单位产品成本还可以降低，说明进一步降低成本还有潜力可挖。在深入分析问题时，首先应着重分析甲产品没有完成单位成本降低计划的原因；其次还要注意有无客观因素的影响，如有，应予以排除，以便正确评价企业生产经营成绩。

对于产品结构的变动，企业要结合产品品种计划完成情况进行分析和评价。从本例来看，甲产品完成计划的 100%，乙产品完成计划的 110%，二者都完成了计划。在总产量超额完成的情况下，各种产品产量也完成了计划，一般应予以好评。但是，同时也应了解是否有片面追求成本计划的完成，而不顾需要多生产成本降低率高的产品，少生产成本降低率低的产品的情况。从本例来看，产品结构变动使降低额减少这一事实说明尚无此种情况。

对于产量因素，除了联系品种分析外，还需要看质量是否符合要求，增产是否出于满足市场需要，要从质量和产、供、销协调方面进行研究。

第五节　主要产品单位成本分析与评价

企业进行成本分析时，不仅要分析总成本，而且要分析主要产品单位成本。系统地分析单位成本的变动情况，需要研究以下几个问题：单位产品成本计划是否完成；单位成本变动的原因；单位成本中项目成本的变动情况；同行业单位成本的对比。下面以一种产品为例，说明单位成本分析的程序和方法。

一、单位产品成本计划完成情况检查

【例 12-5】华光机械厂生产的甲种产品在不增加人员的情况下，产量由 73 件增

加到 100 件，单位成本由计划 500 元下降到 480 元。则该企业完成了单位产品成本计划。

节约额 = 480 − 500 = −20（元）

$$降低率 = \frac{-20}{500} \times 100\% = -4\%$$

二、单位成本变动原因分析

单位产品成本以产品总成本除以产品产量来表示。在产品总成本不变的情况下，产量越大，则单位成本越低；在产量不变的情况下，总成本越大，则单位成本越高。各因素之间的相互关系可以用公式表示如下：

$$某种产品单位成本 = \frac{总成本}{产品产量}$$

产量和总成本变动对单位成本的影响可以利用下式计算：

$$总成本变动对单位成本的影响 = \frac{实际总成本}{计划产量} - \frac{计划总成本}{计划产量}$$

$$产量变动对单位成本的影响 = \frac{实际总成本}{实际产量} - \frac{实际总成本}{计划产量}$$

上案例中华光机械厂甲产品的计划单位成本为 500 元，实际单位成本为 480 元，计划总成本为 36 500 元（500×73），实际总成本为 48 000 元（480×100）。单位成本变动原因如下：

$$总成本增加对单位成本的影响 = \frac{48\ 000}{73} - \frac{36\ 500}{73} \approx +158（元）$$

$$产量增加对单位成本的影响 = \frac{48\ 000}{100} - \frac{48\ 000}{73} \approx -178（元）$$

单位成本差异　　　　　　　　480 − 500 = −20（元）

上述计算结果表明，总成本增加虽然使单位成本增加，但产量增加最终使单位成本降低，这说明单位成本的降低主要是由于增产（因为增产相应地使单位产品固定成本有所降低）。至于单位成本中是否还有超支情况，需要进一步对成本项目进行分析。

三、单位成本中的成本项目分析

企业对单位成本中成本项目进行分析，要利用“主要产品单位成本表”中的资料。为了使所分析的问题更集中，我们把“主要产品单位成本表”的各项目分为料、工、费三类。以甲产品为例，编制单位成本项目分析表如下：

表 12-16　甲产品单位成本项目分析表　　单位：元

甲产品单位成本项目	计划数	实际数	超支或节约	
			金　额	%
直接材料	300	336	+36	+12%
直接人工	150	94	-56	-37%
制造费用	50	50	—	—
合　计	500	480	-20	-4%

根据表 12-16 中的资料可知：

（1）甲产品单位成本比计划降低 4%的主要原因是劳动生产率的提高。这是由于企业增加产量，相应地降低了单位成本中的工资。这说明甲产品单位成本的降低，主要是企业生产水平有所提高的结果。

（2）由于产量比计划有所增长，单位产品中其他费用（除材料、工资外）也应有一定程度的节约，但单位成本中的“费用”项目并没有表现出节约。这说明“费用”项目中的某些费用存在超支情况，以致冲抵了增产所带来的节约额。这就必须进一步对“费用”项目的具体内容进行分析，挖掘降低单位成本的潜力。

通过单位产品成本项目的分析，知道甲产品单位成本比计划降低 4%是增产的主要原因，这是企业的成绩。不过，产量虽然有了增加，但企业在节约方面做得比较差，“材料”超支，“费用”未减少，这种情况表明企业可能存在“重增产、轻节约”的倾向。如何正确地对待增产和节约的关系，怎样实现“增产节约双丰收”，是关系到企业能否以更小的耗费取得更大的经济效益的重要问题，也是关系到企业能否更好地完成单位产品成本计划的重要问题，应具体分析。

四、同行业间产品单位成本的对比分析

在同行业间开展单位成本的对比分析，对于交流经验，相互学习，找差距，挖潜力，不断降低单位成本有着重要作用。

企业在进行对比分析时，不仅要与先进单位的成本进行比较，还可以联系企业有关计划指标和企业历史最好水平指标进行比较。以上述甲产品为例，引用相关资料，分析如下：

表 12-17

指　　标	本企业资料			同行业先进指标	差　异		
	历史最好水平	本　年			与计划比	与历史最高水平比	与先进单位比
		计划	实际				
甲产品单位成本/元	481	500	480	445	-20	-1	+35

对比分析表明，企业甲产品单位成本与本年计划相比降低 20 元，与企业历史最好水平相比降低 1 元，但与同行业先进指标相比却超支 35 元，说明甲产品还有进一步降低成本的潜力。这一点在项目成本的分析中已经看到，如果甲产品的单位成本

在现有基础上克服“材料”上的超支和减少“费用”，将比同行业先进水平低。

本章小结：

成本报表是企业基于内部规划与控制分析的需要，在日常成本核算资料和其他相关资料基础上，用来反映企业在一定时期内总成本和单位成本状况的总结性书面报告文件。根据成本报表可以分析企业成本计划完成情况，对企业整个成本管理水平做出分析评价。

按照国际惯例，成本报表是对内报表，其种类与格式原则上讲都由企业管理层根据内部管理需要决定，不同行业生产经营活动的内容与对象不同，成本报表具体内容与格式有一定差异。就制造业来说，常用的成本报表是商品产品成本表、主要产品单位成本表、制造费用预算表。其中，商品产品成本表是企业的核心成本报表，主要产品单位成本表是对商品产品成本表所列主要产品成本的补充说明。

商品产品成本表概括地反映了一个企业在会计报告期内全部商品产品总成本和主要商品产品单位成本状况的会计报表，报表使用者可以据以对企业整个成本状况有一个全面了解与掌握，可以分析评价成本计划完成情况，发现成本管理存在的问题。

主要产品单位成本表是反映企业在会计报告期内生产的各种主要产品的成本结构和主要经济技术指标的会计报表，是按照每一种主要产品为对象编制而成的。

成本分析是在成本报表和成本计划资料的基础上，利用一定技术分析方法，揭示实际成本与计划成本（或标准成本）的差异，并对差异进行分析，查明原因，提出改进措施，达到降低成本目的的一项成本管理工作。

成本分析主要包括两大方面的内容：一个是商品产品总成本分析；另一个是主要产品单位成本的分析。

商品产品总成本分析主要包括商品产品总成本计划完成情况分析、影响商品产品总成本升降的因素分析、可比产品成本分析三个方面。其中，可比产品成本计划完成情况的分析相对而言要求的分析技巧要高一些。

主要产品单位成本分析包括主要产品单位成本计划完成情况分析、产品单位成本项目分析等内容。

在成本分析中，常用的分析方法有比较分析法、比率分析法、连锁替代法、差量分析法。比较分析法是最普遍使用的方法。通过比较的方式可以找出差异，然后利用差量分析法或连锁分析法发现产生差异的原因与因素，为解决差异提供思路与途径。

本章思考拓展问题：

1. 在市场经济条件下，企业编制成本报表有什么作用？请举例阐述。
2. 相对于企业财务报表，你认为成本报表有哪些特征？

3. 什么是可比产品？什么是主要产品？在会计实务上如何予以确认？
4. 成本报表编制的依据有哪些？请说明如何在实务中怎样取得这些依据。
5. 你怎样理解商品产品成本表与主要产品单位成本表的相互关系。
6. 你认为，报告期结束公司 CEO 最关注哪方面成本信息？
7. 简述成本分析的基本程序。是否每个成本分析的内容都必须遵守这些步骤？
8. 如何利用商品产品成本表对企业全部产品成本计划完成情况进行总括评价？
9. 如何根据主要产品单位成本表分析评价企业产品结构的合理性？

第十三章
作业成本法

【导入案例】

新华科技公司是一家专门生产硅橡胶按键的企业，主要给遥控器、移动电话、计算器和电脑等电器设备提供按键。该公司年生产品种600多种，月生产型号有200多种，每个月产量有2 000万件，企业生产特点是品种批次多，数量大，成本不易准确计算。

公司的主要客户是一家知名手机制造商，占新华公司年销售收入的30%以上。一天，公司销售经理接到手机制造商的通知，可能会较大幅度削减对新华公司的订货，选择另一家更便宜的按键供应商。销售经理找到了公司技术总监和财务总监商讨对策。

销售经理说："手机制造商削减订货会给公司带来巨大损失，我们只能降价保市场。"

技术总监说："公司产品生产技术和工艺程序是比较固定的，但还是有改进空间。不过，我们是否在生产过程之外，还有降低手机按键成本的途径。"

销售经理说："我感觉公司智能手机按键生产比电脑按键要复杂得多，但智能手机按键定价只比电脑按键高20%，我们的产品定价是根据成本加成定价的，因此我们成本核算体系是否有问题？"

财务总监说："我们公司产品品种规格繁多，数量大，为了减少成本计算工作，一直采用分类法计算每大类产品成本，然后再按每一种产品原材料消耗量定额分配给每一种产品。这种方法可能导致技术复杂的产品承担成本份额不够，有存在低估成本的可能。我们需要改进已有成本核算体系。"

销售经理说："作为我们这种批次多、品种多的企业，传统成本核算方法有可能误导我们产品定价体系，需要更准确的成本核算与管理体系。"

问题：你认为财务总监对公司成本核算体系判断正确吗？

学习目标：

作业成本法是为了适应世界新技术革命的需要，与实时生产系统、全面质量管理相结合而产生的一种成本会计制度。它彻底改变了传统成本计算观念和基础，将成本计算以"产品"为中心转变为以"作业"为中心，以"资源→作业→产品"

为逻辑关系计算成本，从而极大地拓展了成本会计领域，将成本计算与整个作业管理紧密结合在一起。

在学习本章的过程中同学们应当注意：

1. 了解作业成本法产生的历史背景，以及其必然性。

2. 了解作业、作业链、成本动因等概念，理解作业成本法下成本计算的基本原理。

3. 了解作业成本法与传统成本计算方法相比的特点及其现实适用性问题。

本章难点提示：

- 对作业、作业链、成本动因这三个基本概念的理解和应用。
- 在作业成本法下，作业成本的具体计算与分析。

第一节　作业成本法产生背景

一、作业成本法的产生背景

20 世纪 70 年代以来，以电子数控机床和机器人、电脑辅助设计、电脑辅助工程和弹性制造系统为代表的高新技术在企业中得到了广泛应用。高度自动化的先进生产，能够及时满足客户多样化、小批量的商品需求，快速、高质量地生产出多品种、少批量的产品，带来了管理观念和管理技术的巨大变革。同时，实时采购与制造系统，以及与其密切相关的零库存、单元制造、全面质量管理等崭新的管理观念与技术应运而生。在这种新的制造环境下，企业传统采购与制造过程将发生深刻的变化。相应地，原来为传统采购与制造乃至企业决策服务的产品成本计算与控制、会计决策、业绩评价等会计理论和方法也将发生变革。

先进制造环境与传统制造环境最大的不同在于，许多人工已被机器取代，因而直接人工成本比例大幅下降，固定制造费用比例大幅上升，大多数企业的直接人工成本从占产品成本的 40%~50%下降到今天的不到 10%，甚至更低。

面对间接费用占产品总成本的比重日趋增大，产品日趋多样化、小批量生产的市场需要，继续采用传统成本会计中以直接人工总量去分配比重越来越大的制造费用和越来越多地与工时不相关的作业费用（如质量检测、试验、物料搬运、调整准备等），以及忽略批量不同的产品实际耗费的差异等，往往会使生产量大、技术不是很精密的产品成本偏高，生产量小、技术比较精密的产品成本偏低，造成不同产品之间成本的严重歪曲，成本信息严重失真，导致经营决策失误，产品成本失控。

时代的变革导致经营环境的变化，经营环境的变化要求企业在激烈的竞争中努力改进和完善管理技术和方法，降低成本，提高生产效率和效益。那么，采用什么样的成本计算方法才能既控制大额固定成本，又能真实反映成本情况呢？在这种客观需要下，作业成本法应运而生。

二、作业成本法

作业成本法（Activity-Based Costing，ABC）是西方国家于 20 世纪 80 年代末开始研究，90 年代以来在先进制造企业首先应用的一种全新的企业管理理论和方法。它是一个以作业为基础的管理信息系统。

作业成本计算与传统成本计算不同之处是分配基础（成本动因）不仅发生了量变，而且发生了质变。它不再局限于传统成本计算所采用的单一数量分配基准，而是采用多种成本动因作为分配基准；它不仅采用多元分配基准，而且集财务变量与非财务变量于一体，并且特别强调非财务变量（产品的零部件数量、调整准备次数、运输距离、质量检测时间等）。这种从量变到质变，财务变量与非财务变量相结合的分配基础，由于提高了与产品实际消耗费用的相关性，能使作业成本会计提供“相对准确”的产品成本信息。

作业成本法以作业为中心，从产品设计到物料供应，从生产工艺流程（各车间）的各个环节、质量检验、总装到发运、销售的全过程都按作业进行划分。通过对作业及作业成本的确认、计量，最终计算出真实的产品成本。同时，通过对所有与产品相关联的作业活动的追踪分析，为尽可能消除“不增值作业”，改进“增值作业”，优化“作业链”和“价值链”，增加“顾客价值”提供有用信息，使损失、浪费减少到最低限度，提高决策、计划、控制的科学性和有效性，最终达到提高企业的市场竞争能力和盈利能力、增加企业价值的目的。

可见，作业成本计算法不是就成本论成本，它是将着眼点放在成本发生的前因后果上。从前因来看，成本由作业引起，那么形成一个作业的必要性何在？从后果来看，作业从开始执行直至完成实际耗费了多少资源？这些资源耗费可以对产品最终提供给顾客的价值做出多大贡献？对这些问题进行分析，可以有效促使企业改进产品设计，提高作业完成效率和质量水平，在各个环节减少浪费并尽可能降低资源消耗，寻求最有利的产品、顾客和投资方向，使企业生产经营的整个价值链得以优化。

第二节　作业成本法基本概念

一、作业

作业是指一组织内为达到特定目的而消耗资源的活动，如创业构想、产品设计、设备安装、原材料采购、生产营销等。它是连接资源与产品成本的桥梁。

（一）作业的基本特征

一切作业都应当具备以下特征：

（1）作业是一种资源投入和效果产出过程。如产品质量检查，投入的是技术、方法、时间，产出的是检查过的合格品、不合格品或废品等。

（2）作业活动贯穿动态经营全过程。产品从设计、材料采购、生产、检验到最终销售出去是通过各种作业完成的。没有作业的实施，经营活动就无法实现。

（3）作业是可以量化的。作业可以采用一定的计量标准进行计量。

（二）作业的分类

1. 按受益范围分类

作业按受益范围通常分为：

（1）单位作业（unit activity）。它是使单位产品受益的作业，即每生产一个单位产品需要的作业。这种作业的成本与产品产量成比例变动，如直接材料、直接人工等。

（2）批制作业（batch activity）。它是使一批产品受益的作业。这种作业的成本与产品批数成比例变动，如每批产品检验、机器准备、原材料处理、订单处理等。

（3）产品作业（product activity）。它是使某种产品受益的作业。这种作业的成本与产品产量或产品批数无关，只与产品品种成比例变动，如制图、工艺设计、流程设计等。

（4）过程作业（process activity）。它是企业生产经营过程中不可缺少的生产管理活动，如为顾客提供技术服务等。

2. 按是否增加产品或服务价值分类

按是否增加产品或服务价值，我们可以将作业分为增值作业和非增值作业。

（1）增值作业。它是指能为顾客带来附加价值，因而能为企业带来利润的作业，如产品生产、加工、包装作业。

（2）非增值作业。它是指不能为顾客带来附加价值，根本上无效的作业活动，如原材料存储作业、产品质量检查作业、原材料和在产品为下道工序及时加工的等待作业等。

（三）作业链

一个企业实际上是由大大小小的各种各样的作业有机组合而成的。现代企业是一个为了满足顾客需要而建立的一系列前后有序的作业集合体，这个集合体中的一系列作业相互连接，形成作业链。

（四）价值链

价值链是指由价值来表现的作业链。按照作业成本法的原理，产品消耗作业，作业耗费资源，因此作业的产出形成价值，作业的转移伴随着价值的转移。

二、成本动因

成本动因是指导致成本发生的驱动因素。它可以是一个事项、一项活动和作业，它与成本发生、资源耗费和作业消耗的原因高度相关。因此，它支配着成本行为，决定着成本的发生，成为成本分配的标准。例如，采购订单是采购作业的成本动因，检验次数是检查作业的成本动因。

（一）成本动因的分类

1. 根据成本动因在资源流动中所处的位置，其可以分为资源动因和作业动因

资源动因是指资源被各种作业消耗的方式和原因。它反映作业中心对资源的消

耗情况，是资源成本分配到作业中心的标准，如购货作业的资源动因是从事这一活动的职工人数。

作业动因是指各项作业被最终产品或劳务消耗的方式和原因。它反映产品消耗作业的情况，是作业中心的成本分配到产品中的标准，如购货作业的作业动因是定购单数。

2. 根据成本动因对生产是否有利，其可以分为积极动因和消极动因

积极动因是指有助于产品形成，能产生收入和利润的作业，如销售订单。

消极动因是指已导致资源的耗费，但无助于增加产品的价值，引起不必要的作业，并对净收入产生不利影响的成本动因，如报废单、重复作业等。

（二）成本动因的选择

成本动因是作业成本的核心内容，它的选择直接关系到作业成本法的应用效果。一般由企业工程技术人员、成本会计师等组成专门小组，对企业的各项作业进行认真分析、讨论后再加以确定。选择成本动因时，主要考虑以下因素：

（1）成本计量。成本动因应简单易懂，资料易于获得，且成本不会太高，与企业各作业部门的产出具有直接关联性。

（2）成本动因与所耗资源成本的相关程度。一般选择具有代表性、与所耗资源成本高度相关的成本动因，避免作业成本计算过于复杂。

（三）成本库

成本库是指将同一成本动因导致的费用项目归集在一起的成本类别，每个成本库所代表的是它所属的那个作业中心的作业所引发的成本。成本库的建立把间接费用的分配与产生这些费用的原因——成本动因联系起来，不同的成本库选择不同的成本动因分配标准，通过改善单一费用分配标准，提高成本信息的可靠性和准确性。

三、作业成本法的基本原理

作业成本法是指以作业为核算对象，通过作业中心的确认和作业量的计量，以成本动因为基础分配间接费用的成本计算方法。

作业成本法的理论基础是：生产导致作业发生，作业耗用资源并导致成本发生，产品耗用作业。间接成本与产品是通过作业联系在一起的，我们需要找出引起间接成本发生变动的作业，并把这些作业作为分配间接成本的基础。因此，作业成本计算要求首先根据作业对资源的消耗情况将资源成本分配到作业；其次依据成本动因跟踪到产品成本，即资源—作业—产品。相反，传统成本计算法是先将资源归集在统一的成本库；然后按企业统一分配标准把成本分配到产品，即资源—成本—产品。

由此可见，作业成本会计是一个以作业为基础的科学信息系统。它把成本计算从以“产品”为中心转移到以“作业”为中心，并以资源流动为线索，以资源耗用的因果关系为成本分配依据，对所有作业活动进行动态跟踪反映和分析，大大拓展了成本核算范围，改进了成本分配方法，优化了业绩评价尺度，提供了较为准确的资源利用方面的成本信息，能更好地发挥其在决策、计划和控制中的作用，促使作业管理水平不断提高，满足各方对会计信息的要求，克服传统成本制度的诸多不足。

第三节 作业成本计算

一、作业成本计算的步骤

根据作业成本法的基本原理，作业成本计算的一般步骤为：

（一）确认主要作业，明确作业中心

作业成本计算的关键是将作业与作业耗费联系起来，在日常经济业务处理中是将工资、原材料、折旧等资源耗费归集在相应的工资、材料、折旧等账户中。因此，首先要按照经济业务流程的特点，选定作业中心，以便重新归集费用，将所耗费的资源合理分配到作业，形成作业成本库。

企业发生的作业数越多，成本归集、分配的工作量越大，计量成本也越高。为此，在初次建立作业成本库时，应对产品生产过程中种类较少的主要作业加以确认，对一些资源昂贵、金额重大的作业，产品之间使用程序差异较大的作业以及形态与众不同的作业，应予以特别注意。

例如，材料保管环节要发生收料、保管、搬运、发料等作业，各作业所耗费的资源能够明确分开，各作业所耗费的资源数量都不相同，因此可以按这几项作业分别设立作业成本库，归集所耗费的资源。而材料采购环节发生收取请购单、挑选供应商、协商价格、催促送货、付款等作业，各作业所耗费的资源不能明确分开，加之各种产品所消耗的材料的采购作业环节基本相同，因此可以将这些作业合在一起，统称为采购作业，按采购作业归集所耗费的资源。

（二）将归集起来的可追溯成本分配到作业中心

本步骤是对所耗费资源的价值按照作业进行归集的过程。确认了作业中心之后，需要正确确定资源动因，以此为标准，将收集起来的投入成本或资源分配到每一个作业中心的成本库。每一个成本库都是一个成本中心，这个成本中心要通过两个途径来汇集成本：直接成本直接计入成本库；服务部门的间接成本以资源动因为基础分配计入成本库。通过上述途径，就可以得到成本库的总成本。例如，将工资、折旧费、修理费等资源分配到采购作业上时，应以订货次数为资源动因，将资源分配到采购作业中心，形成采购作业成本库。

这一步骤反映了作业成本计算的一个基本原则：作业量决定资源的耗用量，资源的耗用量与最终的产品产出量没有直接关系，成本应按作业进行归集。

（三）将各个成本中心的成本分配到最终产品中去

这里要求以该成本库的作业为依据计算出准确的分配率，将所归集的作业成本按各种产品消耗的作业量的比例分配计入各产品成本，并据此计算出产品总成本或单位成本。成本库的作业就是成本驱动因素（成本动因）。

这一步骤反映的作业会计规则是：产出量的多少决定着作业的耗用量，即作业动因。这反映了产品消耗作业，产出量的多少决定着作业的耗用量。

二、作业成本计算案例

【例 13-1】红光电器厂生产甲、乙两种产品，其直接材料按各产品领料单直接计入各产品成本，直接人工成本按各产品直接人工小时及小时工资率计算。产品生产依次经过一车间和二车间。生产数据见表 13-1、表 13-2。

表 13-1　费用汇总表

	甲产品	乙产品	合计
直接材料单位成本/元	200	400	
其中：生产数量/件	900	300	
直接材料总成本合计/元	180 000	120 000	300 000
直接人工单位成本/元	200	150	
其中：生产工时/小时	700	400	
直接人工合计/元	140 000	60 000	200 000
间接费用合计/元			860 000
一车间生产工时/小时	1 000	400	1 400
二车间生产工时/小时	800	300	1 100

表 13-2　作业情况数据

作业中心	资源耗用/元	动　因	动因量（甲产品）	动因量（乙产品）	合　计
材料处理	180 000	移动次数	400	200	600
材料采购	250 000	订单件数	350	150	500
使用机器	350 000	机器小时	1 200	800	2 000
设备维修	220 000	维修小时	700	400	1 100
质量控制	200 000	质检次数	250	150	400
产品运输	160 000	运输次数	50	30	80
合　计	1 360 000				

1. 该企业按传统成本计算法的结果

（1）将制造费用分配给一车间、二车间，见表 13-3。

表 13-3

分配对象	分配标准/元	分配率	分配费用/元
一车间	1 400	344	481 600
二车间	1 100	344	378 400
合计	2 500	344	860 000

（2）将各车间制造费用分配给甲、乙产品，见表 13-4。

表 13-4

车间	分配标准/元	分配率	分配费用/元	甲产品/元	乙产品/元
一车间					
其中：甲产品	1 000	344	344 000		
乙产品	400	344	137 600		
小　计	1 400	—	481 600	344 000	137 600
二车间					
其中：甲产品	800	344	275 200		
乙产品	300	344	103 200		
小　计	1 100	—	378 400	275 200	103 200
合　计			860 000	619 200	240 800

（3）计算甲、乙产品的单位成本和总成本，见表 13-5。

表 13-5　　单位：元

项　目	甲产品	乙产品	合　计
直接材料	180 000	120 000	300 000
直接人工	140 000	60 000	200 000
间接费用	619 200	240 800	860 000
总成本	939 200	420 800	1 360 000
单位成本	1 043. 56	1 402. 67	

2. 该企业按作业成本计算法计算，见表 13-6。

表 13-6

作业中心	成本库/元	动因量	动因率	甲产品/元	乙产品/元
材料处理	180 000	600	300	120 000	60 000
材料采购	250 000	500	500	175 000	75 000
使用机器	350 000	2 000	175	210 000	140 000
设备维修	220 000	1 100	200	140 000	80 000
质量控制	200 000	400	500	125 000	75 000
产品运输	160 000	80	2 000	100 000	60 000
合计总成本	1 360 000			870 000	490 000
单位成本				966. 67	1 633. 33

计算结果表明，甲产品单位成本按传统成本计算法计算为 1 043. 56 元，按作业成本计算法计算为 966. 67 元，二者相差 76. 89 元/件，总成本相差 69 200 元，按传

统成本计算的成本高；乙产品则相反，按作业成本计算法计算的单位成本（1 633.33 元）比按传统成本计算法计算的单位成本（1 402.67 元）高 230.66 元，总成本相差 69 200 元。

分析两种计算方法下成本差异的产生原因，直观地看，在传统成本计算法下，制造费用总额按直接人工工时分配；而在作业计算法下则将制造费用按作业分成几个不同部分，每部分按不同的分配标准进行分配。因此，采用不同的计算方法会得出不同的计算结果，这实际上反映了两种计算方法所提供的成本信息的不同质量。

大量的调查结果表明，稳定的大批量生产的技术复杂程度较低，在传统成本计算法下，由于所消耗的人工工时比重大，分配的制造费用数额较大；而在作业成本法计算法下，由于技术复杂程度低，所消耗的作业量相对较少，分配的制造费用相对较低，单位成本明显少于传统成本计算法下的单位成本。技术含量较高、生产量小的产品则与前面的情况正好相反，作业成本法下的单位成本大于传统计算法下的单位成本。

简而言之，传统成本计算法低估了生产量小而技术复杂程度高的产品成本，高估了生产量大而技术复杂程度低的产品成本。与之相比，作业成本计算法所得到的成本信息更为准确和详细。

第四节　作业成本法与传统成本计算法的比较

一、作业成本法与传统成本计算法的区别

（一）分配标准

传统成本计算法只采用较为单一的标准（如机器工时、生产工时）将间接费用直接分配计入各种产品的成本，无法正确反映生产过程中不同产品、不同技术因素对费用产生的不同影响。因此，传统成本计算法对间接费用分配较为笼统，不太精确。

与传统成本计算法相比，作业成本法采用的是比较合理的多标准、多步骤的分配方法，即对不同的资源采用不同的资源动因，对不同的作业中心采用不同的作业动因来分配间接费用，使成本的归属性更强。

（二）成本对象

传统成本计算法都是以企业最终产出的各种产品作为成本计算对象。

作业成本法不仅关注产品成本，而且更关注产品成本产生的原因及其形成的全过程。因此，它的成本计算对象是多层次的，不仅把最终产出的各种产品作为成本计算对象，而且把资源、作业、作业中心作为成本计算对象。

（三）成本计算范围

在传统成本计算法下，产品成本是指产品的制造成本，只包括与生产产品直接相关的费用——直接材料、直接人工、制造费用等，并按照费用的经济用途设置成本项目，将组织、管理生产的费用均作为期间费用来处理。

在作业成本法下，产品成本是指完全成本，包括与生产产品相关的、合理的、有效的费用，并按照作业类别设置成本项目。这种方法只强调费用的合理性、有效性，而不论费用是否与生产产品有直接关系，因此，与产品生产没有直接关系的一些合理、有效的费用（如采购人员的工资、广告费、质量检验费、物料搬运费等）也要计入产品成本。在作业成本法下，也存在期间费用，只不过此时的期间费用归集的是所有无效的、不合理的支出，即所有作业中心的无效耗费资源的价值和非增值作业耗费资源的价值。

可见，在传统成本计算法下，成本信息的失真程度较高，不利于产品价格决策和成本控制，而作业成本法能更客观、真实、准确、全面地反映高科技、自动化环境下的产品成本。从成本管理的角度讲，作业成本管理把着眼点放在成本发生的前因后果上，通过对所有作业活动进行动态跟踪反映，可以更好地发挥决策、计划和控制作用，促进作业管理水平的不断提高。

二、作业成本法的优点

（1）有利于提高成本信息的质量，克服传统成本分配主观因素的影响；

（2）有利于现代生产系统的作业管理，为作业管理提供必需的成本信息；

（3）有利于分析成本升降的原因，采取措施，增加增值作业，消除不增值作业；

（4）有利于完善成本责任管理，建立一种新的责任会计体系，即以作业中心取代成本中心；

（5）有利于成本预测和决策。

三、作业成本法的缺点

（1）仍以历史成本为基础，与未来企业战略决策缺乏直接的相关性；

（2）未能完全消除主观分配因素，如折旧计提、递延资产摊销、无形资产摊销等；

（3）计算程序增加，工作量加大，信息成本可能提高；

（4）成本动因的选择有一定的难度，甚至可能出现随意性，如广告费、外部审计费、商誉摊销等；

（5）要求有严格的实时生产系统和高素质的人员，在尚不具备推广条件的企业难以实施。

本章小结：

作业成本法是西方国家在 20 世纪 80 年代末期为了适应及时生产系统、全面质量管理要求而提出的一种全新的成本管理与计算方法。与传统成本计算方法不同，它不再以产品品种、批别、生产步骤作为成本计算对象，归集企业耗费资源，计算产品成本。而是采用一种新的逻辑：“资源→作业→产品”来计算成本。

在作业成本法下，我们需要找出企业生产经营整个增值作业链，将企业耗费资源按照一定动因先归集到各个作业中心，然后按照产品消耗作业这一逻辑关系，将各作业中心的成本再分配到各产品，从而计算出产品成本。作业成本既是一种新的成本计算方法，也是一种新的企业管理制度。

在作业成本法中，作业是指一组织内为达到特定目的而消耗资源的活动，如创业构想、产品设计、设备安装、原材料采购、生产营销等。它是连接资源与产品成本的桥梁。成本动因是指导致成本发生的驱动因素。它可以是一个事项、一项活动和作业，它与成本发生、资源耗费和作业消耗的原因高度相关，因此它支配着成本行为，决定着成本的发生，成为成本分配的标准。

与传统成本计算法相比较，作业成本法在分配标准、成本对象、成本计算范围上有很大差异。它有利于提高成本信息的质量，克服传统成本分配主观因素的影响；有利于现代生产系统的作业管理，为作业管理提供必需的成本信息；有利于分析成本升降的原因，采取措施，增加增值作业，消除不增值作业。

本章思考拓展问题：

1. 你认为作业成本法与“互联网+”有什么关系？

2. 请以某个制造企业为对象，说明它的价值链关系，分析哪些是增值作业，哪些无效作业。

3. 根据你的理解，举例说明资源、作业、产品三者之间的关系。